普通高等教育“十一五”国家级规划教材

植物细胞工程

主编　潘瑞炽
编者　施和平
李　玲
王小菁

广东高等教育出版社
·广州·

图书在版编目（CIP）数据

植物细胞工程／潘瑞炽主编. —2版. —广州：广东高等教育出版社，2008.8
(2014.12重印)
（普通高等教育“十一五”国家级规划教材）
ISBN 978-7-5361-3693-9

Ⅰ. 植…　Ⅱ. 潘…　Ⅲ. 植物-细胞工程-高等学校-教材　Ⅳ. Q943

中国版本图书馆CIP数据核字（2008）第121449号

内 容 提 要

本书系统地介绍了植物细胞工程的基本理论，内容包括细胞和组织培养的基本技术、细胞培养、原生质体培养、人工种子、超低温保存、生殖细胞培养、药用植物细胞的大量培养、植物细胞的遗传转化等。本书共分十三章，七个实验指导，并附有植物生长调节剂的配制和浓度的换算法等。本书系统性强，文句通顺，简单扼要，适合生物科学各专业作教材使用。

广东高等教育出版社出版发行
地址：广州市天河区林和西横路/510500
电话：(020)87553335　87551163
广州市穗彩印务有限公司印刷
2006年2月第1版
2008年8月第2版　2014年12月第5次印刷
开本：787 mm×1092 mm　1/16　印张：11.75　字数：221千字
印数:14001～17000册
定价：19.00元

前　　言

植物细胞工程是一种利用离体植物培养细胞进行遗传操作，实现植物品种改良的生物技术。高等植物是多细胞的有机体，无法在整体水平上进行遗传操作，只有通过离体培养细胞或小块的组织，才能生长、分化和发育，成为完整植株，才可能使细胞上的遗传物质传递到植物体，实现植物的品种改良，因此植物细胞工程是建立在植物离体组织培养上的一种生物工程技术。

几十年来，我国植物细胞工程基础理论研究愈加深入，实践应用范围也愈益广泛。例如，花粉、花药单倍体培育出烟草、水稻、小麦、大麦、油菜、甘蔗等作物的新品种、新品系，推广种植面积逾100万公顷，脱除病毒快速繁殖的主要作物有香蕉、马铃薯、甘蔗、木薯、葡萄、花卉和观赏植物，利用组织培养技术来加速药用植物（如人参、紫草、贝母、三分三、甘草等）细胞的繁殖，然后在发酵罐中大量培养，取得有效的次生药用物质。

植物组织培养是在人工控制环境的条件下，在人工配制的培养基中将离体的植物细胞、组织或器官进行培养的技术。它的实践性很强，是植物细胞工程中的一种重要手段。近10年来国内各大学先后开设植物细胞工程课程（其中包括植物组织培养的技术），立足于改良品种，有理论又有实践，内容更加全面而且深入，能更好地培养高质量的人才。因此本书在《植物组织培养》的基础上，改编为《植物细胞工程》。具体变化是：改写“绪论”、“生殖细胞培养”、“细胞培养”，增加“常用药用植物细胞的大量培养”、“植物细胞的遗传转化”等章。在实验指导方面，则增写“根瘤农杆菌介导的烟草叶圆片转化法”和“黄瓜毛状根的诱导、培养及其冠瘿碱检测”两个实验，共七个实验，供老师们选用。每个实验约需2~3学时，个别实验需较长时间，内容较深，教师可灵活掌握。

由于本书是由《植物组织培养》一书改编的，因此，搁置第六章后，本书就是大专院校植物细胞工程课程的教材；如果搁置第十章、第十三章和第八章部分内容，也可作为植物组织培养课程之教材；当然也可供农业科研人员参考用。

本书绪论和第七章由潘瑞炽执笔，第一章、第二章、第三章、第四章、第十三章由施和平执笔，第五章、第六章、第九章、第十章由李玲执笔，第八章由李玲和王小菁执笔，第十一章、第十二章由王小菁执笔，全书由潘瑞炽统稿。

本书这样编排，既可作为植物细胞工程教材，又可兼作植物组织培养教材，以适应不同专业的需求。这种尝试，是否恰当，请读者评论。

潘瑞炽

2005 年 12 月

目　　录

绪　论 …… (1)

一、植物细胞工程的概念和内容 …… (1)

二、植物细胞工程的理论基础 …… (1)

三、植物细胞工程的发展历史 …… (4)

四、植物细胞工程的应用 …… (6)

第一章　实验室设备和一般技术 …… (8)

第一节　实验室设计 …… (8)

第二节　常用设备和器材 …… (11)

第三节　玻璃器皿的选择与清洗 …… (14)

第二章　培养基及其配制 …… (18)

第一节　培养基的成分 …… (18)

第二节　培养基的配制 …… (22)

第三节　常用培养基的配方及其特点 …… (26)

第三章　外植体的选择和灭菌 …… (31)

第一节　外植体的选择 …… (31)

第二节　外植体的灭菌方法 …… (33)

第三节　污染原因和预防措施 …… (36)

第四章　外植体的接种和培养 …… (37)

第一节　外植体的接种 …… (37)

第二节　培养方法 …… (38)

第三节　培养条件 …… (40)

第四节　外植体褐变及其防止 …… (42)

第五节　试管植物的玻璃化现象及其预防措施 …… (44)

第五章　愈伤组织的培养 …… (47)

第一节　愈伤组织的诱导和分化 …… (47)

第二节　愈伤组织中的形态发生 …… (50)

第三节　人工种子 …… (57)

第六章　营养器官培养 …… (60)

第一节　根的培养 …… (60)

第二节　茎的培养 …………………………………………………………（62）
第三节　叶的培养 …………………………………………………………（64）
第七章　植物快速繁殖和脱毒 …………………………………………（67）
第一节　植物快速繁殖的途径和方法 ……………………………………（67）
第二节　继代培养 …………………………………………………………（68）
第三节　快速繁殖中茎尖培养脱毒 ………………………………………（70）
第四节　其他途径脱毒 ……………………………………………………（75）
第五节　脱毒苗的鉴定 ……………………………………………………（76）
第六节　脱毒后防病毒再感染 ……………………………………………（78）
第八章　生殖细胞培养 …………………………………………………（80）
第一节　花药和花粉培养 …………………………………………………（80）
第二节　子房胚珠的培养 …………………………………………………（86）
第三节　离体受精 …………………………………………………………（89）
第四节　胚培养 ……………………………………………………………（91）
第五节　胚乳培养 …………………………………………………………（93）
第九章　细胞培养 ………………………………………………………（96）
第一节　单细胞的分离 ……………………………………………………（96）
第二节　细胞悬浮培养 ……………………………………………………（97）
第三节　单细胞培养 ………………………………………………………（99）
第十章　常用药用植物细胞的大量培养……………………………（104）
第一节　药用植物细胞大量培养途径………………………………（104）
第二节　影响药用植物细胞大量培养的因素…………………………（108）
第三节　常用药用植物细胞大量培养实例……………………………（112）
第十一章　原生质体培养和体细胞杂交………………………………（114）
第一节　原生质体培养……………………………………………………（114）
第二节　原生质体融合……………………………………………………（121）
第三节　以原生质体为材料的基础理论研究…………………………（125）
第十二章　种质保存……………………………………………………（127）
第一节　常温保存…………………………………………………………（127）
第二节　常低温和低温保存………………………………………………（128）
第三节　超低温保存………………………………………………………（128）
第十三章　植物细胞的遗传转化………………………………………（132）
第一节　根癌农杆菌介导的遗传转化……………………………………（132）
第二节　发根农杆菌介导的遗传转化……………………………………（141）

第三节　基因枪转化法……………………………………………………………（146）
附录一　实验指导……………………………………………………………（152）
实验1　培养基母液的配制……………………………………………………（152）
实验2　MS培养基的配制与灭菌……………………………………………（155）
实验3　外植体的消毒及其愈伤组织的诱导…………………………………（157）
实验4　愈伤组织的器官分化…………………………………………………（159）
实验5　植物茎尖快速繁殖……………………………………………………（161）
实验6　根癌农杆菌介导的烟草叶圆片转化法………………………………（163）
实验7　黄瓜毛状根的诱导、培养及其冠瘿碱检测…………………………（167）
附录二　植物生长调节物质溶液的配制……………………………………（172）
附录三　摩尔浓度和ppm浓度的换算………………………………………（174）
主要参考文献…………………………………………………………………（176）

绪　论

一、植物细胞工程的概念和内容

（一）植物细胞工程的概念

植物细胞工程（plant cell engineering）是指在植物细胞水平上进行的遗传操作。具体说，植物细胞工程就是应用植物细胞生物学和分子生物学的理论和技术，在细胞水平上离体培养或遗传操作，以达到快速繁殖、改良品种或生产更多更好的植物产品的工程学科。

（二）植物细胞工程的内容

植物细胞工程就是研究植物器官、组织、细胞在离体培养时需要的有机营养、无机营养、植物激素、温度、湿度、光照等环境条件，以及发育阶段和基因等遗传操作。

具体来说，植物细胞工程的内容可分为：（1）器官培养（organ culture），它是指对根、茎、叶、花、果实以及各部的原基（芽原基、根原基）的培养；（2）胚胎培养（embryo culture），它是指对胚珠、幼胚、成熟胚的培养，也包括胚乳的离体培养；（3）组织培养（tissue culture），它是指对植物各部分的组织，如茎尖、根尖、髓部、形成层和叶肉等的离体培养；（4）原生质体培养（protoplast culture），它是指除去细胞壁，只培养裸露的原生质体。

从上述内容延伸出的项目还有植物脱毒培养、突变体筛选、细胞杂交、超低温冷冻贮藏和人工种子等。

二、植物细胞工程的理论基础

（一）细胞全能性

细胞全能性是在细胞学说和组织培养实践的基础上建立起来的。1938 年法国植物学家施莱登（Matthias Jacob Schleiden）总结前人的研究结果，提出："一切植物，如果它们不是单细胞的话，都完全是由细胞集合而成的，细胞是植物构造的基本单位。"与此同时，法国动物学家施旺（Theodor Schwann）在动物学领域提出了相似的观点。他们的观点形成了作为 19 世纪三大发现之一的细胞学说。这一学说的基本论点是：细胞是生物结构、功能和发育的基本单位。

德国植物学家 Haberlandt 在 1902 年根据细胞学说，大胆地提出，作为高等植物的器官和组织基本单位的细胞有可能在离体培养条件下实现分裂分化，乃至形成胚胎和植株。虽然他的细胞实验未获得成功，但他的见解却是有创见性的。1943 年美国 P. R. White 正式提出植物细胞具有全能性（totipotency）学说，即每个植物细胞都是具有该植物的全部遗传信息，在合适的培养条件下有发育成完整的植物个体的能力。1958 年 F. C. Steward 等对胡萝卜细胞进行悬浮培养，经由单细胞再生成植株，首次证实了植物细胞的全能性。以后植物细胞的全能性不仅在体细胞，而且在生殖细胞（花粉）、原生质体和融合细胞上都得到了证实。但是细胞全能性往往会因体外培养条件不合适或因继代培养时间过长、细胞年龄过大等原因而难以表达甚至逐渐丧失。

植物细胞全能性是通过生命周期、细胞周期和组织培养周期来实现的（图绪 -1）。图中 A 循环表示生命周期，通过孢子体和配子体的世代交替来实现细胞全能性；B 循环表示细胞周期，即细胞所决定的核质周期，由于核质相互作用，DNA 复制、转录 mRNA 并翻译为蛋白质，使细胞全能性得以形成和保持；C 循环是组织培养周期，表示组织和细胞与供体失去联系，在离体条件下，靠人工合成培养基中的养分，通过细胞脱分化、分化、再分化来实现全能性。

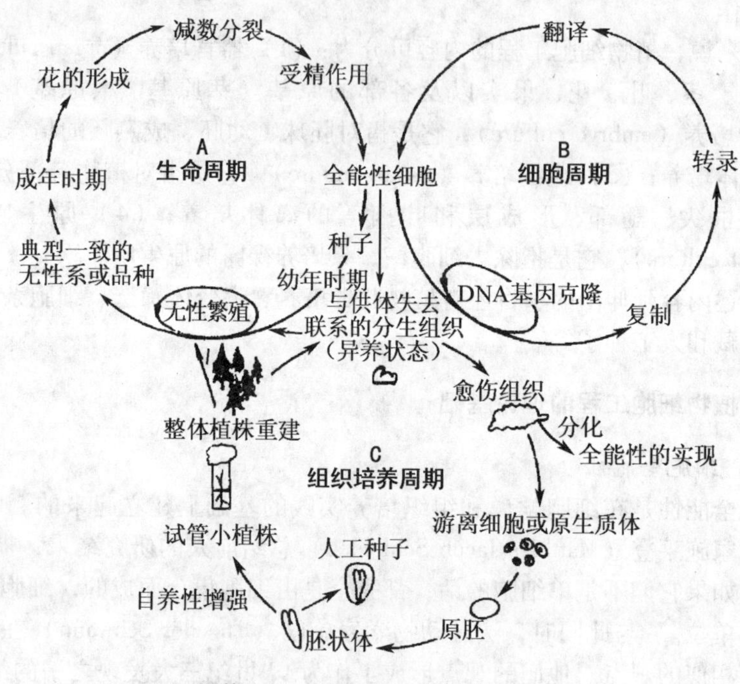

图绪 -1　植物细胞全能性的实现

（二）细胞分化、脱分化和再分化

要使细胞全能性表达出来，形成完整植株，除了生长以外，还要经过分化、脱分化等过程。受精卵经过细胞分裂和分化，引起极性的形成（根端和茎端），最后发育成种子。种子萌发后，长根、长叶、开花结实，形成完整植株。完整植株每个活细胞虽都保持着潜在的全能性，但受到所在环境的束缚而相对稳定。植株体内的这种分化（differentiation）是正常的分化。

当将离体组织或器官放在培养基上进行离体培养（in vitro culture）时，这些离体组织或器官就会进行细胞分裂，形成一种高度液泡化的呈无定形的薄壁细胞，称为愈伤组织（callus）。有高度分化能力的植物组织或器官产生愈伤组织的过程，就称为植物细胞的脱分化（dedifferentiation）。

将脱分化形成的愈伤组织转移到适当的培养基上继续培养，这些无定形的愈伤组织又会重新分化出具有根、茎、叶的完整植株。这种从愈伤组织再生出小植株的过程被称为再分化（redifferentiation）。这样，最后形成完整的植株。

植物体 $\xrightarrow{\text{分离}}$ 外植体 $\xrightarrow{\text{脱分化}}$ 愈伤组织 $\xrightarrow{\text{再分化}}$ 生长点 $\xrightarrow{\text{生长}}$ 幼茎/幼根 → 植株

离体器官的分化方式有许多种，图绪－2显示了比较典型的三种分化途径：一是由分生组织直接分生芽；二是由分生组织形成愈伤组织，经过分化实现细胞的全能性；三是游离细胞或原生质体形成胚状体，由胚状体直接重建完整植株，或制成人工种子后重建植株。

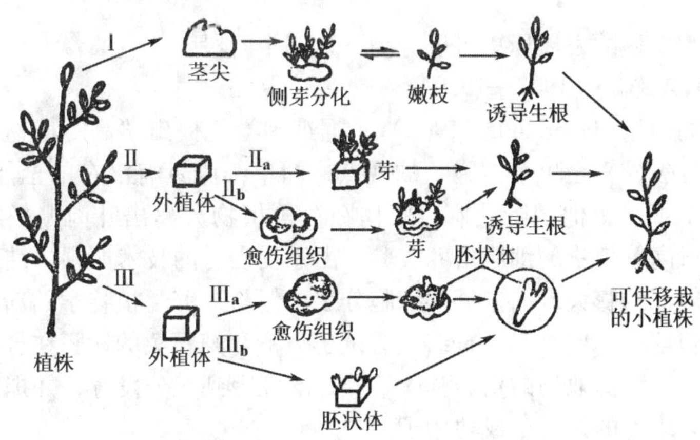

图绪－2　植物离体组织或器官分化成植株的途径

（三）植物胚状体

植物的胚状体（embryoid）是指植物细胞、组织或器官的离体培养中，起于一个非合子细胞，并经过胚胎发育过程分化出的类似胚一样的细胞群。现在已知道能产生胚状体的植物有43科92属117种，在维管植物各大类群中均有报道。植物体上具有产生胚状体能力的部位也十分广泛，如离体培养的根、茎、叶、花芽、花药、幼苗等。胚状体发生初期的细胞分子与合子胚不同，但分化后的发育过程与合子胚的类似，即球形胚→心形胚→鱼雷形胚→成熟胚。不论是哪一种方式产生的胚状体，在发生和发育过程中一般是不同步的，所以在一个材料中同时可以见到各个不同发育时期的胚状体。

胚状体产生的方式有四种：（1）直接在器官上发生；（2）培养物先形成愈伤组织，再由愈伤组织分化成胚状体；（3）在花药培养中，由小孢子发育成胚状体；（4）在单细胞和原生质体培养中，先由细胞形成一个胚性细胞团，再由胚性细胞团上的细胞发育成胚状体。

在植物细胞培养中，诱导胚状体途径再生植株与其他方式相比有三个显著的优点：（1）数量多。在细胞、愈伤组织和器官的培养上，每一个培养物诱导胚状体的数量往往比诱导芽的数量要多得多，尤其是细胞悬浮培养。（2）速度快。胚状体从单细胞直接分化成小植株的时间较短。（3）结构完整。胚状体一旦形成，一般都可直接萌发，形成小植株，因此成苗率高。由于具有上述优点，胚状体成为优良个体的无性繁殖、快速育苗、无病毒种苗培养等的手段，在农业、林业和园艺工作中显然具有特殊的价值。

三、植物细胞工程的发展历史

植物细胞工程的发展历史可以分为下列四个阶段：

（一）探索阶段（1902—1929）

德国植物学家Haberlandt（1902）根据细胞学说提出“高等植物的器官和组织可以不断分裂，直至单个细胞”的观点，即单细胞具有潜在的全能性的功能。为了证实这个观点，他用野芝麻、紫鸭跖草等植物分离出叶肉栅栏组织和表皮等，首次进行高等植物的细胞培养实验。由于受当时的技术所限，结果仅观察到组织和细胞体积的膨大，而未见到细胞分裂，但却开辟了植物学的新领域——植物组织和细胞培养。1904年Hanning尝试了萝卜和辣根菜的幼胚在含有糖、无机盐、氨基酸和植物提取物的培养基中培养，幼胚得到充分发育，并提早萌发成小苗。这是离体培养的第一个成功例子。

（二）技术建立阶段（1930—1940）

植物组织培养基本技术的建立始于20世纪30年代中期。1934年美国White

等利用番茄根尖进行组织培养，首次建立了生长活跃的无性繁殖系。这个无性系一直培养到 20 世纪 60 年代。1934 年 Gautbert 用 Knop 液加葡萄糖、酵母提取液、水解酪蛋白的固体培养基，成功地培养三毛柳和黑杨的形成层。1937 年 White 又发现 B 族维生素和吲哚乙酸对离体根的生长有重要作用，发明了第一个人工合成培养基。1937—1938 年 Nabecourt 培养胡萝卜根的组织，得到愈伤组织，并继代培养了几十年。上述几位科学家分别建立了植物组织的连续培养物，使离体的植物组织可以在人工培养基上不断生长，从而奠定了现代组织培养的基础。

（三）器官形成和个体发生阶段（1941—1959）

1941 年 Van Overbeek 等以椰子乳汁作为培养基补加物，促进曼陀罗心形幼胚的发育。1944 年 Van Overbeek 利用烟草愈伤组织研究器官发生，观察到 IAA 对根发生有促进作用，对芽的形成有抑制作用。1946 年罗士韦将菟丝子茎尖培养成功并在试管内开花。1948 年 Skoog 和崔征在烟草切段和髓培养以及器官发生的研究中，发现腺嘌呤或腺苷可以解除培养基中 IAA 对芽的抑制作用，诱导烟草茎段形成芽。IAA 和腺嘌呤的比例是控制芽或根形成的重要条件之一。Skoog 实验室的 Miller 于 1955 年发现腺嘌呤的类似物激动素（6 - 呋喃氨基嘌呤）的诱导细胞增殖和分化的作用比腺嘌呤强 3 万倍。1958 年 Steward 使悬浮培养的单个胡萝卜根细胞形成胚状体，这一过程与胡萝卜的受精卵形成合子胚的发育极为相似，因而第一次用实验证实了 Harberlandt 提出的植物细胞全能性学说（图绪 -3）。

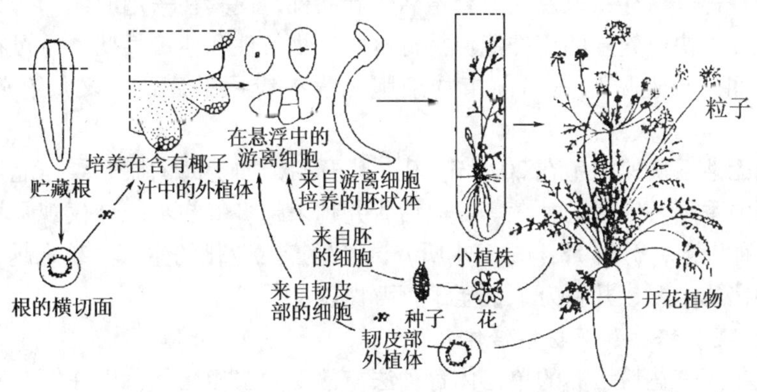

通过从韧皮部或胚得来的细胞把连续的生长周期连接起来

图绪 -3　胡萝卜植株生长周期示意图

（四）技术迅速发展阶段（1960—2000）

1960 年，Cocking 用纤维素酶和果胶酶溶解番茄根尖的细胞壁，分离出原生质体，继续进行培养，可重新长壁、分裂、分化形成根和芽，最终形成新植物体。从此以后，原生质体培养和细胞杂交也获得成功。1964—1966 年印度学者 Guha 和 Maheshwari 首次从毛叶曼陀罗花药培养中诱导未成熟花粉形成单倍体植株，从此开创了利用花药培养单倍体植物的新途径。不久，烟草和水稻的花药培养也获得成功。由于单倍体加倍后即形成为纯合二倍体，在育种上可以快速获得稳定的后代，因此受到育种家的极大重视。我国学者自 1972 年以来，已经将 30 多种经济植物，通过花药培养或花粉培养，获得新品种 20 多个。大量培养药用的次生代谢产物是植物细胞工程另一个重要的领域。我国在 1964 年开始研究人参，1980 年以后相继开展了紫草、三七、红豆杉等植物的大量培养研究，并利用生物反应器进行小试和中试。1973 年在烟草瘿瘤培养物中发现了来源于农杆菌的 Ti 质粒，它可以自发地整合到植物的基因组中去，由此开始了植物重组 DNA 和基因工程的研究。近 20 年来，植物细胞工程技术被广泛用于植物的基因转化，培育新品种。

四、植物细胞工程的应用

近三四十年来，随着研究的深入，植物细胞基础理论发展迅速，实际应用范围也越来越广。

（一）无性系快速繁殖

植物的快速繁殖，就是应用组织培养和细胞培养技术，快速繁衍珍稀濒危植物，使物种得以保存；以及快速繁殖名优新品种，使其在一定时间内繁衍为一定数量的植株。快速繁殖的植株能保持母本的生物特性和遗传性状，并可在短期内种植于田间。快速繁殖是当前植物细胞工程中应用最广泛，又最有效的方法之一。

我国无性系快速繁殖在 20 世纪 80 年代开始，如上海的康乃馨、北京的切花菊、广州的香蕉、广西的甘蔗等，以后研究越来越多，初步统计仅观赏植物就涉及 182 个种以上，分属 58 科、124 属。试管生产工业化的生产力越来越大，年生产能力多在几十万、几百万，甚至千百万株以上。

（二）花药培养和花粉单倍体育种

离体花药—花粉培养的单倍体育种法与常规方法相比，可以在短时间内得到作物的纯系，从而加快育种过程。我国的花药培养研究开始于 1972 年，研究成果非常丰富。至 2002 年止，已培育出烟草、水稻、小麦、玉米和辣椒新品种 28 个应用于生产，如烟草“单育 1 号”、水稻“单丰 1 号”、水稻“中花 9 号”和小麦“花培 1 号”等。我国科学家设计的花药培养基 N_6 和改良 N_6 培养基，在国内外被广泛地使用。

（三）药用植物的工厂化生产

当前各地采用组织培养来加速药用植物（如人参、紫草、贝母、三分三、甘草、三七、红豆杉、青蒿等）的繁殖生长已获得成功，并投入工厂生产。我国植物种类繁多，草药的研究和利用具有悠久的历史，但过度采挖使某些药用植物资源遭到严重破坏，因此开展药用植物工厂化生产是很必要的。

（四）种质的保存和基因库的建立

种质的保存和基因库的建立在育种工作中是十分重要的。由于组织培养材料的体积小，利于在低温（如低温冰箱）或超低温（如液态氮）中长期保存。已成功的例子有苹果、草莓、胡萝卜、马铃薯、玉米、水稻、甘蔗、花生等。

（五）细胞育种

细胞育种可经过植物细胞融合和细胞转化两条途径进行，细胞融合是两种异源原生质体，在诱导剂诱发下相互接触，从而使膜、胞质和核发生融合，形成杂种细胞，进一步发育成杂种植物体。例如，用白菜型油菜（*Brassica competris*，$2n=20$）与甘蓝（*Brassica oleracea*，$2n=38$）进行体细胞杂交，成功地得到与甘蓝型油菜（*B. napus*，$2n=38$）十分类似的合成种，大部分可育。细胞转化是指将外源基因通过农杆菌转化法、基因枪转化法（育成品种小麦）和花粉管通道转化法（育成品种抗虫棉）导入植物细胞中，再通过细胞和组织培养，就能获得再生的转基因植株。国内外学者已在这些方面获得成功。

第一章　实验室设备和一般技术

植物组织培养是一项要求很高、技术性较强的工作。为了确保组织培养工作的成功，必须有最基本的实验设备条件，并熟练掌握一些与无菌操作有关的操作技术。

第一节　实验室设计

植物组织培养的实验室，通常包括通用实验室、接种室、恒温培养室、检查培养情况并做记录的细胞学实验室。此外，工业化生产还需有相应的发酵设备及用于栽培试管苗的专用花房或遮荫棚等。实验室的大小和设置可根据自己的工作性质和规模自行设计，其中最主要的是无菌操作室和恒温培养室。

一、通用实验室

通用实验室主要用于植物组织培养所需器具的洗涤、干燥和保存，培养基的配制、分装和灭菌，化学试剂的存放及配制，重蒸馏水的生产，待培养植物材料的预处理及培养物的常规生理生化分析等操作。为了配制各种培养基，室内必须有一个较大的平面工作台及供放置各种培养器具的橱柜。

二、接种室

接种室主要用于植物材料的消毒和接种、培养物的继代转移等。它应是无尘、无对流空气的非常洁净的实验室。要求进入室内的工作人员的衣物、鞋帽、头发、手和脸都要十分清洁，避免带入杂菌造成污染。如果能换上工作服、工作帽和室内拖鞋，更是理想。

（一）无菌操作室

无菌操作室最好设有内外两间：外间是缓冲间，内间是无菌操作室，缓冲间可使工作人员进入无菌操作室前有一个过渡，以减少将室外杂菌带入无菌操作室。缓冲室中可放置工作服、工作帽、拖鞋等，亦可用紫外灯随时进行灭菌。无菌操作室是无菌操作的重要空间，墙壁和地面要光滑，便于清洗和消毒。除入口和通风口外，均应密封和安装滑门，以减少室内外空气对流，污染室内环境。使用前先用20 mL · L^{-1}新洁尔灭溶液擦洗台面，然后开紫外光灯照射20 min。同时室内应定期用甲醛和高锰酸钾（每平方米空间需2 mL甲醛与过量的高锰酸钾混合）产生的蒸气熏蒸。无菌操作室可同时容纳2人以上操作。由于空气不够流畅，长时间工作使人很不舒服，特别是夏天。

（二）接种箱

在条件较差的情况下，可考虑自制无菌箱来代替无菌操作室。最简单的无菌箱可用木板或有机玻璃制成。假若用木板制作，上面可装配玻璃，以方便操作。左右两侧或在正面开两个圆孔，以便从圆孔口放入用具和培养基及进行操作。两个圆孔口内各安装上一个布制袖罩，避免灰尘和杂菌混入。箱内装有紫外灯，供灭菌用，同时装上日光灯供照明用（图1－1）。

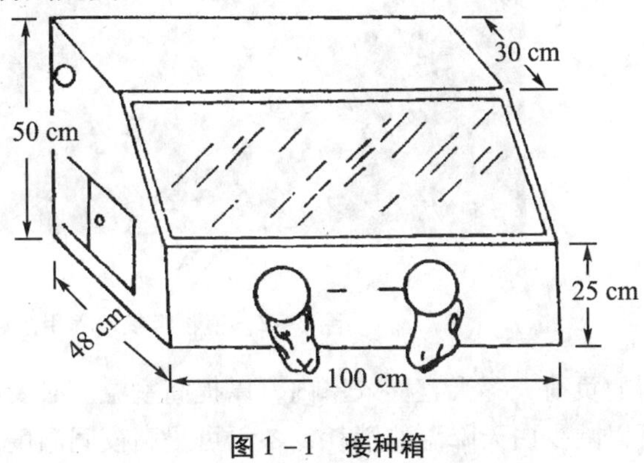

图1－1　接种箱

（三）超净工作台

超净工作台一般由鼓风机、滤板、操作台、紫外光灯和照明灯等部分组成。根据风幕形成的方式，可分为垂直式和水平式两种。超净工作台的工作原理主要是：鼓风机送入的空气经过细菌过滤板除去微生物后，再流过工作台面，并在操作人员和操作台之间形成风障，使杂菌不能进入，形成一个无菌的工作面。与接种箱和无菌操作室相比，超净工作台既方便又舒适，无菌效果又好，现已成为被广泛使用的无菌操作装置。超净工作台应放置在空气干燥、地面无灰尘的地方。若使用过久，引起堵塞，需要清洗或更换过滤板。超净工作台有单人式、双人式及三人式的（见图1－2），一般较宽大，购置和设计房间时应考虑到，以免房门太窄而搬不进去。

三、培养室

培养室是培养试管苗的场所，要满足外植体生长所需的温度、光照、湿度和气体等条件。室内主要应有培养架和控制温度和光照的设备。室内温度通常要求在25 ℃左右，大都采用空调机来控制。培养室的光源通常采用普通40 W的白色日光灯等，每层培养架安放2～4支日光灯管，每管相距20 cm，以满足每层外植体生长需要。有时为了工作方便，可采用自动定时器控制光照时间，以免每天要人工开灯和关灯。日光灯的镇流器散发大量热量，夏天宜安在室外，以减低空调

(a) 双人式

(b) 单人式

图 1－2　植物组织培养用的超净工作台

器的负荷；冬天宜移入室内，以提高室温。必要时可以考虑改为夜间照明，夏天可以减少白天降温的消耗，冬天可提高夜间温度。如果使用不发热的电子镇流器日光灯管，就没有这个问题了。有可能的话可考虑增设一个暗培养室，作为那些不需要光照的外植体培养的场所，如某些愈伤组织的诱导等。培养室用电量大，成本高，为了节省能源、降低成本可采取一些措施，例如，加大窗户，利用自然光；墙壁宜用隔热性能良好的材料（泡沫塑料）建成隔热层，少受外界温度影响。

培养室的湿度也是一个值得考虑的问题，特别是在冬季，室内装配有加温设备，空气干燥，湿度很低，容易造成试管或培养容器内培养基干涸。因此培养室内湿度应保持在 70% ~80% 。

提高培养室的空间利用率也是降低成本的一种措施。一般采用多层的培养架，高度可达天花板，每层间隔 35 ~45 cm、长 130 ~150 cm。培养架材料常用的有三种：木材（较难得，加工费事），铝合金型材（太贵），万能角铁（价格相对便宜，易安装，可重组）。每层隔板可用胶合板或玻璃等。

在培养室内可放置液体培养需用的摇床或旋转床等。

四、洗涤室

大量生产时应另辟一个洗涤室，装有水槽以清洗用具，地面要耐湿，并能排水。灭菌锅、蒸馏水器、干燥箱等可从通用实验室移到本室，方便操作。

除上述几种主要房间外，假若条件许可，也可以再建立摄影室以及供冲洗胶卷、印相和放大用的暗室，人工气候室及试管苗炼苗用的温室，等等。

第二节　常用设备和器材

一、高压蒸气灭菌锅

高压蒸气灭菌锅是组织培养中最基本的设备之一，用于培养基、蒸馏水和接种器械的灭菌消毒等。目前有大型卧式、中型立式、小型手提式和电脑控制型等多种，可依据自身的工作规模和财力来选用。如果不是进行试管苗的工厂化生产，在组织培养实验室中通常使用小型手提式高压蒸气灭菌锅（图 1－3）。小型手提式高压蒸气灭菌锅有内热式和外热式两种：外热式可用电炉、液化气炉等加热；内热式发热管在锅内，省时又省电，但不能用火炉加热。若给小型手提式内热高压蒸气灭菌锅配一个调压变压器和定时钟，就可减轻劳动强度，实现半自动灭菌操作。

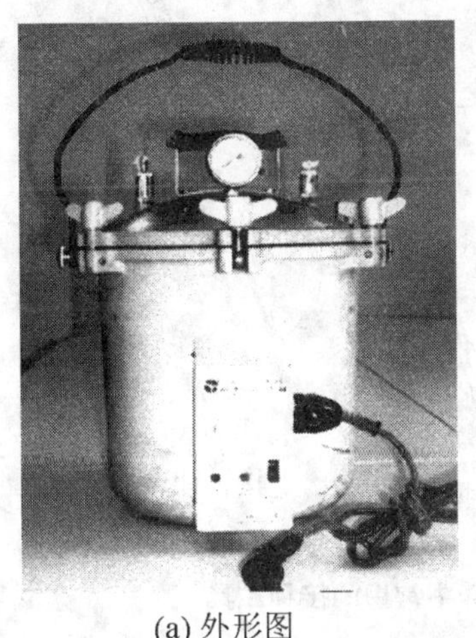

(a) 外形图

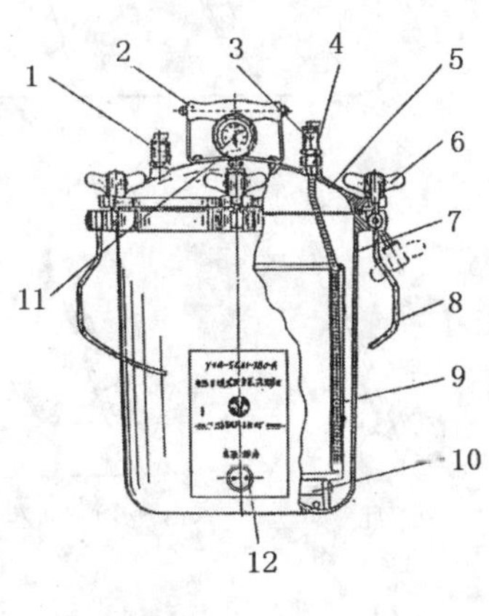

(b) 灭菌锅各部位结构图

图 1－3　手提式高压蒸气灭菌锅

1—安全阀；2—木柄；3—放气阀；4—放气软管；5—盖；6—紧固螺栓
7—主体；8—拎环；9—消毒桶；10—底架；11—压力表；12—电热管

如果受经费限制，也可用家用高压锅代替高压蒸气灭菌锅。方法是将装有培养基的三角瓶放在家用高压锅的屉上加水加热，水沸腾 2 ~ 3 min 后，加盖限压阀，当蒸气推动限压阀后，调节火势，使锅内稳压 20 ~ 30 min，停火，待冷却后取阀放气，取出培养基。此法消毒效果可达 70% ~90%。

二、接种工具

接种工具常用的有（图1－4）：

双筒实体显微镜——多用于剥制植物茎尖。

镊子——尖头镊子适用于解剖和分离叶表皮时用；枪形镊子，由于其腰部弯曲，适合于用来转移外植体和培养物。

剪刀——有大、小解剖剪和弯头剪，适合于剪取外植体材料。

解剖刀——有活动的和固定的两种。前者可以更换刀片，较适用于分离培养物；后者则适用于较大外植体的解剖用。

酒精灯——用于金属接种工具的灭菌和在其火焰无菌圈内进行无菌操作。

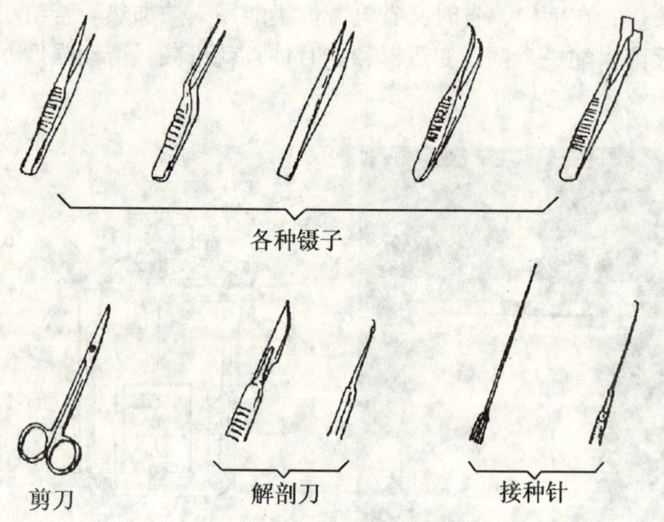

图1－4　植物组织培养中常用的接种工具

三、培养设备

培养设备是指专为培养物创造适宜的光、温、水、气等条件的设备，包括：

空调机——供升温及降温用。

定时器——供控制光照时间用。

温度控制器——供恒温用。

增湿机或去湿机——供改善培养室湿度用。

培养架——供放置培养瓶用，培养架的框子用木制或三角铁制皆可，但应漆成白色或银灰色，每层隔板可用玻璃或木材制成，但玻璃板的光照效果好些。

摇床或旋转床——在进行液体培养时，培养材料浸入溶液中，会引起氧供应不足。为改进通气条件，常用旋转床或摇床。旋转床是将培养容器固定在缓慢垂直旋转的转盘上，作360°旋转，通常每分钟转一周。随着旋转，培养材料时而浸入培养液里，时而露于空气中。摇床作水平往复式振荡，每分钟约120次，通过振荡促进空气的溶解，同时使培养材料上下翻动，消除植物的向重力性。如在兰花组培时，利用摇床进行液体培养可使兰花的原球茎得以快速繁殖。

日光灯——供光照之用。有时，为了获得不同光质的光源，还需备有产生不同光质的滤光膜或滤光片。

光照培养箱——供光照培养用，多用于外植体分化培养和试管苗生长之用，有可调湿和不调湿的两种规格。条件许可的话，还可采用可用程序控制的全自动的调温调湿控光的人工气候箱来进行植物组织培养和试管苗快速繁殖。

四、化学实验及分析设备

天平——在组织培养实验室中，常配备有感量为1 g的药物天平及0.1 g的扭力天平和精密度为0.000 1 g的分析天平。其中药物天平和扭力天平用于大量元素、琼脂和蔗糖等的称量；精密度为0.000 1 g的分析天平用于植物激素和微量元素的称量。条件许可的话，最好配置一台精密度为0.001 g的电子读数天平，就可以非常方便快捷地称取试剂。

酸度计——培养基中的pH值十分重要，因此在配制培养基时需要用酸度计来测定和调整培养基的pH值。一般的实验室用小型酸度测定仪，既可在配制培养基时使用，也可测定培养过程中pH值的变化。若是用于大规模生产，通常还采用pH值为5.0~7.0的精密试纸来代替。

蒸馏水器——在植物组织培养中常要求使用蒸馏水或去离子水。蒸馏水可用金属蒸馏水器大批制备。假若需要更高纯度的重蒸馏水，可用硬质玻璃双蒸馏水器制备。去离子水是用离子交换器制备的，成本低廉，但不能除去水中的有机物。

烘箱或玻璃仪器烘干器——洗净后的玻璃器皿，如需迅速干燥，可放在烘箱内或玻璃仪器烘干器上烘干，温度以80 ℃~100 ℃为宜。若需要将玻璃仪器进行干热灭菌，只需将烘箱温度升高至150 ℃~160 ℃，持续1~3 h即可。

电炉——供加热用。

药品柜——供放置药品用。

冰箱——有多方面用途，如试剂和母液的保存、试验材料的冷处理、种子和种质材料的冰冻贮藏等。

大、小水槽——供洗涤玻璃器皿用。

晾干架——供放置玻璃器皿用。

废污物桶——供暂时放置废弃物、污物用。

五、培养物细胞学观察设备

在植物细胞和组织培养过程中，常需随时观察和记录培养物的细胞学和形态解剖学的变化，故要进行显微观察、显微摄影和普通摄影、组织切片、细胞染色等工作。培养物细胞学观察的设备应包括：

显微观察用的设备——双筒实体显微镜、高倍显微镜和倒置显微镜及其相应的显微照相设备、测微尺和血球计数器。双筒实体显微镜多用于剥制植物茎尖，倒置显微镜多用于隔瓶观察，并记录外植体生长情况。

组织切片染色用的设备——普通或超薄切片机、磨刀机、染色缸、烘片器等。

照相及其冲洗设备——120 型和 135 型照相机、近摄镜和接圈、三角架、测光表、显影罐、定时器、放大机、暗袋和暗室等。

以上设备是针对大的、较为综合的组培实验室而言，但在具体工作中，完全可以根据各实验室自身的目的和要求加以选择，或根据自身实验需要及现有条件因地制宜地进行设计和改装。其根本要求是确保无菌操作和无菌培养，外植体生长良好，工作方便。

第三节　玻璃器皿的选择与清洗

一、玻璃器皿的选择

目前用于植物组织培养的玻璃器皿种类很多，包括试管、三角锥瓶、果酱瓶、T 形管和 L 形管等（图 1－5）。通常可根据研究的目的和培养方式，分别采用不同类型的培养容器。

试管——是植物组织培养中常用的一种玻璃器皿，特别适合于用少量培养基及试验各种不同配方时选用，在茎尖培养及花药和单子叶植物分化长苗培养时更显方便。试管有平底和圆底两种，一般选用 20 mm×150 mm 和 30 mm×200 mm 规格的试管较适宜。

三角锥瓶——是植物组织培养中最常用的培养容器，适合于进行各种培养，如固体培养或液体培养、大规模培养或一般培养。大规模的振荡液体培养，通常使用 300 mL、500 mL，甚至 2 000～3 000 mL 的三角瓶。但在组织培养中用得最多的是 50 mL、100 mL、150 mL 和 300 mL 四种规格的三角瓶，其口径均为

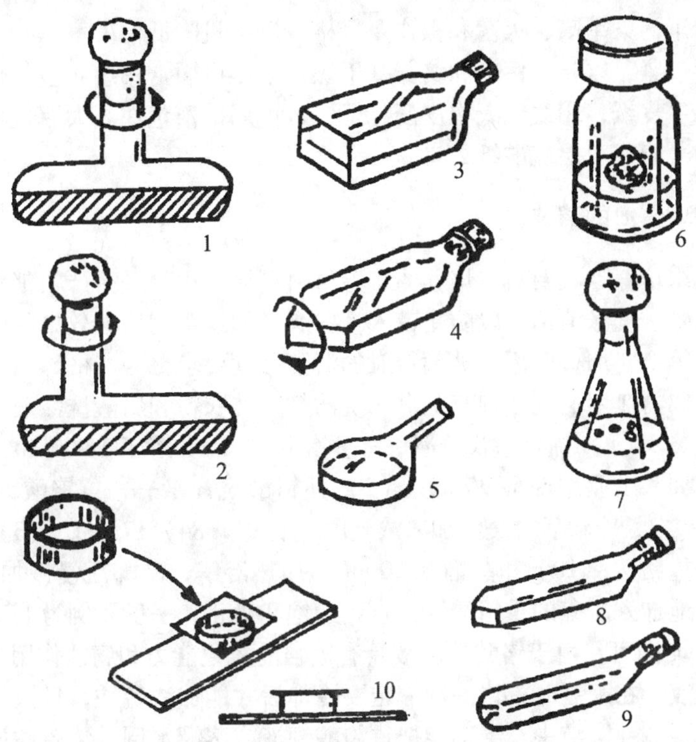

图 1－5　植物组织培养用的玻璃器皿

1—T 形管；2—L 形管；3—长方形扁瓶；4—角形培养瓶；5—圆形扁瓶；6—圆形培养瓶；7—三角瓶；8—平形有角试管；9—平形无角试管；10—细胞微室培养用的玻璃环及盖玻片和载玻片

25 mm。三角瓶的好处是采光好，瓶口较小，不易失水。缺点是价格较贵，易破损，且瓶矮，不适宜作单子叶植物的长苗培养研究。

L 形管和 T 形管——为专用的旋转式液体培养试管。由于在管子转动时，管内培养的材料能轮流交替地处于培养液和空气之中，因而通气良好，有利于培养组织的正常生长。

培养皿——适于作单细胞的固体平板培养、胚和花药培养和无菌发芽。常用的规格为直径 40 mm、60 mm、90 mm 和 120 mm。

角形培养瓶和圆形培养瓶——适于液体培养用，如单细胞和原生质体的浅层培养。其中角形培养瓶用于静置培养，而圆形培养瓶用于胚的培养。

果酱瓶——常作为试管苗大量繁殖用的培养瓶，一般用 200 ~ 500 mL 规格的果酱瓶、水果罐头瓶，因瓶口大，操作方便，可提高效率，减少材料消耗，加上价格低廉，透光好，空间大，材料生长健壮，已被许多植物试管苗生长企业大量使用。但由于污染率高，灭菌和操作要严格，以尽量降低污染率。

瓶口要包紧，以防止污染和培养基干燥。小瓶口通常用纱布包住棉花塞，外边再包一层牛皮纸，用线绳或橡皮筋扎好；也可用铝箔包住。大瓶口可用聚丙烯薄膜、聚酯薄膜或双层硫酸纸封口。

二、玻璃器皿的清洗

植物组织培养除了要对待培养的实验材料和接种用具进行严格消毒外，各种培养器皿也要求洗涤清洁，以防止带入一些有毒的或影响培养效果的化学物质或一些微生物等，对那些常用的玻璃器皿的清洁程度要求更为严格。

清洗玻璃器皿用的洗涤剂有肥皂、洗洁精、洗衣粉和铬酸洗涤液。铬酸洗涤液有三种配方：（1）稀铬酸洗涤液——重铬酸钾 50 g 溶于 1 000 mL 蒸馏水中，冷却后缓慢加入工业用硫酸 90 mL。（2）强铬酸洗涤液——重铬酸钾 10 g 溶于 20 mL 蒸馏水中，冷却后再缓慢加入浓硫酸（比重 1.84）175 mL。（3）饱和铬酸洗涤液——重铬酸钾 10 g 和蒸馏水 20 mL，加热溶解，冷却后慢慢加入浓硫酸，并同时缓慢地加入研碎的重铬酸钾，直到过饱和为止，一般比例为 1 000 mL 加入重铬酸钾 50 g 即可。由于铬酸洗涤液具有极强的氧化能力和腐蚀作用，故不要用手接触洗涤液；在配制时重铬酸钾一定要冷却后才能加浓硫酸，且只能把浓硫酸缓慢加入重铬酸钾溶液中，绝不能把重铬酸钾液或蒸馏水倒入浓硫酸中。所配铬酸洗涤液为暗红色液体。

清洗玻璃器皿时，如果是新购置的玻璃器皿，由于它们会或多或少含有游离碱性物质，使用前先用 10 mL · L^{-1} 稀盐酸浸泡一夜，然后用肥皂水洗净，清水冲洗，最后用蒸馏水冲淋一遍，干后备用。

对已用过的玻璃器皿，如三角瓶、罐头瓶等，应先将器皿中的残渣除去，用清水洗净；再用热的肥皂水或洗洁精洗净，清水冲洗干净；最后用蒸馏水冲洗一次，干后备用。对于较脏的玻璃器皿则可先用洗衣粉或洗洁精刷洗几次并冲净后，再浸入洗涤液中。在洗涤液中浸泡的时间一般视器皿的肮脏程度而定。经洗涤液处理后，取出，置于流水中冲洗干净后，再用蒸馏水冲洗一遍，就可放入烘箱中烘干备用。

为了延长洗涤液的使用时间，盛洗涤液的容器上应盖一片大小适宜的玻璃，以免洗涤液吸水而冲淡失效。洗涤液用过后应倒回原瓶，以备下次再用，不能随便乱倒。当洗涤液变为绿色或过于稀释则失效，但也绝不能倒入下水道，以免腐蚀金属管道，只可倒入废液缸中。

对已被霉菌等杂菌污染的玻璃器皿则必须先在 121 ℃ 高压蒸气灭菌 30 min 后，趁热倒去残渣，用清水冲洗。必要时还要用蘸有洗涤剂的毛刷刷去瓶壁上的培养液和霉菌斑，再用水冲洗干净后，浸泡在浓的重铬酸钾洗涤液中，2 h 后取出，用自来水冲洗多次，再用蒸馏水冲淋一次，晾干备用。切忌直接用水清洗，否则会造成培养环境的污染。

用过的吸管和滴管等应放在洗涤液中浸泡 2 h 以上，取出经流水冲洗半小时后，用蒸馏水冲洗一次，置于烘箱中烘干或晾干备用。

用过的载玻片和盖玻片，由于盖玻片薄而脆，极易破碎，应与载玻片分别洗涤。通常经水洗晾干后放入洗涤液内浸泡数小时，取出后用水冲洗几次后，再用清洁而柔软的绸布擦干。对沾有油脂或香脂的载玻片或盖玻片可先用肥皂水或洗洁精液煮过再洗。洗净的载玻片和盖玻片可贮放在 950 $mL \cdot L^{-1}$ 的酒精（滴加少量浓盐酸）中。使用时用布擦干。

总之，洗净的玻璃器皿应透明发亮、内外壁水膜均匀，不挂水珠。

第二章　培养基及其配制

植物组织培养的成功与否，除了培养材料本身的因素外，很大程度上取决于对培养基的选择。培养基的种类、成分等直接影响培养材料的生长发育，故应根据培养材料的种类和部位，选取适宜的培养基。不同的培养基特点不尽相同，了解和分析它们的特点，既便于人们选择合适的培养基，又可以在组织培养中开发新的培养基。

第一节　培养基的成分

目前，不论液体培养，还是固体培养，大多数植物组织培养中所用的培养基都是由无机营养物、碳源、维生素、生长调节物质和有机附加物等几大类物质组成。

一、无机营养物（无机盐）

无机营养物包括大量元素和微量元素。大量元素是指碳（C）、氢（H）、氧（O）、氮（N）、磷（P）、钾（K）、硫（S）、钙（Ca）、氯（Cl）和镁（Mg）。它们是植物细胞中构成核酸、蛋白质、酶系统、叶绿体以及生物膜所必不可少的元素。

氮通常是指硝态氮或铵态氮，但在培养基中多以 KNO_3 或 $Ca(NO_3)_2$ 的硝态氮形式来满足培养物对氮素的需求，或将两者混合使用，有时也以硝态氮为主，补加 $(NH_4)_2SO_4$ 以满足酸性植物的需要；培养基中一定浓度的氮素不仅为培养物的生长所必需，也是胚胎发生所必需的因素之一。在一般情况下，营养培养基中至少需要含有各为 25 $mmol \cdot L^{-1}$ 的硝酸盐和钾盐，铵的含量超过 8 $mmol \cdot L^{-1}$ 时对培养物有毒害作用，但对常规的愈伤组织培养和细胞悬浮培养来说，若硝氨态和氨态氮同时存在，则培养基中的总氮量可提高到 60 $mmol \cdot L^{-1}$。

磷是植物的必需元素之一，参与植物生命活动中核酸及蛋白质合成、光合作用、呼吸作用以及能量的贮存、转化与释放等重要的生理生化过程，因此在组织培养中培养物需要大量的磷。

钾是主要的阳离子，近年在培养基中的用量呈逐渐提高的趋势。

钙、钠和镁的用量较少。钙、硫和镁的浓度在 1 ~ 3 $mmol \cdot L^{-1}$ 范围内较适宜。而培养基中所需的钠和氯化物则由钙盐、磷酸盐或微量营养成分提供。

微量元素是指铁（Fe）、硼（B）、锰（Mn）、锌（Zn）、钴（Co）、钼（Mo）、铜（Cu）等，其需要量很少，一般大多为 10^{-5} ~ 10^{-7} $mol \cdot L^{-1}$，稍多则产生毒害。铁对叶绿素的合成以及延长生长起重要作用，通常以硫酸亚铁与 Na_2 - EDTA 螯合物的形式出现在培养基中。

二、碳源和能源

植物组织培养中被培养的外植体，由于其光合作用的能力较低，需要在培养基中添加一些碳水化合物作为生长发育的能源。一般是添加蔗糖、葡萄糖和果糖，其中以蔗糖最常用，效果也最好。然而，在体细胞组织培养中，葡萄糖、麦芽糖、山梨醇糖也有影响；在花药培养中，麦芽糖也有促进作用。糖类在培养基中除了作为碳源和能源外，还具有维持培养基一定渗透压的作用。大多数植物细胞对蔗糖的需求范围是 10 ~ 50 $g \cdot L^{-1}$（可维持的渗透压范围在 - 152 ~ - 415 kPa），但个别植物组织培养中蔗糖的浓度也可高达 70 $g \cdot L^{-1}$，甚至 150 $g \cdot L^{-1}$，如玉米、油菜等植物的花药培养。一般来说，蔗糖作为碳源和渗透剂的比例约为 3∶1 ~ 3∶2，即有 1/4 ~ 2/5 的蔗糖用于保持培养基的渗透压。

三、维生素类

维生素类与植物体内各种酶的形成有关。维生素类的种类很多，在植物组织培养中通常以 B 族维生素为主，使用浓度一般为 0.1 ~ 1.0 $mg \cdot L^{-1}$，其中以维生素盐酸硫胺素（Vit. B_1）、盐酸吡哆素（Vit. B_6）、烟酸、Vit. B_{12}、生物素及维生素 C 最常用。在各种维生素中，Vit. B_1 可能是必需的，而烟酸及 Vit. B_6 对生长只有促进作用。肌醇（环己六醇）本身不促进外植体生长，但可能有助于活性物质发挥作用，提高 Vit. B_1 的效果，从而促进外植体生长、胚状体及芽的形成；培养基中的肌醇用量为 50 ~ 100 $mg \cdot L^{-1}$。

四、氨基酸及有机附加物

在一些培养基中可加入一些氨基酸，如甘氨酸（Gly）、丝氨酸（Ser）、酪氨酸（Tyr）、谷氨酰胺（Gln）、天冬酰胺（Asn）等，它们是培养基中重要的有机氮源。甘氨酸能促进离体根的生长，对植物组织培养物的生长也有良好的促进效果，通常用量为 2 ~ 3 $mg \cdot L^{-1}$。丝氨酸和谷氨酰胺有利于花药胚状体或不定芽的分化。水解酪蛋白（CH）和水解乳蛋白（LH）也是多种氨基酸的混合物，对胚状体或不定芽或多胚的分化有良好的促进作用，通常用量为500 mg·L^{-1}。酪氨酸可不同程度地替代水解酪蛋白或水解乳蛋白的作用。

在某些植物组织培养中还加入一些天然的有机物，例如，椰子汁（椰乳）100~150 mL·L^{-1}，酵母提取物5 g·L^{-1}，番茄汁50~100 mL·L^{-1}，香蕉泥100~200 g·L^{-1}，其作用是提供一些必要的微量营养成分、生理活性物质和生长激素等。如培养基中加入100~200 g·L^{-1}的香蕉泥，具有较大的pH缓冲作用，主要用于兰花的组织培养，对幼苗发育有促进作用。但由于这些天然有机物成分复杂且不确定，很难保证重复一致，因而在培养基的配制中更多人仍倾向于选用已知的合成有机物。

五、植物生长调节物质

生长调节物质是培养基中不可缺少的关键物质，其用量虽极少，但它们对外植体愈伤组织的诱导和器官分化起着重要和明显的调节作用，其中以生长素类和细胞分裂素类最为常用。

（一）生长素类

它们的主要作用是诱导愈伤组织的形成、胚状体的产生以及试管苗的生根，更重要的是配合一定比例的细胞分裂素诱导腋芽及不定芽的产生。生长素类常用的是2,4-D（2,4-二氯苯氧乙酸）、NAA（萘乙酸）、IAA（吲哚乙酸）、IBA（吲哚丁酸），它们作用的强弱顺序为：2,4-D > NAA > IBA > IAA。它们使用的适宜浓度：IAA为10^{-5}~10^{-10} mol·L^{-1}，以1~10 mg·L^{-1}最常用；2,4-D为10^{-5}~10^{-7} mol·L^{-1}；NAA的适宜浓度范围比前两者都高。在大多数情况下，只用2,4-D就可成功地诱导外植体产生愈伤组织，假若将2,4-D等生长素类物质与一种细胞分裂素配合使用时，效果会更好。虽然2,4-D诱导细胞分裂较好，但这个化合物趋向于抑制植物的形态发生，故在诱导再分化时就很少用它（但在禾本科及某些单子叶植物的培养中，2,4-D却对其器官分化有较好的促进效果），一般多用NAA或IBA或IAA与一种细胞分裂素配合使用。值得一提的是，低浓度的2,4-D往往有利于胚状体的分化，NAA有利于单子叶植物的分化，而吲哚丁酸诱导生根的效果最好。

（二）细胞分裂素类

常用的细胞分裂素类有激动素（KT）、6-苄基腺嘌呤(6-BA)、玉米素（ZT）、2-异戊烯腺嘌呤（2-iP）、吡效隆（4-PU，CPPU）和噻重氮苯基脲（TDZ）。它们的主要作用是：促进细胞的分裂和器官分化，延缓组织的衰老，增强蛋白质的合成，抑制顶端优势，促进侧芽的生长及显著改变其他的激素作用。就同一浓度来比较，它们作用的强弱顺序为：TDZ > 4-PU > ZT > 2-iP >

6 - BA > KT。但在组织培养中通常使用人工合成的、性能稳定又价格适中的 KT 和 6 - BA，两者的最适浓度为 $10^{-6} \sim 10^{-7}$ mol · L^{-1}。

此外，赤霉素（GA_3）、脱落酸（ABA）和多效唑（PP_{333}）等生长调节物质也常用于组织培养中。

激素较贵，在简易条件下也可用含有天然激素的代用品。可取蚕豆刚萌发 0.5 cm 幼根的 3 mm 根尖 5 ~ 10 g，加水研磨，过滤，取汁液，加水至 1 000 mL 即成。也可取受精 1 个月的苹果 150 g 切碎，过滤取得汁液。也可用成熟番茄果实，捣汁，取滤液。不过，上述代用品只对组织增殖有作用，对器官分化作用不明显。

六、琼脂

琼脂是从海藻中提取的一种高分子碳水化合物，它的主要作用是使培养基在常温下凝固，同时不参与代谢，所以在植物组织培养中一直被作为首选固体培养基质而广泛应用。新买来的琼脂应先试其凝固能力后再决定用量。在通常的情况下，纯净度高，含杂质量少，色浅、透明的质量好的琼脂，用量一般在 6 ~ 10 g · L^{-1}。当培养基 pH 值偏酸时，则琼脂用量要增加。此外，加热时间过长、温度过高均会影响其凝固。

在经济条件较紧的情况下，也可用琼脂的代用品。（1）将洗净晒干的海藻石花菜或江蓠剪碎，每升培养基称取 30 ~ 40 g 海藻，煮沸溶化。（2）配 50 ~ 60 g 市售食用淀粉，在 1 L 培养基中煮溶，冷却即成简化的凝固剂。

对于质量差的琼脂（如色黄、杂质多），在使用前最好用蒸馏水洗涤，以减少其中的无机盐和可溶性有机物的含量。为了获得洁净的琼脂，可将干琼脂 450 g 放在容量为 6 L 的大瓶中，加蒸馏水 5 L 和吡啶 0.5 g，20 h 后过滤，再用蒸馏水洗三遍，再放入 950 mL · L^{-1} 乙醇中浸泡过夜后，将琼脂取出，铺在洁净的纱布上晾干备用。

七、活性炭

活性炭加入培养基中的目的主要是利用其吸附能力，减少一些有害物质的影响，例如可以防止酚类物质污染而引起组织褐化死亡。这在兰花组织培养中效果更明显。另外，活性炭使培养基变黑，有利于某些植物生根。但活性炭对物质吸附无选择性，既吸附有害物质，也吸附有利物质，例如植物生长调节物质、维生素类（Vit. B_6、叶酸、烟酸等）。因此使用时应慎重考虑，不宜过浓，一般为 0.2 ~ 10 g · L^{-1}，尤以 1 ~ 5 g · L^{-1} 更常用。活性炭对形态发生和器官形成有良好的效应。在失去胚状体发生能力的胡萝卜悬浮培养细胞中加入 10 ~ 40 g · L^{-1} 的活性炭，可使胚状体的发生能力得以恢复。

第二节 培养基的配制

培养基在外植体的去分化、再分化、出芽、增殖、生根及成苗整个过程中都起着重要的作用。而培养基的选择和配制则是植物组织培养及其试管苗生产中的关键环节之一。

一、水和药品

严格来讲，用于配制培养基的水最好是用玻璃容器蒸馏过的去矿质离子的蒸馏水。所用的各种化学药品应尽可能采用分析纯或化学纯级别的试剂，以免杂质对培养物造成不利影响。生长调节物质在应用前有时还需要进行重结晶或选用纯度更高的。蛋白质水解物最好是用酶水解的，这样可以使氨基酸更好地在自然状态中保存。药品的称量及定容都要准确，不同的化学药品需使用不同的药匙，避免药品的交叉污染与混杂。称量时应特别仔细，每称取一种药品都应随时记录称量情况（包括品名、重量等），以免重复搞错，又便于今后分析。

二、母液的配制和保存

配制培养基最方便的方法是预先配制好不同组分的培养基母液，配成培养基配方使用浓度的 10 倍或 100 倍，甚至1 000倍。这些母液包括无机盐、维生素以及在水溶液中稳定的生长调节物质等。平时应贮存在 2 ℃ ~4 ℃冰箱内，待做培养基时取出，按比例稀释配用。这样每种药品称量一次，可以使用多次，并可减少多次称量所带来的误差。母液的配制有两种方法：一种是配制成单一化合物母液，另一种是配成几种不同化合物的混合母液。前一种方法适合配制多种培养基都需要的同一种母液，后一种方法在大量配制同种培养基时省时省力。配好的母液应放在容量瓶中贮存。

现以 MS 培养基配制为例，在配制母液时为减少工作量可以把几种药品（如培养基中的大量元素或微量元素）配在同一母液中（表 2－1），但应注意各种化合物的组合以及加入的先后顺序，以免发生沉淀。通常把每种试剂单独溶解后再与别的也已完全溶解的药品混合，或者待前一种化合物完全溶解后再加入后一种化合物。混合已溶解的各种矿质盐时还应注意先后顺序，力求把 Ca^{2+} 与 SO_4^{2-} 和 PO_4^{3-} 错开，以免形成硫酸钙或磷酸钙的不溶物。同时，要慢慢地混合，边混合边搅拌。

铁盐宜单独配制，其配法为2.78 g 硫酸亚铁（$FeSO_4 \cdot 7H_2O$）和3.73 g 乙二胺四乙酸二钠（Na_2-EDTA）溶于1 L 水中，用时每配1 L 培养基取该溶液10 mL。

表2－1　MS 培养基母液的配制

母液种类	成　分	规定用量/$mg \cdot L^{-1}$	扩大倍数	称取量/mg	母液定容体积/mL	配1 L MS 培养基吸取量/mL
大量元素	KNO_3	1 900	20	38 000	1 000	50
	NH_4NO_3	1 650		33 000		
	$MgSO_4 \cdot 7H_2O$	370		7 400		
	KH_2PO_4	170		3 400		
	$CaCl_2 \cdot 2H_2O$	440		8 800		
微量元素	$MnSO_4 \cdot 4H_2O$	22.3	1 000	22 300	1 000	1
	$ZnSO_4 \cdot 7H_2O$	8.6		8 600		
	H_3BO_3	6.2		6 200		
	KI	0.83		830		
	$Na_2MoO_4 \cdot 2H_2O$	0.25		250		
	$CuSO_4 \cdot 5H_2O$	0.025		25		
	$CoCl_2 \cdot 6H_2O$	0.025		25		
铁盐	Na_2-EDTA	37.3	100	3 730	1 000	10
	$FeSO_4 \cdot 7H_2O$	27.8		2 780		
维生素和氨基酸	烟酸	0.5	50	25	500	10
	甘氨酸	2.0		100		
	Vit. B_1	0.1		5		
	Vit. B_6	0.5		25		
	肌醇	100		5 000		

对于植物生长调节物质，配制成母液时，通常用 $mg \cdot mL^{-1}$ 较方便，一般宜配制成0.5 $mg \cdot mL^{-1}$的母液，这样的浓度既便于计算，也可避免冷藏时形成结晶。由于多数生长调节物质难溶于水，因此配法各不相同：IAA、IBA 和 GA_3 可先用少量950 $mL \cdot L^{-1}$ 乙醇溶解，再加水定容，摇匀后贮于试剂瓶中，贴上标签后，存放在冰箱中；NAA 可溶于热水或少量950 $mL \cdot L^{-1}$ 乙醇中，再加水定容至一定体积；2,4－D 不溶于水，可用1 $mol \cdot L^{-1}$ 的 NaOH 溶解后，再加水定容；KT 和6－BA 应先溶于少量1 $mol \cdot L^{-1}$ 的 HCl 中，再加水定容；玉米素先溶于少

量950 mL·L^{-1}乙醇中再加水定容至一定浓度。目前植物生长调节物质浓度的表示法有两种：一种是ppm（或每升mg数ppm的浓度表示法已被废弃，但生产中仍在使用），另一种是mol·L^{-1}，两者的互相换算方法见附录三。

椰子汁的活性成分是耐热的，椰乳汁从椰子中倒出后应立即煮沸过滤去除蛋白质，高压消毒后贮于－20 ℃低温冰箱中备用。

配制好的各种母液应分别贴上标签，写明母液名称、配制倍数、日期及配1 L培养基时应吸取的各母液量。母液最好在2 ℃～4 ℃的冰箱中保存。尤其对生长调节物质与有机类物质要求较严。贮存时间不宜过长，如发现有霉菌和沉淀结晶产生，就不能再使用。

三、培养基配制程序

配制培养基时先将贮存母液按顺序放好，将洁净的各种玻璃器皿、量筒、烧杯、移液管、玻璃棒、漏斗等放在指定的位置。首先称好所需的琼脂、蔗糖，配好所需用的生长调节物质。准备好重蒸馏水及作瓶盖的棉塞、牛皮纸和包装线等。由于琼脂较难溶解，所以要及早加热溶解。先在烧杯内放一定量的蒸馏水，以免加入药液时溅出。再按母液顺序，根据不同母液的不同倍数取规定的量。在加入母液或生长调节物质时，应事先检查这些母液等是否已变色或产生沉淀或产生结晶，已失效的就不要取用。加完后一并倒入已溶化的琼脂中，再放入蔗糖，定容至所需体积，继续加温，并不断搅拌，待琼脂煮透后端离火源，根据培养基配方及培养基体积加入所需要的生长调节物质。由于培养基的pH值直接影响到培养物对离子的吸收，因而过酸或过碱都对植物材料的生长有很大影响；此外，琼脂培养基的pH值还影响到凝固情况。所以，当培养基配制好后应立即进行pH值的调整。最好用酸度计测试，既快又准，如无条件也可用精密pH试纸，但最好多用一两种试纸同时测定，免得一种pH试纸偏差太大而明显影响外植体的生长。培养基若偏酸时用1 mol·L^{-1} NaOH来调节，偏碱则可用1 mol·L^{-1} HCl（盐酸）来调节。培养基的pH值一般都调节到5.0～6.0。一般来说，当pH值高于6.0时，培养基将会变硬；pH值低于5.0时，琼脂不能很好地凝固。pH值对不同植物的影响会有差异，如玉米胚乳愈伤组织在pH值7.0时鲜重增加最快，在pH值6.1时干重增长最快。

配制好的培养基要趁热分装，分装时可采用烧杯漏斗直接分注。一般以占试管、三角瓶等培养容器的1/4～1/3为宜。太多则浪费培养基，还减少了培养材料的生长空间；太少又会因营养不良影响生长。当用试管制备琼脂固化培养基时，最好把试管斜置，将培养基制成斜面，为外植体的生长提供一个较大的面积，又便于观察生长效果。

由于未经灭菌处理的培养基既可能带有各种杂菌，同时又是各种杂菌良好的生长繁殖场所，因此培养基分装后应立即置于灭菌锅内进行灭菌。若不能及时灭菌，最好放入冰箱或冰柜中，在24 h内完成灭菌工作。消毒灭菌时，压力表读数为1.1 kgf·cm^{-2}或0.1 MPa，121 ℃时保持15 min左右即可。为了保证灭菌彻底，在蒸气灭菌锅增压前应先将灭菌锅内的冷空气放尽。排净冷空气的办法可选用下列办法之一：可以事前打开灭菌锅放气阀，煮沸15 min后再关闭，或等大量热蒸气排出后再关闭；也可采用先关闭放气阀，待压力升到0.5 kgf·cm^{-2}或0.05 MPa时打开放气阀排出空气，再关闭放气阀。培养基消毒灭菌时间不宜过长，也不可超过灭菌锅规定的压力范围；否则，培养基中的蔗糖、有机物质，特别是维生素类物质就会分解，导致培养基变质、变色，甚至难以凝固。当灭菌完成后，应切断电源或热源，待灭菌锅内气压接近“0”时，方可打开放气阀，拧开灭菌锅盖取出培养基。切勿为急于取出培养基而打开放气阀放气，否则锅内气压下降太快会引起减压沸腾，导致灭菌锅内各容器中的培养基溢出，造成浪费或污染，甚至烫伤工作人员。

对于吲哚乙酸、玉米素及某些维生素等遇热不稳定的生物活性物质，不能进行高压蒸气灭菌，而必须采用过滤方法灭菌。通常采用减压过滤装置和过滤灭菌器，前者主要由过滤器和抽气系统两部分构成。用一个弹性夹钳将两部分结合起来，用真空泵或电动吸引器使液体从布氏漏斗经滤膜流到抽滤瓶中。后者需在超净工作台上进行，适合少量溶液过滤。但所有器皿事先均应高温蒸气灭菌。当高压灭菌后的琼脂培养基温度下降到40 ℃~50 ℃（感觉不烫手）时，可把已经过滤灭菌的溶液加入。

高压灭菌后的培养基凝固后，宜将培养基放到培养室中预培养2~3 d，若没有杂菌污染才可放心使用。暂时不用的培养基应放置于10 ℃下保存，而含有生长调节物质的培养基在4 ℃~5 ℃低温下保存更佳。含吲哚乙酸或赤霉素的培养基应在配制灭菌后1周内用完，其他培养基应该在消毒后2周内用完，至多不超过1个月，以免培养基干燥变质（图2-1）。

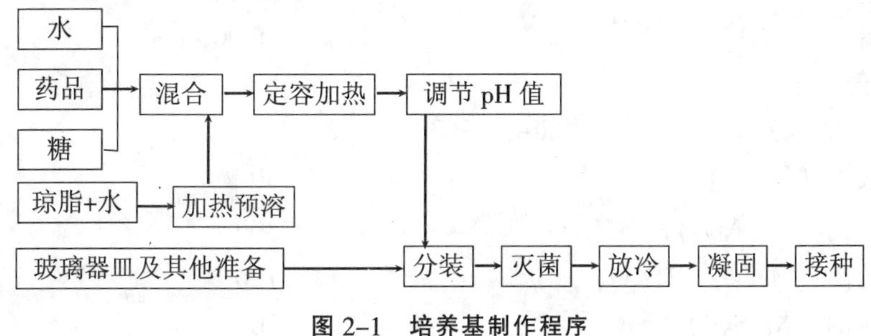

图2-1 培养基制作程序

第三节 常用培养基的配方及其特点

一、几种常用培养基的配方（单位：$mg \cdot L^{-1}$）

（一）MS 培养基（Murashige 和 Skoog，1962）

硝酸铵（NH_4NO_3）	1 650
硝酸钾（KNO_3）	1 900
磷酸二氢钾（KH_2PO_4）	170
硫酸镁（$MgSO_4 \cdot 7H_2O$）	370
氯化钙（$CaCl_2 \cdot 2H_2O$）	440

铁盐　5. 57 g $FeSO_4 \cdot 7H_2O$ 和 7. 45 g Na_2－EDTA 溶于 1 L 水中，用时每配 1 L MS 培养基取 5 mL

碘化钾（KI）	0. 83
钼酸钠（$Na_2MoO_4 \cdot 2H_2O$）	0. 25
硫酸铜（$CuSO_4 \cdot 5H_2O$）	0. 025
氯化钴（$CoCl_2 \cdot 6H_2O$）	0. 025
硫酸锰（$MnSO_4 \cdot 4H_2O$）	22. 3
硫酸锌（$ZnSO_4 \cdot 7H_2O$）	8. 6
硼酸（H_3BO_3）	6. 2
甘氨酸	2
盐酸硫胺素	0. 4
盐酸吡哆素	0. 5
烟酸	0. 5
肌醇	100
蔗糖	30 000
琼脂	10 000
pH 值	5. 8

（二）改良怀特培养基（White，1963）

硝酸钾（KNO_3）	80
硝酸钙〔$Ca(NO_3)_2 \cdot 4H_2O$〕	300
硫酸镁（$MgSO_4 \cdot 7H_2O$）	720
硫酸钠（Na_2SO_4）	200

氯化钾（KCl）	65
磷酸二氢钠（$NaH_2PO_4 \cdot H_2O$）	16.5
硫酸铁〔$Fe_2(SO_4)_3$〕	2.5
硫酸锰（$MnSO_4 \cdot 4H_2O$）	7
硫酸锌（$ZnSO_4 \cdot 7H_2O$）	3
硼酸（H_3BO_3）	1.5
硫酸铜（$CuSO_4 \cdot 5H_2O$）	0.001
氧化钼（MoO_3）	0.000 1
甘氨酸	3
盐酸硫胺素	0.1
盐酸吡哆素	0.1
烟酸	0.3
肌醇	100
蔗糖	20 000
琼脂	10 000
pH 值	5.6

（三）B_5 培养基（Gamborg，1968）

磷酸二氢钠（$NaH_2PO_4 \cdot H_2O$）	150
硝酸钾（KNO_3）	3 000
硫酸铵〔$(NH_4)_2SO_4$〕	134
硫酸镁（$MgSO_4 \cdot 7H_2O$）	500
氯化钙（$CaCl_2 \cdot 2H_2O$）	150
铁盐（同 MS 培养基）	
硫酸锰（$MnSO_4 \cdot 4H_2O$）	10
硼酸（H_3BO_3）	3
硫酸锌（$ZnSO_4 \cdot 7H_2O$）	2
钼酸钠（$Na_2MoO_4 \cdot 2H_2O$）	0.25
硫酸铜（$CuSO_4 \cdot 5H_2O$）	0.025
氯化钴（$CoCl_2 \cdot 6H_2O$）	0.025
碘化钾（KI）	0.75
盐酸硫胺素	10
盐酸吡哆素	1.0
烟酸	1.0
肌醇	100

蔗糖	20 000
琼脂	10 000
pH 值	5. 5

（四）N_6 培养基（北京植物研究所，黑龙江农业科学院，1974）

硝酸钾（KNO_3）	2 830
硫酸铵〔$(NH_4)_2SO_4$〕	463
磷酸二氢钾（KH_2PO_4）	400
硫酸镁（$MgSO_4 \cdot 7H_2O$）	185
氯化钙（$CaCl_2 \cdot 2H_2O$）	166
铁盐　（同 MS 培养基）	
硫酸锰（$MnSO_4 \cdot 4H_2O$）	4. 4
硫酸锌（$ZnSO_4 \cdot 7H_2O$）	1. 5
硼酸（H_3BO_3）	1. 6
碘化钾（KI）	0. 8
甘氨酸	2. 0
盐酸硫胺素	1. 0
盐酸吡哆素	0. 5
烟酸	0. 5
蔗糖	50 000
琼脂	10 000
pH 值	5. 8

（五）VW 培养基（Vacin 和 Went，1949）

磷酸钙〔$Ca_3(PO_4)_2$〕	200
磷酸二氢钾（KH_2PO_4）	250
硝酸钾（KNO_3）	525
硫酸铵〔$(NH_4)_2SO_4$〕	500
硫酸镁（$MgSO_4 \cdot 7H_2O$）	250
酒石酸铁〔$Fe_2(C_4H_4O_6)_2 \cdot 2H_2O$〕	28
硫酸锰（$MnSO_4 \cdot 4H_2O$）	7. 5
蔗糖	20 000
琼脂	16 000
pH 值	5. 0 ~ 5. 2

（六）改良 VW 培养基（Vacin 和 Went，1949）

硫酸铵〔$(NH_4)_2SO_4$〕	5 000

硝酸钾（KNO_3）	5 250
硫酸镁（$MgSO_4 \cdot 7H_2O$）	2 500
磷酸二氢钾（KH_2PO_4）	2 500
硫酸锰（$MnSO_4 \cdot 4H_2O$）	2 500

（七）SH 培养基（Schenk 和 Hildebrandt，1972）

硝酸钾（KNO_3）	2 500
氯化钙（$CaCl_2 \cdot 2H_2O$）	200
硫酸镁（$MgSO_4 \cdot 7H_2O$）	400
乙二胺四乙酸二钠（Na_2 - EDTA）	15
硫酸铁（$FeSO_4 \cdot 7H_2O$）	20
磷酸二氢铵（$NH_4H_2PO_4$）	300
硫酸锰（$MnSO_4 \cdot 4H_2O$）	10
硫酸锌（$ZnSO_4 \cdot 7H_2O$）	1.0
硼酸（H_3BO_3）	5.0

（八）马铃薯简化培养基

称取定量的马铃薯（每升培养基 200 g），洗净，不削皮，切成小块，加一定量的蒸馏水煮沸半小时，用两层纱布过滤。余下的渣滓同法再煮一次，过滤。两次滤液加在一起不超过培养基总体积的 45%。然后加入其他附加成分。培养小麦花药加蔗糖 90 $g \cdot L^{-1}$，铁盐同 MS 培养基的一样，2,4 - D 2 $mg \cdot L^{-1}$，激动素 0.5 $mg \cdot L^{-1}$。以绵白糖（40 g）代替蔗糖，以食用淀粉（60 g）做凝固剂，将 pH 值调为 5.8 左右。

二、几种常用培养基的特点

自 1937 年 White 建立第一个植物组织培养的培养基以来，许多研究者报道了各种植物组织培养的培养基，其数量多至几十种，其中以 MS 培养基应用最广泛。

MS 培养基是 1962 年 Murashige 和 Skoog 为培养烟草材料而设计的。特点是无机盐的浓度高，有加速愈伤组织生长的作用，能满足植物组织对矿质营养的要求。铵盐和硝酸盐含量高，比例也比较适合，也不需要添加更多的有机附加物，这是目前应用最广泛的一种培养基。与 MS 培养基较为接近的，还有 LS（Linsmaier 和 Skoog，1965）培养基及 RM（田中，1964）培养基，其基本成分均与 MS 培养基相同。前者去掉了甘氨酸、盐酸吡哆素和烟酸；后者把硝酸铵的含量提高到了 4 950 $mg \cdot L^{-1}$，把磷酸二氢钾提高到了 510 $mg \cdot L^{-1}$。

与MS培养基相比，于1943年设计、1963年作了改良的White培养基则是一个无机盐浓度较低的培养基。它的使用也很广泛，无论是生根培养，还是胚胎培养或一般组织培养，都有很好的效果。

B_5 培养基是1968年由Gamborg等设计的。它的主要特点是含有较低的铵盐，该营养成分可能对不少培养物的生长有抑制作用，对有些植物如双子叶植物特别是木本植物，却更适合生长。

N_6 培养基是1974年由我国的朱至清等为水稻等禾谷类作物花药培养而设计的，其 KNO_3 和 $(NH_4)_2SO_4$ 含量高且不含钼。目前在国内已广泛应用于小麦、水稻及其他植物的花粉、花药培养和组织培养。

SH（Schenk 和 Hidebrandt，1972）培养基与 B_5 培养基相似，不用 $(NH_4)_2SO_4$ 而改用 $NH_4H_2PO_4$，在不少单子叶和双子叶植物上使用，效果很好。

VW（Vacin 和 Went，1949）培养基适合于气生兰的组培，总的离子强度稍低些，磷以磷酸钙形式供给，所以要先用 $1\ mol \cdot L^{-1}$ HCl 溶解后再加入混合溶液中。

马铃薯简化培养基是为适应经济条件较差的农村农科站和中学而设计的，每1 000 mL马铃薯简化培养基的价格只相当MS培养基的20%左右，既经济又适用，容易取材，有利于组培技术推广和普及。

第三章　外植体的选择和灭菌

除培养基成分外，决定外植体培养成败的另一个重要因素就是外植体的来源。虽然从理论上讲，植物细胞都具有全能性，能够再生新植株，因此任何器官、任何组织都可以作为外植体，但实际上，不同品种、不同器官之间的分化能力有巨大差别，同时由于组织培养是建立在无菌操作基础之上的专门技术，因此，在进行植物组织培养时，必须选择合适的外植体，并进行灭菌操作，以确保组织培养工作的顺利进行。

第一节　外植体的选择

一、外植体部位

迄今为止，组织培养获得的成功，几乎包括了植物体的各个部位，如茎尖、茎段、皮层及维管组织、髓细胞、表皮、块茎的贮藏薄壁细胞、花瓣、根、叶、子叶、鳞茎、胚珠和花药等。但是不同种类的植物以及同一植物的不同器官对诱导条件反应是不一致的，有的部位诱导分化的成功率高，有的部位却很难脱分化，或者再分化频率很低。例如，百合科的风信子（*Hyacinthus*）、麝香兰（*Muscari*）、虎眼万年青（*Ornithogalum*）等比较容易形成再生小植株，而郁金香（*Tulipa*）就比较困难。而同一百合鳞茎不同部位之间的再生能力差别也很大，外层鳞片叶比较内层的再生能力强，下段比中、上段再生能力强。因此，在组织培养过程中，如何选择合适的、最易表达全能性的部位，是决定组织体系成功建立的前提之一。

除此之外，在选择植物外植体进行组织培养时，还要求考虑待培养材料的来源是否有保证，是否容易成苗；同时要考虑到该外植体，特别是经过脱分化产生的愈伤组织，是否会引起不良变异，丧失原品种的优良性状。对大多数植物来讲，茎尖是较好的部位，由于其形态已基本建成，生长速度快，遗传性稳定，也是获得无病毒苗的重要途径，但茎尖往往受到材料来源的限制，而采用茎段可解决培养材料不足的困难。

由于叶片的来源最有保证，因而许多植物的组织培养以叶片为起始培养物（外植体），如玫瑰、海棠、大岩桐、矮牵牛和豆瓣绿等许多植物。对一些培养较困难的植物，则往往可以通过其子叶或下胚轴来建立其组织培养再生体系。若有可能，最好对培养较困难植物各部位的诱导及分化能力进行比较，从中筛选出最佳外植体。外植体的位置也十分重要，如玫瑰的茎尖培养中，顶芽比侧芽的成功率高；苹果顶芽作外植体褐变程度轻，比侧芽容易成活；石竹和菊花也是顶芽比侧芽更易成活。此外，花药和花粉培养也是进行育种和获得无病毒苗的有效途径。

二、取材季节

除上述取材部位外，取材季节也是重要影响因素之一。例如，马铃薯在 4 月和 12 月取的茎叶外植体有较高的块茎发生能力，而在 2 月至 3 月或 5 月至 11 月取的外植体，则很少有块茎发生能力。对大多数植物而言，应在其生长开始的季节采样，若在生长末期或已进入休眠期时取样，则外植体可能对诱导反应迟钝或无反应，如番木瓜茎尖在冬季取材进行培养，则较难成活。2 月至 4 月、11 月至次年 1 月取材培养，其成活率也很低。在母株生长旺盛的季节取材料，不仅成活率高，而且增殖率也大。如苹果芽在 3 月至 6 月取材的成活率为 60%，7 月至 11 月下降到 10%，12 月至次年 2 月都在 10% 以下。

三、器官的生理状态和发育年龄

作为外植体的器官，其生理状态和发育年龄直接影响形态发生。一般认为，沿植物的主轴，越向上的部分所形成的器官的生长时间越短，其生理年龄也相应越老，越接近发育上的成熟，越易形成花器官；反之，越向基部，其生理年龄越小。已有的组织培养实例充分证实了这一点。如在烟草、西番莲的培养中，植株下部组织产生营养芽的比例高，而上部组织产生花器官的比例高。在拟石莲花叶的培养中，用幼小的叶作培养材料仅产生根，用老叶片培养可以形成芽，而用中等年龄的叶片培养则同时产生根和芽。一般情况下，幼年组织比老年组织具有较高的形态发生能力，如黄瓜子叶随着年龄的增长，其器官再生能力逐渐减弱，甚至完全失去再生能力。

四、外植体大小

目前许多植物的茎尖培养表明，外植体（茎尖）越小，成活率越低。因此除非用于去除病毒，否则不宜将外植体切得太小。在甘蔗心叶愈伤组织的培养中发现，材料大小对分化生长有明显的影响（见表 3－1）。在通常情况下，叶片、花瓣等的面积约为 5 mm^2，茎段则长约 0.5 cm。但并不是说外植体越大越好，外植体过大，不易彻底灭菌。如木薯，只有在 2 mm 以上长的茎尖才能形成完整植株，长度不到 2 mm 的茎尖仅产生愈伤组织或根。但脱毒培养多用较小的外植体，如麝香石竹用2 mm大小的外植体时只长根，而用7.5 mm大小的外植体培养，则仍有病毒存在。此外，外植体的大小与褐变及玻璃化有关，如金冠苹果茎尖小于0.5 mm时褐变严重；当茎尖长度在5~15 mm时褐变较轻，成活率可达85%。

表3-1　甘蔗培养材料大小对分化的影响

品　种	叶片组织大小/mm^2	愈伤组织数	出苗数	苗分化率/%
川蔗11号	<5	102	9	8.8
	75	65	48	73.8
桂糖2号	<5	69	8	11.6
	75	105	87	82.6
桂糖71/114	<5	56	7	12.5
	75	68	64	94.1

第二节　外植体的灭菌方法

在组织培养中，无菌的外植体材料是取得植物组织培养成功的最重要的基本前提和根本保证。因此，对被培养的植物材料进行灭菌处理是植物组织培养工作中的重要环节之一。

一、常用灭菌药剂

表3-2是目前常用的灭菌消毒剂，其使用浓度和时间因外植体而异，需经实验确定。

表3-2　常用消毒剂的使用和效果

消毒剂	使用浓度	清除难易	消毒时间/min	灭菌效果
次氯酸钠	$20\ g\cdot L^{-1}$	易	5~30	很好
次氯酸钙	$90\sim100\ g\cdot L^{-1}$	易	5~30	很好
漂白粉	饱和溶液	易	5~30	很好
升汞	$1\sim2\ g\cdot L^{-1}$	较难	2~10	最好
乙醇	$700\sim750\ mL\cdot L^{-1}$	易	0.2~2	好
过氧化氢	$100\sim120\ mL\cdot L^{-1}$	最易	5~15	好
溴水	$10\sim20\ mL\cdot L^{-1}$	易	2~10	很好
硝酸银	$10\ g\cdot L^{-1}$	较难	5~30	好
抗菌素	$4\sim50\ mg\cdot L^{-1}$	中	30~60	较好

700～750 mL·L^{-1}乙醇——具有较强的穿透力和杀菌力，通常外植体浸入15～30 s即可。常作为表面灭菌的第一步，它具有浸润和灭菌的双重作用，但不能达到彻底的灭菌，必须结合其他药剂灭菌。有时，为了提高乙醇的杀菌效果，可在乙醇溶液中加入1 mL·L^{-1}的酸或碱，因为H^+和OH^-可改变细胞表膜带电荷的性质而增加膜透性，提高乙醇的杀菌效果。

升汞（$HgCl_2$）——是有剧毒的重金属盐杀菌剂，其杀菌原理是Hg^{2+}可与带负电荷的蛋白质结合，使菌体蛋白变性，酶失活。其使用浓度为1～2 g·L^{-1}，一般浸泡2～10 min，就可有效地杀死附着在外植体表面的细菌及真菌芽孢，是一种极有效的杀菌剂，灭菌效果极好。但用升汞灭过菌的外植体材料要用无菌水反复多次冲洗，洗去残留的汞，否则会对培养的外植体会产生毒害作用。通常用无菌水冲洗不得少于5次。

次氯酸钠（NaClO）——用市售的“安替福民”配制20～100 g·L^{-1}的NaClO，灭菌时只需浸泡5～30 min，再用无菌水冲洗4～5次即可。由于它可分解出具杀菌作用的氯气，灭菌处理后易于除去，不留残留，既有强杀菌力，又对植物无害，是组培中常选用的杀菌剂之一。

漂白粉——一种常用的低毒有效的消毒剂，一般含100～200 g·L^{-1}的$Ca(ClO)_2$，使用浓度一般为50～100 g·L^{-1}或其饱和溶液。它易吸潮散失有效氯而失效，故要密封贮藏，但不能贮藏太久，应随配随用。

双氧水或称过氧化氢——常用100～120 mL·L^{-1}的双氧水溶液处理外植体材料，灭菌效果也相当好，加上该药剂在外植体表面容易除去，又不会损伤外植体，通常用于叶片的灭菌。

新洁尔灭——新洁尔灭是一种广谱表面活性灭菌剂。它对绝大多数植物外植体伤害很小，效果很好。通常使用1 mL→200 mL的稀释液，刷洗、浸泡外植体30 min，甚至更长的时间。

在用上述药剂进行接种材料的灭菌处理时，为了使杀菌剂湿润整个组织，还需在药液中加入润湿剂。如加入数滴，或直至1 mL·L^{-1}的湿润剂吐温（Tween）80或吐温20。有时还可以用磁力搅拌、超声振动等方法使杀菌剂达到外植体表面，灭菌彻底。

为了使植物材料消毒彻底，一般先用自来水冲洗10 min，表面不光滑或长有绒毛难以洗净的材料，要冲洗1～2 h，并且用洗衣粉或洗洁精溶液洗涤。必要时用毛刷充分刷洗。

洗后的材料用滤纸吸干水分，然后浸泡于灭菌药剂中，时间长短、浓度高低根据材料而定。一般宜选用两种灭菌剂交叉进行。例如先用700 mL·L^{-1}乙醇浸泡几秒（有些材料可浸较长时间），再浸入100 g·L^{-1}次氯酸钠溶液5~15 min，随之用无菌水冲洗3次以上。消毒灭菌的步骤根据材料试验，取效果好、毒害小的一种。

二、外植体灭菌方法

（一）茎尖、茎段及叶片等的消毒

植物的茎、叶部分多暴露在空气中，易受到泥土、肥料中的杂菌污染，消毒前需先经自来水较长时间的冲洗，特别是一些多年生的木本植株材料，冲洗后还要用沾有肥皂粉或洗洁精（或吐温）的软毛刷进行刷洗。消毒时先用750 mL·L^{-1}乙醇浸泡10~30 s，以无菌水冲洗2~3次后，按材料的老、嫩和枝条的坚硬程度，分别采用20~100 g·L^{-1}的NaClO溶液或1 g·L^{-1} $HgCl_2$浸泡10~15 min；若材料表面有绒毛或凹凸不平，最好在消毒液中加入几滴吐温80。消毒后再用无菌水冲洗3~4次后，方可接种。

（二）果实和种子的消毒

视果实和种子的清洁程度，先用自来水冲洗10~20 min，甚至更长时间，再用700 mL·L^{-1}乙醇迅速漂洗一次。果实用20 g·L^{-1} NaClO溶液浸泡10 min，后用无菌蒸馏水冲洗2~3次后，就可取出果实内的种子或组织进行培养。种子则先要用100 g·L^{-1} NaClO溶液浸泡20~30 min，对难以消毒的还可用1 g·L^{-1}升汞或10~20 mL·L^{-1}溴水消毒5 min。

（三）根及地下部器官的消毒

由于它们长在土壤中，可预先用自来水冲洗、软毛刷刷洗，再用纯酒精漂洗后，置于1~2 g·L^{-1}升汞浸泡5~10 min或20 g·L^{-1} NaClO溶液浸泡10~15 min，然后以无菌水冲洗3次，用无菌滤纸吸干水分后即可接种。若条件许可，还可将材料浸入消毒液中进行抽气减压，以帮助消毒液渗入，达到彻底灭菌的目的。

（四）花药的消毒

通常用于组织培养的花药，实际上多未成熟，由于它的外面有花萼、花瓣或颖片保护，基本上处于无菌状态，故只需将整个花蕾或幼穗消毒即可。一般用700 mL·L^{-1}乙醇浸泡数秒钟，然后用无菌水冲洗2~3次，再在漂白粉上清液中浸泡10 min，经无菌水冲洗2~3次即可接种。

三、不同灭菌剂的效果差异

虽然在植物组织培养中通常都以升汞或次氯酸钠来进行外植体灭菌，但两者在常规灭菌剂量范围内均可对植物材料产生多种生理影响。如汞会抑制IAA对细胞壁的影响，而 NaClO 会影响植物对 GA_3 的反应，甚至还可能促进体细胞胚胎发生。用 NaClO 灭菌的黄瓜种子，其发芽系数低于用升汞灭菌的，但苗高、苗重、子叶重、子叶开度、叶绿素含量和可溶性蛋白质含量都比升汞灭菌时高。因此，在选择消毒剂时，除了考虑灭菌效果和清除残留物的难易程度外，还应适当注意灭菌剂对外植体的生理影响。

第三节　污染原因和预防措施

一、培养物污染的原因

在组织培养中污染是经常发生的。造成污染的原因也很多，外植体带菌、培养基及器皿灭菌不彻底、操作人员不遵守操作规程等，均会造成污染。为了减少损失，提高工作效率，必须在每个操作环节均注意防止污染的发生。在组织培养实验室中，污染的病原分为细菌及真菌两大类。

细菌污染的特点是菌斑呈黏液状物，而且在接种 1 ~ 2 d 即可发现。除材料带菌或培养基灭菌不彻底会造成成批接种材料被细菌污染外，操作人员的不慎也是造成细菌污染的重要原因。接种人员的手应经常用 $700\ mL \cdot L^{-1}$ 乙醇擦净，镊子和接种针在使用前必须在火焰上烧红，待冷却后再行接种。

真菌污染的特点是污染部分长有不同颜色的霉菌，在接种 3 d 甚至 10 d 后才可发现。造成真菌污染的原因多为周围环境的不清洁、超净工作台的过滤装置失效、培养用具的口径过大等。

二、污染的预防措施

在用茎尖作外植体时，可在室内或无菌条件下对枝条进行预培养。如将枝条用水冲洗干净后插入无糖的营养液或自来水中，使其抽枝，然后以这种新抽的嫩枝条作为外植体，可大大减少材料的污染。或在无菌条件下对采自户外的枝条进行暗培养，待抽出徒长的黄化枝条时再采取枝条，也可明显减少污染。此外，避免阴雨天在户外采取外植体。在晴天采材料时，下午采取的外植体要比早晨采的污染少，因材料经过日晒后可杀死部分细菌或真菌。

由于植物组织培养中材料只能进行表面灭菌，表面消毒并不能除掉所有的病菌，有些病菌可以侵入材料内部，尤其是木本植物，材料内部易感染病菌，因而必须在培养基中加入抗生素类来有效控制这类污染。但应注意抗生素对某些种类的植物生长有抑制作用，至于植物该使用哪一类抗生素，用多大浓度才适宜，要在实践中去摸索。

第四章　外植体的接种和培养

第一节　外植体的接种

一、接种室的消毒

植物组织培养是一种要求做到无菌操作和无菌培养的技术。组织培养中污染的主要来源是空气中的细菌和真菌孢子，因此每次接种前均应进行地面的清洁卫生工作，用 700 mL·L^{-1} 乙醇喷雾使空气中的细菌和真菌孢子随灰尘的沉降而沉降，并用紫外线灯照射 20 min。接种前超净工作台面要用新洁尔灭或酒精擦洗，使超净工作台对接种环境污染的控制更有成效。培养皿、酒精灯和其他工具也事先放在超净工作台上，一起用紫外灯照射，或用 700 mL·L^{-1} 消毒。由于工作人员的头发、衣服、手指中都不同程度地带有杂菌，因此在接种时要穿上工作服，戴上帽子，也必须剪指甲，并用肥皂洗手，最好再在新洁尔灭溶液中浸泡 10 min，接种操作前则用 700 mL·L^{-1} 乙醇擦洗。工作人员的呼吸所产生的污染，主要是在接种时谈话或咳嗽所引起的，因此，在操作时应禁止谈话，并应戴上口罩。

二、外植体的接种操作过程

切取外植体材料时，较大的材料肉眼观察即可操作分离，较小的材料需要在双筒实体显微镜下放大操作。分离工具一定要放好，工具要锋利且切割动作要快，防止挤压，以免使材料受损伤而导致培养失败。接种时要防止交叉污染的发生，通常在无菌滤纸上切取材料。若将用过且已污染的滤纸继续使用，或已用过的工具未及时消毒而再继续使用，此时极易产生一连串交叉污染。因此刀和镊子等接种工具每次使用前都应放入 700 mL·L^{-1} 乙醇中浸泡，然后在火焰上反复灼烧，放凉后才接种，否则会烫伤外植体。使用后的工具仍然插入盛有酒精的瓶中。

外植体接种的具体操作如下：左手拿试管或三角瓶，用右手轻轻取下包头纸，以免纸上的灰尘飞扬，造成污染。将试管或三角瓶的口靠近酒精灯火焰，瓶口略倾斜，以免空气中的微生物落入瓶中。这时将管口外部在灯焰上烧数秒钟，将灰尘杂物等固定在原处，然后用右手的小指和无名指配合手掌面慢慢取出棉塞或橡皮塞。动作要慢，以免气流冲入瓶中造成污染。将瓶口在灯焰上旋转灼烧，然后用镊子将外植体送入瓶中。外植体在培养容器内的分布要均匀，以保证必要的营养面积和光照条件。茎尖、茎段等基部插入固体培养基中，叶片通常将叶背面接触培养基，这是由于叶背面气孔多，利用吸收水分和养分的缘故。镊子灼烧后放回支架或浸入消毒酒精中，这时将棉塞在火焰上旋转灼烧数秒钟，塞回瓶口。所有材料接种完毕后，应包扎好包头纸或封口膜，做好标记，注明接种植物和处理名称、接种日期。如图4－1所示是花药培养时的接种程序，其他材料的接种过程与此类似。

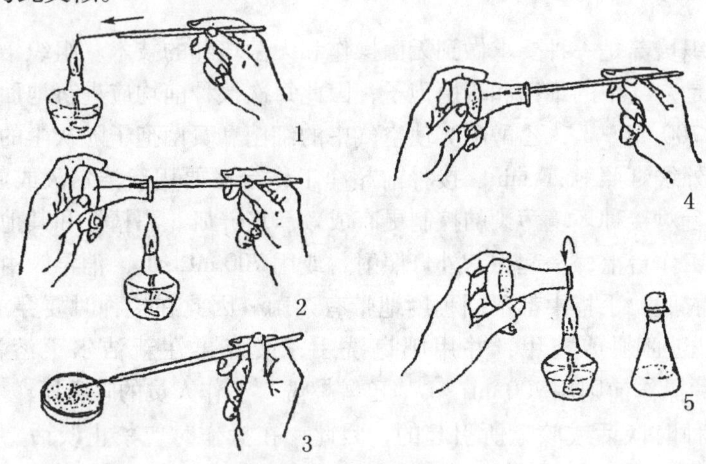

图4－1　花药接种程序

1—接种工具的消毒；2—冷却接种针；3—取花药；4—接种；
5—锥形瓶口消毒及塞回棉塞

第二节　培养方法

目前植物组织培养方式可分为固体培养和液体培养两大类。随着研究的进展，又提出单细胞培养等多种培养方法（详见第九章第三节）。

一、固体培养

固体培养最常用的凝固剂是琼脂，浓度为$6 \sim 10\ g \cdot L^{-1}$。固体培养的最大优点是简单，一般只要有培养室及接种箱即可开展工作。但缺点是外植体或愈伤组织只有底部表面能接触培养基，吸收养分，上表面则不能，造成细胞各部分营养浓度差异，影响生长浓度。同时，外植体插入培养基后，气体交换不畅及排泄物质（如单宁酸等）积累，影响组织吸收养分和造成毒害。另外，组织受光不均匀，细胞群生长就不一致。尽管如此，由于它方便简单，目前仍较普通使用。

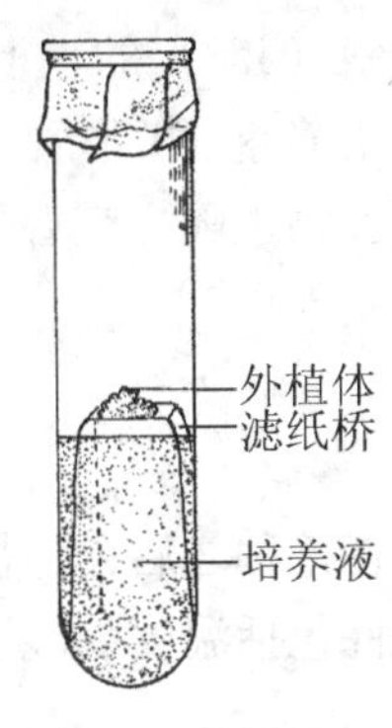

图4－2　静止液体培养

二、液体培养

液体培养是不加入琼脂凝固剂的。液体培养又可分静止培养和振荡培养。静止培养是用滤纸桥作支撑物，外植体放在桥面上，通过滤纸桥把液体培养基吸收上来供外植体用（图4－2）。目前此法不很普遍。

现在采用的液体培养大多数是振荡培养，外植体在液体培养基中不断转动。振荡方式有连续浸没和定期浸没两种。连续浸没振荡培养使组织悬浮于培养基中，培养液体积只占容器体积的1/5，不断搅动或振动，形成较好的通气条件。小量培养时，可采用磁力搅拌器，转速约为250 r/min。如培养物较大，则采用往复式摇床或旋转式摇床（图4－3），振动速度一般为50～100 r/min。定期浸没振荡培养是使组织块定期交替地浸在液体里及暴露在空气中，有利于既吸收培养液，又进行气体交换。进行定期浸没振荡培养的仪器是自旋式培养架（图4－4）。自旋式培养架是在一根略

图4－3　往复式摇床

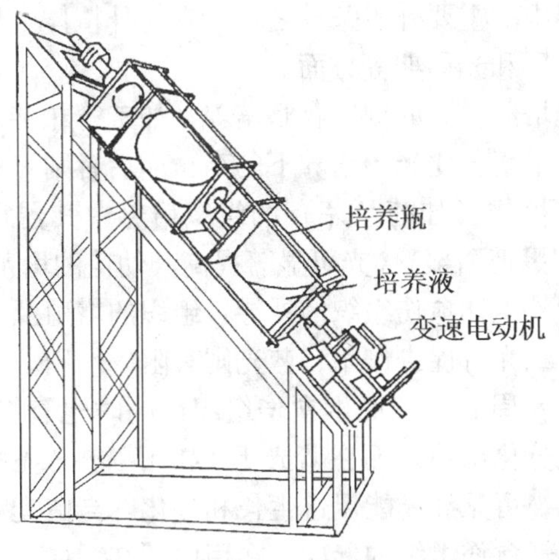

图4－4　自旋式培养架结构示意图

为倾斜（45°）的轴上平行排列着多个转盘的装置，转盘上装有固定瓶夹，瓶夹夹住培养瓶（T形管或大瓶），转盘向一个方向转动，培养瓶也随之转动。瓶中的培养物也随之交替暴露于空气或液体培养基之中。转速一般为90～110 r/min。

第三节　培养条件

在接种之后，外植体须置于比较严格的控制条件下进行培养。一般说来，培养条件包括温度、湿度、光照和pH值等。

一、温度

在植物组织培养中，不同植物繁殖的最适温度不同，大多为25 ℃ ±2 ℃。通常低于15 ℃时，培养的外植体组织生长出现停滞，但高于35 ℃对生长也不利。促进芽发生的温度可略低，如烟草芽形成以18 ℃最好，12 ℃以下或33 ℃以上出芽率均低。此外，在考虑某种培养物的温度要求时，也应考虑原植物的生态环境所处温度条件，如生长在高海拔和较低温度环境的松树，在较高温条件下试管苗生长缓慢。温度预处理也对试管苗增殖有影响。高温处理既可获得无病毒苗，又影响到器官发生。草莓的茎尖分生组织经38 ℃处理3～5 d，提高了无病毒茎尖分生组织的成活率。在一些木本植物，如桃的胚培养中，一定时间的2 ℃～5 ℃低温处理有利于提高胚的成活率。

二、光照

光照是组织培养中的重要外界条件之一，它对外植体生长和分化有很大的影响，表现在光照、光质和光周期等方面。

有的材料适合光培养，有的则适合暗培养，如玉簪花芽和花茎的培养，前者愈伤组织的诱导，以暗培养比光照培养下的高，而后者则只有在暗培养下才能诱导出愈伤组织。一些植物（如荷兰芹）的组织培养中其器官形成不需要光，而对于另一些植物（如黑穗醋栗），光可显著提高其幼苗的增殖。

光质也明显影响外植体愈伤组织的诱导、组织的增殖及其器官分化。如对杨树愈伤组织的生长，红光有促进作用，蓝光则有阻碍作用。在百合珠芽增殖和分化时发现，在红光下8周后不仅产生愈伤组织，同时也直接分化出苗，11周后所产生的愈伤组织也分化出苗；而在蓝光下12周后才出现愈伤组织；白光下则未见愈伤组织的形成，可见红光能促进生长和分化。与白光和黑暗条件相比，蓝光明显促进绿豆下胚轴愈伤组织的形成。在用白、红、绿、蓝等不同光质培养双色花叶芋时，发现不同光质不仅能影响培养物的生物总量，还能影响器官发生，其中以黄光诱导发生的频率最高。关于光质对不同种类材料的试管苗增殖和分化的影响不一致，可能与植物组织中的光敏色素和隐花色素有关。

关于光周期对试管苗外植体的增殖和分化，通常都选用一定的光周期来进行外植体的组织培养，如光周期为16 h光照、8 h黑暗。有人发现非洲菊的增殖随光照时间的延长而加快，但超过16 h又无作用。在石刁柏的茎尖培养中，根和茎的分化需要每天16 h 1 000 lx照度的光照；而菊芋块茎培养中，每天12 h光照就有利于根的形成。对短日照敏感的葡萄品种，其茎切段的组织培养物只有在短日照条件下才能形成根；反之，对日照长度不敏感的品种，则在任何光周期下都能生根。

三、培养基的pH值

外植体的培养增殖都要求一定的pH值。通常一般培养基的pH值都在5.6~6.0之间。如果pH值不适，则直接影响外植体对营养物质的吸收，进而影响外植体的脱分化、增殖和器官的形成。不过pH值对不同植物的影响会有差异，如兰花宜偏酸些，pH值5.2或更小些。而玉米胚乳愈伤组织在pH值7.0时鲜重增加最快，在pH值6.1时干重增长最快。此外，若培养基中含有$Fe_2(SO_4)_3$和$FeCl_3$时，pH值应在5.2以下；否则，铁盐不溶解而沉淀，引起缺铁症，会阻碍生长。

四、湿度

组织培养中的湿度影响主要有两方面：一是培养容器内的湿度，它的湿度条件常可保证100%；二是培养室的湿度，它的湿度变化随季节而有很大变动，往往是冬天因室内温度比室外高，结果室内湿度低；而夏天却因室内温度比室外低，结果室内湿度高。湿度过高过低都不利于培养物生长。过低会造成培养基失水而干枯，或渗透压升高，影响培养物的生长和分化；过高又会造成杂菌滋长，导致大量污染。因此，要求组织培养室内常年保持70%~80%的相对湿度。其做法是：冬天可在加热器上放一盆水，并常拖地板，增加湿度；条件许可的专业组织培养实验室，还可考虑购买增湿机来增加培养室的湿度。在夏天可用去湿机，或尽量少开培养室的门。

五、氧和其他气体

氧是植物组织必需的。在接种时应避免把整个外植体全部埋入琼脂中，以免造成缺氧。在静止的液体培养基中宜架上滤纸桥，由滤纸的浸润提供水分和营养。

培养过程中，培养物释放的微量的乙烯和高浓度的二氧化碳，有时会有利于培养物的生长，有时反而会阻碍培养物的生长，甚至于会对培养物有毒害。

第四节　外植体褐变及其防止

在组织培养中，常见到外植体由于褐变（browning）产生致死性的褐化物，不仅会使培养基变褐，而且造成培养失败，严重影响外植体的脱分化和器官分化，已成为组织培养中的一个棘手的问题，同时也成为植物快速繁殖体系建立的一大障碍。因此，褐变、菌类污染和过度含水化（玻璃化）是植物组织培养中的三大难题，尤其是褐变。

一、褐变的原因

很多植物尤其是木本植物体内含有较多的酚类化合物。在完整植物体的细胞中，酚类化合物与多酚氧化酶分隔存在，因此比较稳定。当切割外植体后，切口附近细胞的分隔效应被打破，酚类化合物和多酚氧化酶便流出，多酚氧化酶便氧化酚类化合物而成为褐色的醌类物质和水。醌类又会在酪氨酸酶等酶的作用下，使外植体的蛋白质聚合，生长停顿，最终导致死亡。

二、影响褐变的因素

（一）基因型

不同种植物、同种植物不同类型、不同品种在组织培养中褐变程度有很大差别。木本植物一般比草本植物容易发生褐变，因为木本植物的单宁或色素含量较高，而酚类的糖苷化合物是木质素、单宁和色素的合成前体，所以木本植物易褐变。例如核桃单宁含量很高，组织培养难度大，即使形成愈伤组织，还会因褐变而死亡。同一植物中不同品系褐变程度也不一样，例如，海垦 2 号橡胶树的花药褐变比其他品系轻，因而易形成愈伤组织。

（二）外植体生理状态

一般来说，褐变随着年龄和组织木质化程度增加而加强。如在欧洲栗的培养中，幼年型的外植体培养含醌类物质少，而用成年型材料培养时含醌类物质多。在卡德利亚兰的培养中，较短的新生茎致褐物质含量高，而较长的新生茎致褐物质含量低。不同生长季节取材的培养成功率不同。王续衍等（1988）对 24 个苹果品种进行茎尖培养时，发现冬春季取材褐变死亡率低，其他季节取材较高。外植体大小会影响褐变，例如，用油棕幼嫩外植体（胚）培养较少褐变，而用高度分化的叶片接种后，则褐变多。受伤程度大小也影响褐变。为了减轻褐变，切取外植体时尽可能减少伤口面积，切口尽可能平整些。

（三）外植体培养条件

如从田间自然光照下植株取苹果、桃、葡萄等的茎尖，接种后容易褐变；如事先对母株或枝条进行遮光处理，之后再切取外植体，则减少褐变，因为酚类化合物合成和氧化过程中，有一部分酶系统的活性是受光诱导的。此外，光照促进组织培养中酚的氧化，光照条件对巨桉叶片渗出物形成的影响从低到高为黑暗、漫射光、短日照、长日照。因此，在黑暗或低光照下培养一段时间能减轻褐变。

温度对褐变影响很大。卡特兰在 15 ℃ ~25 ℃培养比在 25 ℃以上褐变轻。苹果和桃的茎尖培养也是低温抑制褐变。

（四）培养基

许多试验证明，液体培养基有效地克服外植体褐变，液体培养基再加上滤纸桥，效果就更好。因为外植体溢出的有毒物质很快扩散到液体培养基中，对外植体危害较轻。

在初代培养时，培养基中无机盐浓度过高，会引起酚类物质大量产生，导致褐变；降低盐浓度可减少酚类外溢，减轻褐变。

在黑暗条件下初代培养，生长调节剂是影响褐变的主要原因，6－苄氨基腺嘌呤或激动素不仅促进酚类化合物合成，而且刺激多酚氧化酶的活性，增加褐变；而生长素类如 2,4－D 和 NAA 可延缓多酚合成，减轻褐变。

在培养基中加入抗氧化剂可改变外植体周围的氧化还原电势，从而抑制酚类氧化，减轻褐变。目前应用的抗氧化剂有硫代硫酸钠、苏糖二硫醇、抗坏血酸、间苯二酚等。同一种药剂在不同培养基中效果不一样。抗氧化剂在液体培养基中比在固体培养基中效果更好。

活性炭和聚乙烯吡咯烷酮（PVP）是吸附剂，可以吸附外植体周围的有毒物质；活性炭还可一定程度地降低光照强度，减轻褐变。

三、防止褐变的措施

（一）选择适宜的外植体和培养条件

许多研究表明，选择适当的外植体和培养条件是克服褐变的最主要手段。通常外植体应有较强的分生能力，在最适宜的细胞脱分化和再分化培养条件下，使外植体处于旺盛的生长状态，便可大大减轻褐变。适宜的温度和在全黑暗条件下进行培养也可显著减少外植体的褐变。据报道，如在芽初始培养的 1 ~6 周内，用黑暗培养或光强度在 150 lx 可抑制外植体的酚类氧化。对于易褐变的材料，接种后转瓶时间长，伤口周围积累的醌类物质增多，则褐变加重；而缩短转瓶周期常常可减轻褐变。如在山月桂树的茎尖培养中，接种后 12 ~24 h，便转入液体培养基中，在此之后的一周内，每天转一次瓶，外植体褐变可得到完全控制。

（二）加入抗氧化剂

在组织培养中，加入一些氧化剂，或用抗氧化剂进行材料（外植体）的预处理或预培养，可大大减轻醌类物质的毒害。这些抗氧化剂包括 Vit. C、聚乙烯吡咯烷酮（polyvinyl pyrrolidone，PVP）、血清白蛋白、柠檬酸、硫代硫酸钠（$Na_2S_2O_3$）等。在倒挂金钟茎尖培养中加入 100 mg · L^{-1} PVP 对褐变有抑制作用，而用 7 g · L^{-1} PVP、0.28 mol · L^{-1}抗坏血酸、双氧水（50 mL · L^{-1}）一起加入到 0.58 mol · L^{-1}蔗糖溶液中振荡 45 min，对褐变有明显抑制作用。而在卡特利亚兰茎尖培养中，将 5 mmol · L^{-1}氰化钾、抗坏血酸、半胱氨酸和硫脲加入到液体培养基中，对多酚氧化酶的活性有明显的抑制作用。在静止的液体培养基中加入抗氧化剂比在固体培养基中加入的效果要明显得多。

此外，1 ~ 5 g · L^{-1}活性炭对吸附酚类氧化物的效果也很明显。

第五节　试管植物的玻璃化现象及其预防措施

自从 1981 年 Debergh 等明确提出试管植物“玻璃化（vitrification）”概念以来，发现在很多木本和草本试管植物中都存在玻璃化现象。关于植物组织培养中玻璃苗的成因和防止方法的研究已经引起了人们的广泛注意，成为试管苗工厂化生产中亟待解决的一个问题。

一、玻璃苗的形态解剖与生理特点

玻璃苗是植物组织培养中出现的半透明状的、畸形的试管植物，不能移栽成活。玻璃苗的叶、嫩梢呈水晶透明或半透明，水浸状，植株矮小肿胀，失绿，叶片皱缩成纵向卷曲，脆弱易碎；叶表皮缺少角质层蜡质，没有功能性气孔，不具有栅栏组织，仅有海绵组织；体内含水量高，但干物质、叶绿素、蛋白质、纤维素和木质素含量低。由于其组织畸形，吸收养料与光合器官功能不全，分化能力大大降低，因而很难继续用做继代培养和扩大繁殖的材料；加上生根困难，很难移栽成活。目前玻璃化已成为茎尖脱毒、名贵花木工厂化育苗和材料种质保存等方面的严重阻碍，造成人、财、物的极大浪费。

二、玻璃苗发生的因素

有关玻璃化发生的成因研究不少。一些工作表明，玻璃化可能是培养基渗透势不当所致。有人发现琼脂和蔗糖浓度与玻璃化成负相关，即琼脂或蔗糖浓度越高，越影响其衬质势和水分状况，玻璃苗的比率越低。刘思颖等（1988）测定丝石竹玻璃苗叶片含水量为正常苗的 2 倍多。有人研究表明，液体培养是导致玻璃化的主要原因。可以断定，玻璃苗的发生可能是培养基内水分状态不适应的一种生理变态。

培养基中的植物激素也和玻璃化程度有关。许多学者都证明，培养基中 BA 浓度和培养温度与玻璃化成正相关，BA 浓度越高或培养温度越高，玻璃苗比率越大。进一步用 $^{14}C-BA$ 研究表明，$^{14}C-BA$ 的积累与玻璃化是同步的。此外，GA_3 和 IAA 促进细胞过度生长，也会导致玻璃化。IAA 含量增多也会加强 ACC 合酶的活性，促进乙烯的形成。乙烯会促进叶绿素的分解和株型肿胀，形成玻璃苗。看来，玻璃化的形成常常因为多次继代培养于高浓度激素水平的培养中。有人曾将香石竹丛生芽一直在无激素条件下继代培养，从未出现过玻璃苗，说明玻璃苗形成多半是植物激素应用不当而使小苗不完全脱分化，叶片上形成的气孔和保卫细胞功能不正常。

有人认为，玻璃苗是由于培养瓶内气体与外界交换不畅造成的，密闭的封瓶口材料是导致玻璃化的原因之一。培养基中高的含氮量，特别是高的铵态氮，也是导致玻璃化的因素之一。

此外，不同部位的节段外植体也与玻璃化有关，如以留兰香茎部节段再生形成的试管苗玻璃化严重，而中部茎段次之，茎尖最少；而重瓣丝石竹中部茎段出现玻璃苗较多，基部茎段较少，茎尖没有。有时，茎尖外植体越小，出现玻璃化的比率越大，如瑞香茎尖培养中外植体大小与玻璃化负相关。

三、玻璃苗发生的机理

有关试管苗玻璃化的成因及其生理机制到目前为止仍未得出一致的看法。

有人认为乙烯对玻璃苗形成起启动作用。当培养环境水势不当、通气不畅造成胁迫条件，就会导致乙烯产生。乙烯进一步引发其他激素和酶的活性，抑制蛋白质、纤维素和木质素的合成，促进叶绿素的分解，形成玻璃苗。可是也有报道认为，添加 ACC（乙烯前体）和乙烯利（乙烯释放剂）的培养基上培养香石竹，提高蛋白质和干物质含量，有利于组织和器官发育。由此可见，乙烯对玻璃苗的影响是复杂的。

也有人发现植物磷酸戊糖（HMP）途径与玻璃苗的产生有关。密封瓶口、高温、高浓度细胞分裂素等因子加快生长速度，增加了瓶中 CO_2 浓度，于是抑制 HMP 进程，核酸、蛋白质、纤维素等合成就减少。

四、控制和克服玻璃苗的措施

尽管玻璃苗的出现已成为不少植物快速繁殖中的一种很普遍现象，但目前对某些植物的玻璃化已得到有效的控制。归纳起来，可从如下的具体措施来控制或克服试管苗的玻璃化：

（1）适当提高培养基中蔗糖含量或加入渗透剂，降低培养基中的渗透势，减少培养基中植物材料可获得的水分，造成水分胁迫。或降低培养瓶内部环境的相对湿度。而利用固体培养方式，增加琼脂浓度，降低培养基的衬质势，造成细胞吸水阻遏，也可降低玻璃化，如将琼脂浓度提高到 11 $g \cdot L^{-1}$时，洋蓟的玻璃化苗完全消失。

（2）适当降低培养基中的细胞分裂素和赤霉素的浓度。或者，适当增加培养基中 Ca、Mg、Mn、K、P、Fe、Cu、Zn 元素含量，降低 N 和 Cl 元素比例，特别是降低铵态氮浓度，提高硝态氮含量。

（3）增加自然光照。在试验中发现，玻璃苗放在自然光下几天后，茎、叶变红，玻璃化逐渐消失。这是因为自然光中的紫外线能促进试管苗成熟，加快木质化。或者控制温度（热击或低温处理），防治玻璃化，如用 40 ℃热击处理瑞香愈伤组织培养物可完全消除其再生苗的玻璃化，同时还能提高愈伤组织的芽分化频率。

（4）改善培养器皿的气体交换状况，如使用棉塞或通气好的封口膜封口。

（5）在培养基中添加其他物质。在培养基中加入间苯三酚或根皮苷或其他添加物，可有效地减轻或防治试管苗玻璃化，如添加马铃薯汁可降低油菜的玻璃苗的产生频率，而用 0.5 $mg \cdot L^{-1}$多效唑或 10 $mg \cdot L^{-1}$的矮壮素可减少重瓣丝石竹试管苗玻璃化的发生；而添加 1.5～2.0 $g \cdot L^{-1}$的聚乙烯醇也成为防治苹果砧木玻璃化的措施。在培养基中加入 3 $g \cdot L^{-1}$的活性炭还可降低玻璃苗的产生频率，对防止产生玻璃化有良好作用。有研究还表明，青霉素 G 钾能有效防止菊花试管苗的玻璃化，而青霉素 4×10^{-5} $mol \cdot L^{-1}$可降低芥菜试管苗的玻璃化。

虽然人们对试管苗玻璃化现象的研究有不少报道，但到目前为止对其形成的根本原因还不清楚，也没有找到普遍适用的行之有效的防治方法。

第五章　愈伤组织的培养

已有特定结构与功能的植物组织，在一定条件下，细胞改变原来的分化状态，失去原有的结构和功能，转变为具有分生能力的细胞，这个过程称为脱分化。植物各种器官在离体培养时，细胞经脱分化等一系列过程，转变为分化细胞，继而转变形成一种能迅速增殖的无特定结构和功能的细胞团，称为愈伤组织（图5-1）。一般情况下，植物各器官和组织均有诱导产生愈伤组织的潜在可能性。

图5-1　野葛子叶产生的愈伤组织

第一节　愈伤组织的诱导和分化

一、愈伤组织的诱导

依外植体不同，愈伤组织可以发生自组织（如形成层、皮层、髓、次生韧皮部及木薄壁组织和表皮组织等）、器官（子叶、叶、茎段、根、幼胚等）。一般认为诱导愈伤组织成败的关键不在于植物材料的来源，主要在于培养的条件。其中，植物生长调节剂是诱导愈伤组织形成的极为重要的因素。用于诱导愈伤组织形成的常用的生长素种类是2,4-D、IAA和NAA，所需浓度在0.01～

10 mg · L^{-1}范围内；常用的细胞分裂素是激动素、玉米素和6－BA，使用的浓度范围是0.1～10 mg · L^{-1}。

很多情况下，单独使用2,4－D就可以成功地诱导愈伤组织的发生。斑茅幼叶在MS培养基中分别含有1 mg · L^{-1}、3 mg · L^{-1}、6 mg · L^{-1} 2,4－D培养时，皆能形成愈伤组织（表5－1）。不过要注意使用2,4－D的浓度，浓度过低（低于10^{-9} mg · L^{-1}）时，愈伤组织生长缓慢；浓度过高（高于10^{-3} mg · L^{-1}）时，能完全抑制愈伤组织的生长。生长素和细胞分裂素对保持愈伤组织的快速生长是必要的，特别是两者结合使用时，能更强烈地刺激愈伤组织的形成。绿豆子叶在MS＋2 mg · L^{-1} 2,4－D＋1 mg · L^{-1} 6－BA的固体培养基上培养，形成的愈伤组织颗粒大，发生早。野葛幼叶、成熟叶、茎段在附加NAA 1.0 mg · L^{-1}和6－BA 3.0mg · L^{-1}的MS培养基上诱导愈伤组织。低浓度（0.1 mg · L^{-1}）2,4－D和0.2 mg · L^{-1} NAA培养11天能很有效诱导蓝猪耳叶外植体边缘产生愈伤组织，2,4－D/NAA高比例时，形成的愈伤组织质地坚硬，不容易继代培养。以1.0 mg · L^{-1} 2,4－D与0.2～0.5 mg · L^{-1} NAA浓度配比诱导叶发生愈伤组织的效果最好。2,4－D/NAA比值变化诱导愈伤组织形成情况不同，随着培养时间延长，愈伤组织形成率逐渐提高，0.1 mg · L^{-1} 2,4－D和0.2 mg · L^{-1} NAA培养28 d形成率达90%。在诱导愈伤组织生长时，要注意到因植物材料不同而采用不同的植物生长物质和不同的浓度。表5－2总结了植物不同器官诱导愈伤组织的培养基成分。

表5－1　在MS培养基中含有不同2,4－D浓度时，斑茅幼叶形成愈伤组织的诱导率

单位：%

斑茅材料号	2,4－D浓度/mg · L^{-1}			
	0	1	3	6
101	0	67.65	79.07	53.29
129	0	43.13	51.14	30.18
134	0	70.18	90.12	67.65
178	0	53.16	83.32	80.00

表5－2　诱导植物器官形成愈伤组织的培养基组成

植物	器官	培养基组成
玉米	胚	MS＋8 mg · L^{-1} 2,4－D＋1 mg · L^{-1} NAA
野葛	子叶	MS＋3 mg · L^{-1} 6－BA＋1 mg · L^{-1} NAA
胡萝卜	块根	MS＋2 mg · L^{-1} 2,4－D＋0.5 mg · L^{-1} NAA
非洲蓬琪菊	叶片	MS＋1 mg · L^{-1} 2,4－D＋0.5 mg · L^{-1} NAA

续上表

植物	器官	培养基组成
仙客来	块茎	MS +2 mg · L^{-1} 6 – BA +0.1 mg · L^{-1} NAA
		MS +0.5 mg · L^{-1} 6 – BA +2.5 mg · L^{-1} IAA
麻黄	下胚轴	MS +1 mg · L^{-1} 6 – BA +2 mg · L^{-1} 2,4 – D
贝母	幼叶	MS +0.5 ~1 mg · L^{-1} 2,4 – D +1 mg · L^{-1} KT
党参	下胚轴	MS +0.2 mg · L^{-1} 2,4 – D

二、愈伤组织的形成

愈伤组织的形成大致经过起始期、分裂期和形成期（图 5 –2）。实际上三个时期的界限并不十分严格，只是便于人们了解愈伤组织生长时的相对状况。

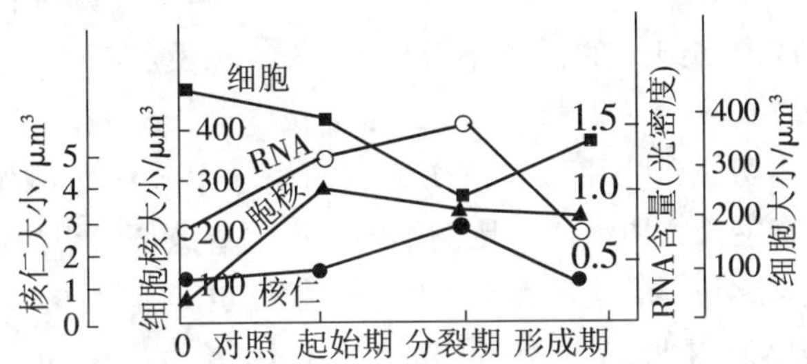

图 5 –2　油橄榄愈伤组织形成过程中各期细胞形态和 RNA 含量变化

RNA 含量测定是用显微分光光度计在波长 0.54 μm 下测得的光密度，$E = \lg I_0/I$

起始期是指细胞分裂的准备时期，外植体已分化的活细胞在外源植物生长物质的作用下，通过脱分化起动进入分裂状态，形成愈伤组织。这个时期的细胞大小虽无明显变化，但细胞质增加，出现活跃的原生质流动，贮藏物质淀粉消失；随着组织的活化，细胞内核糖体增加，并形成大量多聚核糖体，细胞内 RNA 含量迅速明显增加，细胞核也变大。诱导细胞活化的过程是一个重新恢复分裂能力的过程。有人认为，损伤是引起诱导细胞分裂的一个重要因素，受伤细胞释放出来的物质和 2,4 – D 共同诱导细胞发生分裂，是诱导愈伤组织形成的主要原因。

分裂期的特征表现为外层细胞出现分裂，使得外层细胞数目增加，体积变小并逐渐回复到分生组织状态，在这个过程中细胞分裂进入最旺盛时期，细胞体积最小，核和核仁较大，RNA 含量持续上升，达到最大值。细胞的脱分化就是指细胞由静止状态进入分裂时期，恢复分裂机能的这一状态。外植体组织经过不断生长和细胞分裂，形成愈伤组织，并开始转入分化新的结构。

进入形成期的特征是细胞大小趋于稳定，细胞分裂从分裂期的周缘细胞分裂为主转向了内部的组织，随着愈伤组织表层细胞分裂的减缓和停止，内部深处的细胞开始分裂，并形成像维管束或类似分生组织组成的鸟巢状结构。该时期细胞内发生生化变化，α－淀粉酶、核酸酶等酶活性加强，淀粉积累，RNA 和组蛋白合成速度加快。

不同植物来源的愈伤组织，在质地、形态和物理性状方面均有明显的差异。有的愈伤组织呈淡黄色或白色，有的呈绿色或红色。如中华猕猴桃的茎段经离体培养产生的愈伤组织为淡绿色，致密而呈瘤状，但在 2,4－D 的诱导作用下，愈伤组织则呈黄白色，发脆且易于分散。一般说来，来源于相同组织的愈伤组织，其色素大致相同，但通过反复继代培养会失去色素。

同一植株不同器官形成愈伤组织的能力不同，以君子兰为例，用 MS＋2 $mg \cdot L^{-1}$ 6－BA＋2 $mg \cdot L^{-1}$ NAA＋1 $mg \cdot L^{-1}$ 2,4－D 固体培养基培养，茎尖、茎切块和叶片形成愈伤组织的诱导率分别为 85%、13% 和 72%；如果培养基中 6－BA 的浓度提高到 5 $mg \cdot L^{-1}$，NAA 的浓度减少至 0.5 $mg \cdot L^{-1}$，2,4－D 浓度不变时，茎尖、茎切块和叶片形成愈伤组织的诱导率分别为 82%、9% 和 70%，说明培养基中植物生长物质组成的比例不同，影响着愈伤组织的形成。

选择适当的基本培养基对愈伤组织的生长也是重要的。于树宏和李玲（1999）用浅绿色野葛叶片愈伤组织进行继代培养，在 MS 培养基中加入 1 $mg \cdot L^{-1}$ NAA，愈伤组织能维持浅绿色新鲜健壮的外观；在培养基中同时加入 3 $mg \cdot L^{-1}$ 6－BA 和 1 $mg \cdot L^{-1}$ NAA，愈伤组织快速生长，若培养时间较长，形成的颗粒呈白硬状，部分发生褐变死亡；但愈伤组织置于含有同样浓度的 6－BA 和 NAA 的 B_5 培养基上生长，愈伤组织可以始终保持新鲜健壮的外观，不断膨大生长。

不同实验由于目的不同，对愈伤组织状态的要求也不相同，但优良的愈伤组织应该具备以下特性：（1）高度的胚性，使这些愈伤组织得到再生植株；（2）分散性好，容易建立优良的悬浮系；（3）增殖能力旺盛；（4）经过长期继代保存不丧失胚性。为了获得优良愈伤组织，可以通过选择适当的基因型和适当的外植体，筛选合适的培养基和建立适宜的培养条件等来实现。

第二节　愈伤组织中的形态发生

愈伤组织培养物在某些条件下，可以再分化产生不定芽或根的分生组织甚至是胚状体，继之，由这些有结构的组织而发育成苗或完整小植株。愈伤组织通过再分化形成再生植株的方式主要有三种：（1）产生芽后，在茎的基部长根；（2）先长根，再长芽；（3）在愈伤组织的不同部位分别形成根和芽。

一、愈伤组织器官的形成

离体条件下器官再生都必须经过细胞的脱分化过程，也就是说，除了原有的芽和根原基外，培养外植体均需经过细胞的脱分化形成愈伤组织而后器官发生。一般愈伤组织开始分化时，由大小不等的细胞开始逐渐形成大小均匀的细胞，保持相对稳定状态。在分化时，愈伤组织的表层和内部都可形成分生中心。芽多发生在愈伤组织的表层，属外起源；但根发生在组织的深处，与整体植株发生类似，是内起源。愈伤组织的外部形态也随分化而改变，一般由疏松转向紧密。

植物生长调节物质在分化过程中的作用是极为明显的，其中，生长素和细胞分裂素是细胞再分化必不可少的物质，一般来讲，合适的植物生长物质配比在器官分化中起着重要的作用。如仙人掌科的金牛掌茎段培养中，当6－BA是NAA浓度（单位为mg・L^{-1}）的50～100倍时，茎段的愈伤组织可以再分化出仔球，而6－BA浓度过高（150倍）或过低（10倍）则无仔球形成。大量实验结果表明，大多数植物组织或器官的再生作用符合器官分化的植物激素控制理论，即当生长素与细胞分裂素的比例高时，愈伤组织仅形成根，生长素与细胞分裂素的比例小时则产生苗，而两种激素的比例适中时，则产生无结构的愈伤组织（图5－3）。

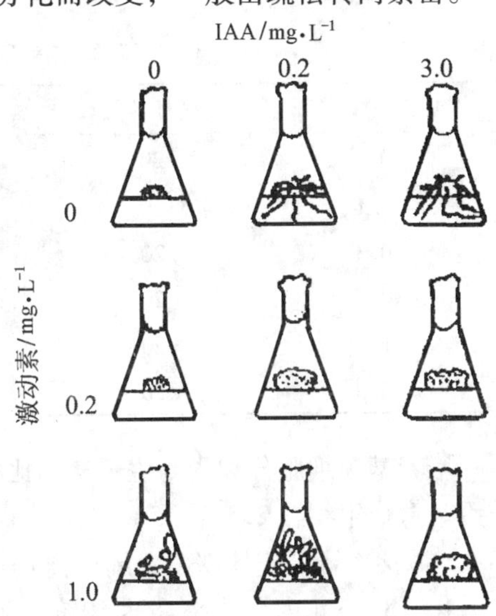

图5－3　在不同浓度的生长素与激动素的培养基上烟草愈伤组织器官发生示意图

在许多植物愈伤组织形成再生苗的培养过程中，常常是将诱导不定芽与诱导根分两步完成。即首先利用分化培养基（含有6－BA、CPPU、KT）使愈伤组织形成不定芽。增加繁殖系数；当不定芽长大出现叶片后，再将伸长的苗从基部切下转入含生长素类（如IBA、NAA）的生根培养基上培养诱导根生成。这是一种较为常见的器官发生方式。如研究芦荟的无性快速繁殖时，首先用MS培养基附加不同浓度的6－BA，促进不定芽的形成（表5－3），然后将抽枝的小植株转移到附加不同浓度的NAA的MS培养基上培养，诱导根的发生和生长（表5－4）。

表 5-3　不同浓度 6-BA 对芦荟不定芽形成的影响

6-BA 浓度/mg·L^{-1}	接种苗数	每苗不定芽数
0	9	1.9
1	10	9.5
2	9	14.3
3	9	20.2
5	9	14.1

表 5-4　不同浓度 NAA 对芦荟根形成的影响

NAA/mg·L^{-1}	接种芽数	平均根数	平均根长/cm
0	20	3.6	3.14
0.1	20	4.2	2.64
0.3	20	5.3	2.56
0.5	20	8.2	1.73
1.0	20	11.9	1.65
3.0	20	12.7	1.17

培养基中细胞分裂素与生长素的比值大小对蓝猪耳诱导芽分化起着决定性的作用。愈伤组织在 2.5~1.5 mg·L^{-1} BA 与 0.5 mg·L^{-1} NAA MS 培养基上生长 28 d，诱芽率皆低于 50%，4 周内愈伤组织保持增殖生长，5 周以后，芽呈暴发式分化，3~6 d 内分化率高达 60%~80%，6 周分化率大于 95%。在 4-PU 和 NAA 对愈伤组织诱导芽的实验中，NAA 的浓度比 4-PU/NAA 比值作用更为重要，当 NAA 浓度为 2.0 mg·L^{-1}、4-PU 浓度为 0.1 mg·L^{-1}和 0.4 mg·L^{-1}时效果最好，在 NAA 浓度为 1.0 mg·L^{-1} 时，4-PU 浓度变化对诱芽率基本不产生影响；浓度为 0.1 mg·L^{-1}的 4-PU 能单独诱芽。

生长素对维管组织分化过程有显著影响。法国植物学家 Camus（1949）最早将小营养芽嫁接在一种菊苣属植物根的愈伤组织表面，这些愈伤组织由薄壁细胞组成，营养芽经培养一段时间后，愈伤组织已分化出维管组织。后来，Wetmore 等用洋丁香芽嫁接于刚开始生长的愈伤组织上面，经培养后，在芽基部周围出现了零星分布的分裂细胞团，稍后又进一步分化成维管组织。而在远离芽的愈伤组织的深处，这种细胞团却分化成瘤状的结构，瘤内木质部向心分布，韧皮部位于离心的一侧（图 5-4）。后来证实芽能诱导维管组织的分化是与芽在生长时合成了某些植物激素有关。在蚕豆愈伤组织实验中，用含有蔗糖和生长素的琼脂代替

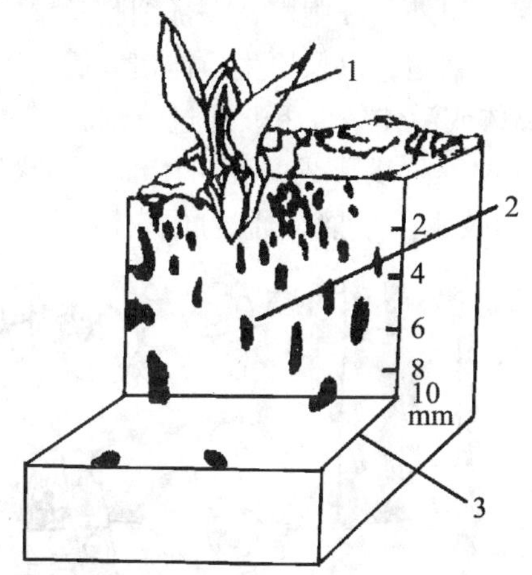

图 5－4　在丁香的愈伤组织上嫁接一个具 2 个或 3 个叶原基的茎端，图示嫁接后 54 d 愈伤组织中维管组织的诱导情况

1—苗端；2—维管束；3—愈伤组织块

芽的作用，同样诱导维管组织的分化。一般说来，生长素浓度和木质部发生之间存在着一种反比关系，低浓度的生长素能刺激木质部的发生。

生长素对维管组织分化所起的作用在很大程度上取决于糖的存在。在洋丁香愈伤组织实验中，如果灌注到愈伤组织顶面缺口里的琼脂含有 0.05 mg · L^{-1} IAA 和 10 g · L^{-1}蔗糖，愈伤组织只能形成数量很少的木质部分子。若保持生长素浓度不变，蔗糖水平达 20 g · L^{-1}，则有利于木质部的分化，但韧皮部很少形成；当蔗糖水平为 25 ~35 g · L^{-1}时，木质部和韧皮部都能分化；蔗糖为 40 g · L^{-1}时，只有韧皮部形成。

细胞分裂素也能刺激大豆子叶愈伤组织木质部的形成。对烟草愈伤组织木质部形成而言，IAA 和激动素之间存在协同作用。此外，生长素和赤霉素之间对木质部发生存在着刺激性的相互作用。乙烯也参与愈伤组织木质部的形成，如缺乏乙烯的番茄突变体植株内的木质部没有导管，但产生乙烯的正常植株则有导管。硝酸银能抑制大豆愈伤组织木质部的分化，加入蛋氨酸可以克服硝酸银的抑制作用。

二、体细胞胚胎发生

（一）体细胞胚状体

大量实验证实，植物体细胞具有成胚的潜力，由体细胞形成的胚状体叫体细胞胚（somatic embryo）。在含有椰子汁（100 mL · L^{-1}）的培养基上，石龙芮花器官各部分以及体细胞组织都能形成愈伤组织，之后 3 周内，在愈伤组织上出现大量胚，这些胚是由愈伤组织外层细胞以及深部细胞起源的。后来证实通过细胞培养或由愈伤组织得到的单细胞，以及原生质体培养后，都能形成胚性愈伤组织（embryonic callus）。在离体或活体条件下，通过体细胞经原胚期、球形胚期、心形胚期、鱼雷胚期和子叶期等阶段形成的胚叫体细胞胚状体（somatic embryoid）（图5－5），随着组织培养技术的成熟，通过胚状体途径得到小植物体的实例极

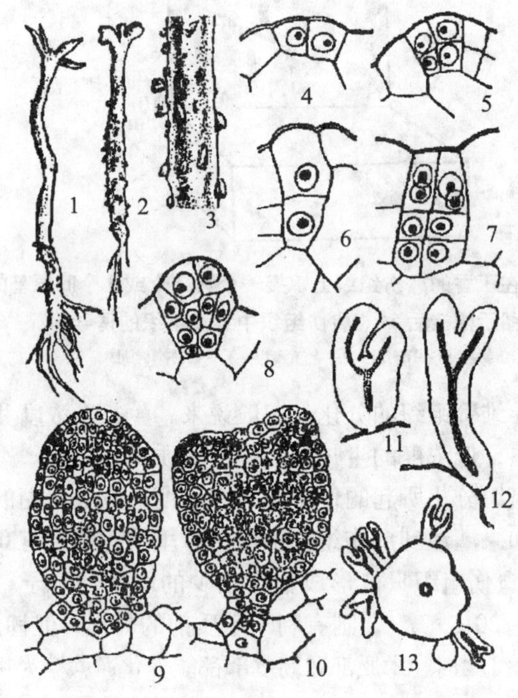

图5－5　石龙芮胚状体发生的过程

1～2—实生苗的下胚轴表面出现的胚状体；3—下胚轴的部分放大
4—表皮细胞的最初启动；5～8—产生胚状体的表面细胞启动情况；
9—球形胚；10—早期的心形胚；11～12—已产生子叶和苗端的胚；
13—下胚轴横切面示不同发育情况的胚状体

为普通。从外植体或愈伤组织表面产生胚状体的情况较为常见。张新英等（1992）证实大豆体细胞胚起源于子叶表皮及表皮下1～3层细胞，这些细胞脱分化形成的胚性细胞团进一步发育形成体细胞胚。能形成胚状体的植物已经达117种，分布于43科、92属。如胡萝卜、檀香、大麦、小麦、水稻、玉米、油棕、石刁柏、咖啡等。

从离体培养的各种外植体，可以直接或间接发生胚状体。通过花药培养或花粉培养得到由小孢子发育而来的胚状体是胚状体发生数量较大的一种方式。由愈伤

组织培养而诱导胚状体是常用的方法，通过单细胞悬浮培养诱导胚状体发生数量大。

（二）体细胞胚状体在发育早期的特征

在非洲紫罗兰叶片培养过程中，叶片逐渐变大、肥厚，形成肿胀突起，表明逐渐出现密集的小突起，它同芽点不同，初为淡绿色，逐渐转绿，呈球形小点，用显微镜观察，可见到叉状对生的子叶原基。有些胚状体容易从形态、发生数量等方面加以观察区分出来，但有些胚状体在发育的早期与发育的芽区别困难。1971 年，Haccius 提出鉴别胚状体的标准：（1）胚状体具有极性，也就是说胚状体在发育的早期阶段，在其相反的两端分化，分别出现茎端和根端，是一种单极性结构。（2）在组织学上，胚状体的维管组织与母体植物或培养的供体外植体的维管组织无直接联系，其维管组织的分布呈“Y”字形。根或芽的分化，里面长出原形成层束，与愈伤组织形成的或外植体中的维管组织往往相连（图 5 – 5）。

（三）体细胞胚状体的诱导

生长素是体细胞胚胎发生起重要作用的培养基成分。以离体条件下胡萝卜体细胞胚发育为例，愈伤组织的建立和增殖需要含 2, 4 – D 的培养基，其浓度范围为 0.5 ~ 1 mg · L^{-1}，在这种培养基上，愈伤组织分化形成分生细胞团（称胚性细胞团 embryonic cell）；将之转移到生长素含量很低（0.01 ~ 0.1 mg · L^{-1}）或完全没有生长素的培养基上，它们就能发育为成熟的胚。因此，要形成体细胞胚，其关键是除去或降低培养基中的生长素成分（如 2, 4 – D）（图 5 – 6）。在南瓜中，NAA 和 IBA 能促进胚胎发生。其他植物生长物质也能影响体细胞的形成。在葡萄珠心培养过程中，当培养基里存在 β – 萘氧乙酸和 BAP 时，就可以形成体细胞胚。BAP 的作用是对非胚体细胞的增殖发生选择性促进作用。有些研究者发现

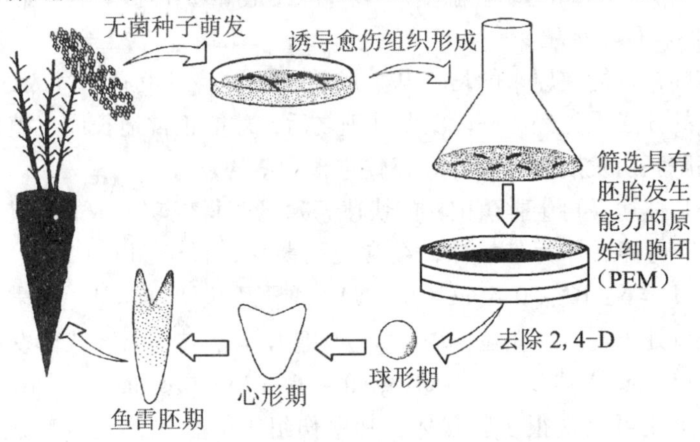

图 5 – 6　胡萝卜体细胞胚发生

0.1 $\mu g \cdot L^{-1}$的玉米素促进胡萝卜体细胞胚发生。

2,4－D对胚胎成熟过程的抑制作用可能是通过内源乙烯引起的。培养在含2,4－D培养基上的胡萝卜愈伤组织产生的乙烯比培养在不含2,4－D培养基上产生的要多。愈伤组织内乙烯含量的增加会导致纤维素酶或（和）果胶酶活性的增强，它们在原胚发生极性分化之前破坏胚性细胞团，使原胚不能发生组织分化。

培养基中的氮源形态也会显著影响离体条件下的胚胎发生。在野生胡萝卜叶柄节段的培养物中，只有用含一定数量还原态氮的培养基培养时，胚胎才发生，用NH_4^+和水解酪蛋白优于NO_3^-或谷氨酰胺。

有报道指出，花生成熟胚胚叶在MS附加20 $mg \cdot L^{-1}$ 2,4－D的培养基上诱导20 d后，转移至无激素MS培养基继续培养，可得到高频率体细胞胚的发生。组织学观察表明，体细胞胚起源于胚叶上表皮及表皮下的数层细胞，这些细胞脱分化形成细胞质浓厚、细胞核大的胚性细胞团，胚性细胞团继续分裂形成体细胞胚。

培养基以液体优于固体，因液体培养基可增加溶解氧浓度。适宜pH值是5.0～6.0。培养时不需要光或需半天光照以调节形态建成。培养温度为25 ℃左右，但也有报告指出以昼夜变温（26 ℃/15 ℃）为佳。

番木瓜体细胞胚状体的诱导方法为：将种子消毒后，接种在1/2 MS培养基上萌发，取其胚轴和根，分别切成5 mm的小段为外植体，在诱导愈伤组织的培养基（1/2 MS＋2 $mg \cdot L^{-1}$ NAA＋0.5 $mg \cdot L^{-1}$ KT）三四天后开始膨大，并且产生愈伤组织，挑选淡黄或淡绿色的胚性愈伤组织置于液体培养基中（基本培养基附加1 $mg \cdot L^{-1}$ NAA、0.5 $mg \cdot L^{-1}$ KT、1 $mg \cdot L^{-1}$ GA_3和0.5 $mg \cdot L^{-1}$ AC）振荡培养，转速为100 r/min，培养温度25 ℃，每天光照12 h，1周后开始产生胚状体。

（四）胚状体再生植株

体细胞胚常常能在原来的培养基上成熟和萌发。对没有经过冷处理的种子，幼龄或成熟的胚必须先经历一段低温处理之后，才能正常地长成小植株。在柑橘属植物体细胞胚萌发期间，需要GA_3促进根和茎的发育。

通过胚状体途径再生香蕉植株的快速繁殖已获得成功。取香蕉花序顶端3～5 cm，将雄花剪碎后作为外植体，经常规灭菌后，置于MS＋2 $mg \cdot L^{-1}$ 2,4－D＋0.5 $mg \cdot L^{-1}$ 6－BA＋0.5 $mg \cdot L^{-1}$ NAA诱导胚状体培养基上培养30 d左右，其表皮和切口处出现球形颗粒，均属胚性细胞团。当转移至胚状体发育和分化培养基（MS＋2 $mg \cdot L^{-1}$ 2,4－D＋3 $mg \cdot L^{-1}$ 6－BA＋0.5 $mg \cdot L^{-1}$ NAA）上40 d后，细胞团上便可出现很多胚状体，其愈伤组织的胚状体发生率达15%左右。在黑暗条件下诱导胚状体发生率比光照条件下培养的高一倍多，而且产生的胚状体增殖旺盛期可持续10多天。当胚状体发生后，便可转移至MS＋0.2 $mg \cdot L^{-1}$

KT + 0.1 mg · L^{-1} IBA + 0.5 mg · L^{-1} NAA 培养基上，加速再生植株的生长，一般经25 d 培养便可长成健壮植株。由胚状体再生的香蕉植株在大田栽培中都能正常开花结果，不影响产量。

第三节　人工种子

人工种子（artificial seed）是指将植物离体培养产生的体细胞胚包埋在含有营养成分和保护功能的物质中，在适宜条件下发芽出苗的颗粒体。人工种子包括体细胞胚、人工胚乳和人工种皮三部分（图5-7）。其最外面为一层有机的薄膜包裹，以保护水分免于丧失和防止外部的物理力量冲击，中间含有培养物（胚状体等）所需的营养成分和某些植物激素，以作为胚状体萌发时的能量和刺激因素，最里面是胚状体或芽。

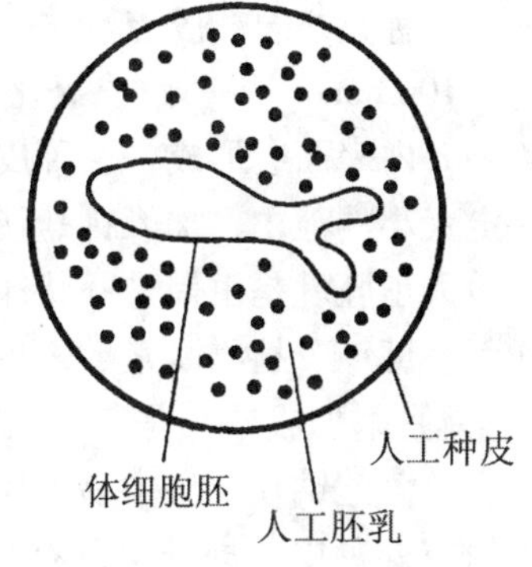

图5-7　人工种子示意图

人工种子可用于繁殖植物以及减数分裂不稳定的基因型、自产不亲和植物、稀有的和珍贵的物种和远缘杂种等。要想有效地利用人工种子，其中的胚必须在经过贮存、运输、机播后还保存发芽能力。

一、胚状体成熟培养

胚状体诱导成功后必须转入成熟培养基培养，使它们同步增殖并达到成熟，才可用于制备人工种子。表5-5是体细胞胚成熟培养基的成分。

表5-5　几种针叶树体细胞胚成熟培养基的成分

种名	外植体	成熟培养基成分
银枞	未成熟胚	无激素，20 g · L^{-1}蔗糖，3.8 μmol · L^{-1}ABA，100~200 mmol · L^{-1}乳糖
欧洲落叶松	未成熟胚	无激素，30 g · L^{-1}蔗糖，100~200 g · L^{-1} PEG 6000
西方落叶松	未成熟胚	0~100 μmol · L^{-1}ABA，20 g · L^{-1}蔗糖
欧洲云杉	成熟胚	15 μmol · L^{-1}ABA，30 g · L^{-1}蔗糖
云杉属之一种	未成熟胚	16~24 μmol · L^{-1}ABA，30 g · L^{-1}蔗糖，50~100 g · L^{-1} PEG 4000
白云杉×恩格曼氏云杉	未成熟胚	40~60 μmol · L^{-1}ABA，1 μmol · L^{-1} IBA，34 g · L^{-1}蔗糖

ABA 有助于体细胞胚中脂肪、淀粉和蛋白质的积累，有利于生长。在加入

ABA 的同时加入 PEG 可显著减少胚中的水分含量，而并不使胚细胞发生质壁分离。ABA 处理后还要进行适当干燥。适当干燥不会损伤胚。例如胡萝卜胚状体以 ABA 处理 3 d 后干燥 36 h，成活率增高；苜蓿体细胞胚干燥后含水量在 8% ~ 15%，在室温下贮藏 12 个月仍有发芽能力。

二、人工种皮及人工胚乳

人工种皮一直是人工种子研究的主要热点之一。海藻酸钠、明胶、琼脂、果胶酸钠等都可作为内种皮，其中以海藻酸钠最好而被广泛应用。具体方法有两种：一种是络合凝胶点滴法，即将体细胞胚与 20 g · L^{-1} 海藻酸钠混合再加硝酸钙（100 mmol · L^{-1}）或氯化钙（10 g · L^{-1}），Ca^{2+} 和 Na^{+} 发生离子交换反应，30 min 内表面会形成一层种皮。另一种是模型法，即将体细胞胚和海藻酸钠放在一定大小的池中，加入钙盐使胶体络合。

人工胚乳是由促进胚状体发育成苗所必需的养分和碳源组成的。它包括营养元素、蔗糖、植物激素、杀虫剂、杀菌剂、除草剂等（表 5 – 6）。这些人工胚乳（也就是附加成分）是制备人工种皮时一起加入的。

海藻酸钠在空气中易干燥，同时会粘在一起，不利于贮藏和发芽。人们又着手研究外种皮（即外层种衣）。有人用壳聚糖作为油菜人工种子的外种皮，发芽率达 100%，在有菌条件下，发芽率不高。也有报道用硅胶包埋谷子体细胞胚，萌发率达 82%，并能在 4 ℃下贮藏 14 d，且能自行裂开，使胚顺利萌发。

表 5 – 6　几种植物人工种子的附加成分及转株率

植物名及繁殖体	海藻酸钠浓度/%	培养基和蔗糖浓度	激素浓度/mg · L^{-1}	转株率/%
四会贡柑体细胞胚	30	MT，40 g · L^{-1}	1 GA，0. 25 IBA	30 ~ 70（无菌）
唐菖蒲小球茎	40 ~ 50	1/2MS，15 g · L^{-1}	0. 1 GA，0. 5 IBA	93（有菌）
热带兰花球茎	40	改良 MS	1 NAA，0. 2 BA	95（无菌）
赤桉幼芽	40	改良 SH	0. 2 ~ 0. 5 NAA	80 ~ 90（无菌）
小麦体细胞胚	60	1/4MS	1 GA，200 防腐剂 IAA，活性炭	45（有菌）

为了实现人工种子的工业化生产，首先要建立适当的组织培养技术，产生高质量的、大小一致和发育期同步的、功能像合子胚一样的胚状体。采取的方法有：

（1）在细胞培养初期，在培养基中加入 DNA 合成抑制剂使细胞分裂暂停，或在低温下抑制细胞分裂，一定时间之后，除去抑制或转入正常温度下培养，促使细胞同步分裂。

（2）用不同直径的玻璃或不同孔径的尼龙网过滤，以收集不同发育时期的胚状体。

（3）利用不同发育阶段的胚状体对渗透压的不同要求，通过调节渗透压，可使胚停留在某一发育阶段。

解决胚的同步发育问题之后，还必须建立大规模自动化的液体培养体系，以便生产数量足够的体细胞胚。另外，还要生产出有适当水分、营养物质和其他附加物质的种皮。

制成人工种子后，要经过一定时间的贮藏才播种。目前报道的贮藏方法有低温法、干燥法、抑制法、液体石蜡法，其中以干燥法与低温法相结合是目前使用较多的方法。

人工种子技术是在组织培养基础上发展起来的新兴生物技术，具有可工厂化大规模制备、贮藏和迅速推广优良种质资源等优点。我国人工种子研究范围已从过去的模式植物如胡萝卜、苜蓿和芹菜等，转向水稻、小麦、番木瓜、马铃薯、甘薯、棉花、桉树、蕹菜、兰花等具有重要经济价值的粮食作物、观赏植物、药用植物等。

第六章　营养器官培养

营养器官培养（vegetative organ culture）主要指植物根、叶、茎等器官在离体条件下，在无菌的人工环境中将其作进一步培养发育，最终长成幼苗的过程。相对于细胞或组织培养而言，植物器官的培养更为复杂。器官培养的特点在于能保持器官所具有的特征性结构。在组织培养研究中，常以器官作为外植体，研究较广泛，在应用上也卓有成效。通过器官培养可以快速建立试管苗，实现快速繁殖，目前这一技术已在生产上得到广泛应用。本章将介绍离体根的培养、茎的培养和叶的培养。

第一节　根的培养

离体根由于具有生长迅速、代谢活跃及在已知条件下培养可根据需要增减培养基中的成分等优点，对离体根的培养多用于探索植物根系的生理及其代谢活动。

一、培养过程

在组织培养的研究中，离体根培养在培养方法的历史上占有一定的地位，第一次通过无菌培养方法连续转移使根保存了很长时间。在离体根培养中，首先要解决外植体消毒问题，因为在自然条件下，根生长在土壤中，要进行彻底的表面消毒是非常困难的，因此，人们常用无菌苗的根作为培养材料。这里介绍番茄根的培养过程（图6-1）。

将番茄种子经表面消毒后，在无菌条件下放置在盛有 MS 培养基上或铺有一层湿脱脂棉的培养瓶中，在适宜的温度下萌发。待胚根伸长至一定长度后，从根尖一端切取10 mm 长接种于固体培养基中，暗条件下培养4 d 有侧根发生，7 d 后又可以切下侧根的根尖作为新的培养材料再进行扩大培养。通过这种由单个直根衍生而来，并经继代培养而保持遗传性一致的根的培养物，可称为离体根的无性系。

二、培养示例

培养番茄离体根常使用改良的怀特培养基（表6-1）。培养基中的氮源以硝酸盐的效果为好，碳源以蔗糖对双子叶植物离体根培养的效果好。与怀特培养基相比，改良培养基降低了大量元素的浓度，但增加了甘氨酸和烟酸的用量，硫胺

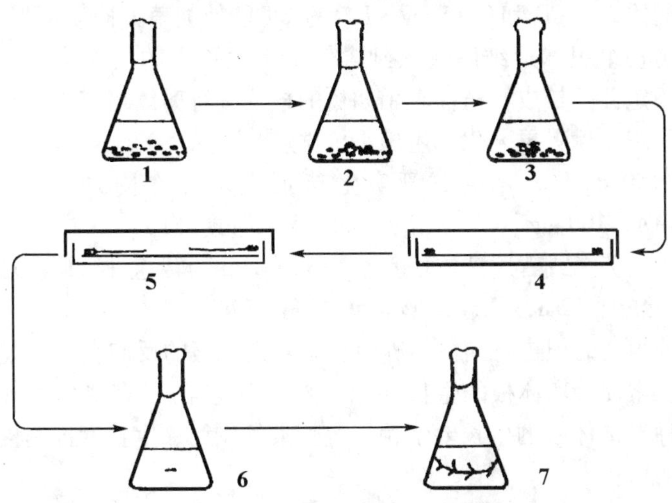

图 6-1　番茄离体根培养的过程

1—种子用 700 mL · L^{-1} 乙醇消毒 1 min；2—用饱和漂白粉液消毒 10 min；3—用无菌水洗三次；4—将 6 ~ 10 粒种子放入培养皿中的湿滤纸上；5—培养皿放入暗中培养直至胚根长至 30 ~ 40 mm；6—切取 10 mm 长的根尖用无菌的接种环接种于培养液中；7—在 25 ℃下培养直到长出侧根

素（维生素 B_1）和吡哆醇（维生素 B_6）对离体根培养的作用明显，使用浓度仍为 0.1 mg · L^{-1} 。在这个培养基中增加了碘的成分，因为碘有利于番茄根的生长，浓度为 0.38 mg · L^{-1}。硼对离体根的生长也具有重要的影响，缺硼会降低根尖细胞的分裂速度，阻碍细胞伸长等。

表 6-1　番茄离体根培养基成分

成　分	浓度/mg · L^{-1}	成　分	浓度/mg · L^{-1}
$Ca(NO_3)_2$	143.90	KI	0.38
Na_2SO_4	100.00	$CuSO_4 \cdot 5H_2O$	0.002
KCl	40.00	MoO_3	0.001
$NaH_2PO_4 \cdot H_2O$	10.60	甘氨酸	4.00
$MgSO_4 \cdot 7H_2O$	368.50	烟酸	0.75
$MnSO_4 \cdot 4H_2O$	3.35	维生素 B_1	0.10
$FeC_6H_5O_7 \cdot 3H_2O$	2.25	维生素 B_6	0.10
$ZnSO_4 \cdot 7H_2O$	1.34	蔗糖	15 000.00
H_3BO_2	0.75	pH 值	5.20

对离体根培养研究最多的植物材料是胡萝卜，用怀特培养基附加

$0.01\ mg \cdot L^{-1}$的2,4-D和$0.15\ mg \cdot L^{-1}$的KT能使胡萝卜肉质根形成愈伤组织，将未分化的愈伤组织球形细胞转入到含低水平生长素的培养基中，细胞先形成根，再产生不定芽，长成小植株。用胡杨的根段进行离体培养，在根段切口上面先形成愈伤组织，后者再分化产生出小植株。

有人把150 d的蝴蝶兰试管实生苗根尖培养在附加$10\ mg \cdot L^{-1}$ KT、$5\ mg \cdot L^{-1}$ NAA、$100\ mg \cdot L^{-1}$肌醇、$1\ mg \cdot L^{-1}$烟酸和$10\ mg \cdot L^{-1}$维生素B_6的B_5固体培养基上培养，或者用液体培养基以30 r/min的转速进行振荡培养，培养温度25 ℃，每天光照12 h，原球茎形成率可以达70%。

用不同的植物的根进行离体培养时，其对生长素的反应存在差别，表现为三种情况：生长素促进离体根的生长（如玉米、小麦等）；有些植物（如黑麦、小麦的一些变种）离体根的生长要依赖于生长素的作用；生长素抑制樱桃、番茄等植物离体根的生长。

第二节　茎的培养

根据取材部位的不同，茎的培养可分为茎尖培养和茎段培养。关于茎尖的培养详见第七章，这里只讨论茎段的培养。

一、茎段培养

茎段培养是指对带有腋（侧）芽或叶柄、长数厘米的茎节段进行离体培养。由于嫩茎段（即当年萌发或新抽出的尚未完全木质化的枝条），其细胞的可塑性大，容易离体培养，故常作为快速繁殖的外植体。

一般情况下，将经过表面消毒的茎段在无菌条件下，切成几厘米长带节的节段，接种在固体培养基上。经过培养后，在茎段可直接发生不定芽，或先诱导形成愈伤组织，再脱分化形成再生苗。把再生苗进行切割，转接到生根培养基上培养，便可得到完整的小植株。

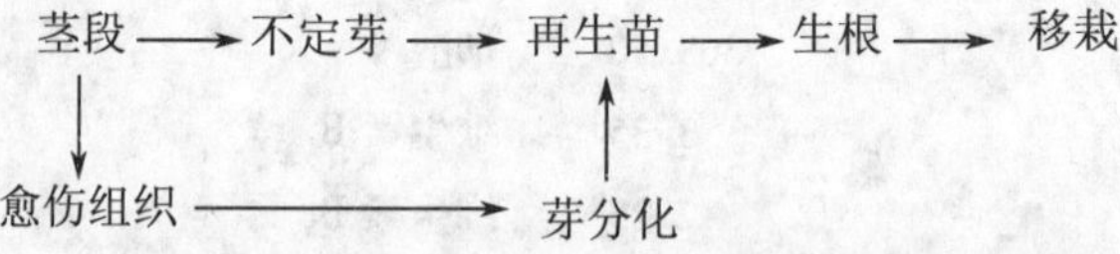

球根类花卉是一类变态茎（球茎、鳞茎）的植物，其繁殖可用分球或鳞片进行离体培养，达到大量增殖。球根类通常是在地下培育，污染率比较高。对百合的鳞茎消毒时，要把外面几层的鳞片剥去，认真用水清洗后，再将鳞茎基部脏

的部分用锋利的小刀剥去，在超静工作台上用 700 mL · L^{-1} 乙醇浸 0.5 min，然后在 1% 次氯酸钠溶液中浸泡 30 s，经重蒸馏水冲洗 3 ~ 4 次，用消毒的滤纸吸干表面水分，切取鳞片接种于培养基上，通过芽的诱导、增殖、成球与生根，培养成完整植株。

二、培养示例

不同部位茎段消毒需要的时间不相同。据报道，取长 10 ~ 15 cm 的石斛兰茎段，用水进行清洗后，分为三段：上段用 50 g · L^{-1} 次氯酸钠溶液灭菌 5 ~ 7 min，中段灭菌时间为 10 ~ 15 min，下段灭菌时间为 20 ~ 25 min。灭菌后，切去已褪色的组织，横切成段，每边距芽留有一段距离。将完成切段的茎下端朝下插入改良的 Knop 培养基。每天光照 16 h。4 周以后芽开始生长，不久形成小植株，大多数小植株无根。转入含有 0.1 mg · L^{-1} 的改良 MS 生根培养基中，不久小植株长根，形成完整的再生植株。

植株同一部位的茎段离体培养经过不同的分化途径。取苞舌兰无菌苗 1.5 cm 长的带侧芽的茎段为外植体，在生芽培养基上培养，其大量元素依照 VW 培养基，微量元素则与 MS 培养基相同，同时加入 150 g · L^{-1} 椰子汁、5 mg · L^{-1} 的 6 – BA 和 1 mg · L^{-1} 的 NAA，经过 50 d 培养，有 6.9% 的茎段褐变后死亡，44.8% 形成一个侧枝，并再生成植株，20.4% 产生丛苗，27.9% 分化出原球茎。

将淮山茎段（肉质根上端，长 15 ~ 20 cm）切成小段，经表面消毒后，再切成小方块或小圆片，接种于含有 2 mg · L^{-1} KT、1 ~ 2 mg · L^{-1} PP_{333} 和 0.02 mg · L^{-1} NAA 的 MS 培养基上，培养 20 d，其边缘有白色突起形成，以后从突起部位形成 3 ~ 5 个不定芽，40 d 左右形成高 3 ~ 5 cm 的具绿色叶片的无菌苗。把长 0.5 cm 的茎段接种到生芽培养基（MS + 6 mg · L^{-1} BA + 0.02 ~ 2 mg · L^{-1} NAA）上，培养 7 d 后在切口处或中间表皮上形成白色愈伤组织，通过愈伤组织再形成绿苗。值得注意的是，茎段愈伤组织的形成和再生苗的产生与培养基中 NAA 浓度有关，当 NAA 浓度由 0.02 mg · L^{-1} 上升到 2 mg · L^{-1} 时，愈伤组织形成率由 50.3% 提高到 82.5%，绿苗形成率由 25% 下降到 7.1%。后来证实，在 NAA 低浓度培养基中，通过茎切段直接成芽的频率较高；而在 NAA 浓度高的培养基中，通过愈伤组织形成芽的频率较高。

选择优良健壮的月季当年生枝条中段（带饱满而未萌发的侧芽），在自来水下流水冲洗 4 ~ 6 h，用 1 ~ 1.5 g · L^{-1} $HgCl_2$ 溶液消毒 8 ~ 12 min，无菌水冲洗 4 次，剪成 1 ~ 2 cm 带腋芽的茎段接种。培养温度 21 ℃ ~ 25 ℃，每日光照 12 h。月季腋芽在茎段上的位置也会影响嫩茎增殖的效果。

影响月季茎段增殖培养的因素有：

（1）腋芽在茎段上的位置。如将“林肯”月季的枝条均等地分成9段，取每段的一个腋芽培养在无激素的MS基本培养基上，23 d后，可见接近枝条最顶端的和紧挨着枝条基部的芽发育最慢，而枝条中部的芽发育最快。

（2）去茎顶端的作用。在茎段继代培养接种过程中，切去嫩茎的顶芽后，再转接于新鲜培养基上培养，促进嫩茎的增殖。

（3）嫩茎长度对形成多芽苗的影响。茎段为1～10 mm长短时，对形成多芽苗最有效，而且每个茎段的侧枝数也较多；若切割过短（小于1 mm）或过长（11～15 mm）都对茎的增殖不利，切割过长还会出现叶子衰老等不利的表现（表6－2）。

表6－2　“改良火炬”月季试管苗茎尖长度对增殖嫩芽的影响

茎尖长度/mm	形成芽的培养物占总培养物/%	每培养物形成芽数
<1	76	3.2
1～5	96	5.1
6～10	100	5.9
11～15	89	3.5

（4）植物生长调节剂的影响。采用适当浓度的植物生长抑制剂三碘苯甲酸可以促进嫩茎增殖。6－BA是促进茎增殖最有效的细胞分裂素，浓度在1～3 mg·L^{-1}，浓度高会减少茎的伸长，也对下一步生根起抑制作用。因此，在嫩茎增殖阶段6－BA用量在满足增殖倍率要求后，即不应再高。用1 mg·L^{-1} 6－BA配合1 mg·L^{-1} NAA，虽然使茎的增殖略有降低，但可使茎得到伸长。赤霉素抑制月季茎的增殖。

第三节　叶的培养

很多植物如非洲紫罗兰、香叶、天竺葵、秋海棠等的叶片具有很强的再生能力，由于取材方便，数量多且均一性较强，可以作为适宜的外植体。

一、培养过程

叶片从枝上摘取后，用水冲洗数小时，将叶表面洗干净，再进行表面消毒，一般先用700 mL·L^{-1}乙醇浸泡30 s，然后用10 g·L^{-1} $HgCl_2$溶液浸泡数分钟，注意要通过预备试验确定消毒时间，消毒时间略长，叶片容易缩水、刚脆；消毒时间略短，材料去污染效果不好。将完成表面消毒的叶片平放在固体培养基上培养。叶片在培养基的生长状况大多依赖于叶片离体时的成熟程度，一般说来，幼叶比接近成熟的叶生长潜力大。很多植物的叶组织在离体培养条件下先形成愈伤组织，然后通过愈伤组织再分化出胚状体、茎、叶和根（图6－2）。

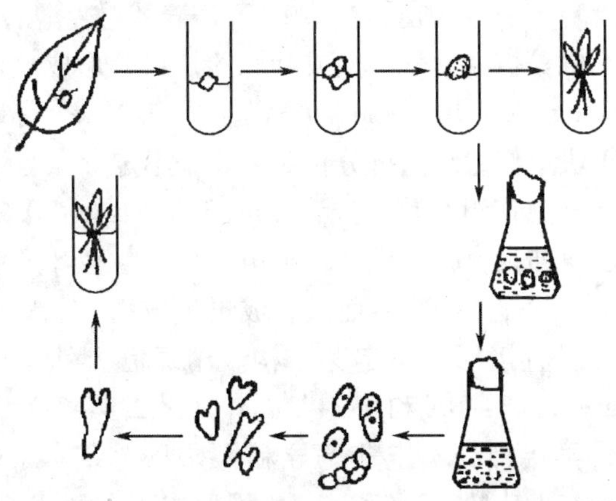

图6－2　由叶组织培养经愈伤组织及胚状体再生植株

叶片→诱导丛生芽→生根培养→移栽

非洲紫罗兰离体培养常用嫩叶作外植体，培养完整再生植株的过程为：

选取非洲紫罗兰嫩叶，用700 mL·L^{-1}乙醇略蘸一下，再用1 g·L^{-1}升汞溶液消毒5～8 min，经无菌水冲洗数次后，切成0.5～1 cm的小块接种于MS＋1 mg·L^{-1} 6－BA＋0.1 mg·L^{-1} NAA的固体培养基上，在光照条件下培养，35 d后叶片可直接分化出许多丛生芽，诱导率为100%。将小丛生芽转接于1/2 MS＋0.2 mg·L^{-1}IBA的培养基上，10 d后，主茎叶片明显增大，根的诱导率为98%，接种15 d后即可移栽。

二、培养示例

离体叶片在诱导愈伤组织的培养基上培养，一般在叶缘（切口）或叶脉处容易发生愈伤组织。当转接到分化培养基（生长素与细胞分裂素比值小）上培养时，从愈伤组织处形成不定芽。如从香石竹顶芽或腋芽下面取叶片，平放在MS＋1 mg·L^{-1} 6－BA培养基上，5 d后外植体开始膨大，基部略有绿色愈伤组织形成，10 d后开始从基部分化出浅绿色小芽点，并逐渐长成小芽丛，经过诱导生根培养后得到完整小植株。

长寿花实生苗的叶片经表面消毒后，切成0.5 cm×0.5 cm的方块，接种于MS＋1 mg·L^{-1} 2,4－D＋0.1 mg·L^{-1} 6－BA培养基中，经过30 d左右的培养，叶片边缘开始出现淡绿色颗粒状突起，继续培养后颗粒突起逐渐扩大，以后形成质地致密的淡绿色愈伤组织块。经继代培养后，获得大量愈伤组织。将愈伤组织切成0.5 cm×0.5 cm大小，接种到培养基MS+1 mg·L^{-1}6－BA+0.1 mg·L^{-1} NAA上，15 d后愈伤组织明显转绿和增大；50 d左右开始产生绿色芽点并陆续分化出芽，每块愈伤组织可分化出5～6株无根苗，在1/2 MS培养基上，全部长出不定根。

杨树、中华猕猴桃等植物常从叶柄或叶脉的切口处形成愈伤组织。用绿巨人幼叶的叶柄，在含5 mg·L^{-1} BA的MS培养基中培养，2个月后叶柄处形成致密的绿色愈伤组织，每块愈伤组织上可分化8～10个不定芽，当不定芽长至0.5 cm时，将不定芽同一部分愈伤组织移入到含2 mg·L^{-1} BA和0.2 mg·L^{-1} NAA的培养基中，不定芽迅速伸长，并长成健壮小苗。大蒜贮藏叶及水仙的鳞片叶直接或经愈伤组织再生出球状体或小鳞茎而发育成再生植株。

叶离体培养也可以直接形成不定芽结构。用绿巨人幼叶接种到MS培养基中，在0.2～0.5 mg·L^{-1} 6－BA和0.7～2 mg·L^{-1} 2,4－D的诱导下，5周后切口处出现绿色突起，再接种到不定芽诱导和增殖培养基（MS+2～3 mg·L^{-1} 6－BA+0.3～0.4 mg·L^{-1} NAA）后，3～4周形成不定芽，切取小芽继代培养，每4周可增殖4～6倍，通过生根培养基生根。用大豆叶柄基部插入分化培养基（1/2 MS+1 mg·L^{-1} BAP）上诱导，2周后从叶柄基部长出小芽和丛芽，诱导率达60%～70%。

蝴蝶兰叶片在Kyoto改良培养基附加10 mg·L^{-1} KT，5 mg·L^{-1} NAA及100 mL·L^{-1}苹果汁或椰乳进行原球茎诱导培养。以3～4个月苗龄试管蝴蝶兰实生苗叶片离体培养，原球茎诱导率高；若用120 d小苗的叶片，可将整片叶切下，直接插入培养基中，原球茎形成率较老叶好（表6－3）。叶切段大小与诱导率直接相关，切段太小，存活率低，以0.5 cm左右为最好。原球茎通过切割转移、增殖培养，最后分化成苗。

表6－3　蝴蝶兰实生幼苗叶片不同部位原球茎形成率

外植体大小/mm	外植体数	原球茎形成率/%	每个外植体形成原球茎最多数
整叶（8～10）	20	50	26
叶中（4～5）	20	5	7
叶尖（2）	20	0	–

第七章　植物快速繁殖和脱毒

植物快速繁殖就是应用组织培养技术，快速繁殖名优特新品种，使其在较短时间内繁衍较多的植株；快速繁衍珍稀濒危植物，使物种得以保存。快速繁殖是当前植物细胞工程中应用最广泛、又最有效的方法之一。

除了一部分豆类作物外，种子是不会传递病毒的。植物病毒是通过无性繁殖传递的，而快速繁殖是建立在无性繁殖的基础上的，病毒在母体内逐代积累，危害越来越严重。目前在生产上尚无特效药物可彻底除去病毒，而快速繁殖却可以，因此，快速繁殖脱毒显得非常重要。

第一节　植物快速繁殖的途径和方法

以植物的根、茎、叶柄和花等片段以及孢子作为外植体，或者切取茎尖、腋芽进行离体培养，可以直接诱导器官分化，产生芽、根，也可以诱导改变原有的分化状态，脱分化形成愈伤组织，再经过不同的细胞分化途径重建形成不同的器官，直到完整植株。

植物快速繁殖的类型与方式可归纳如表 7 – 1 所示。

表 7 – 1　植物快速繁殖的类型与方式

类　型	方　　式	特　　点	事　　例
器官型	腋芽萌发，以芽增殖芽，扩大繁殖系数	繁殖系数高，遗传性较稳定，是快速繁殖的主要方式	甘蔗、香蕉、香石竹、丝石竹等
器官发生型	通过脱分化形成愈伤组织，再分化出苗	可获得与母株相同的小植株，繁殖系数较低，可用于细胞分化的研究	烟草、油菜等
胚状体发生型	从愈伤组织或直接从子叶、下胚轴和花药培养中产生	首先证明植物细胞的全能性，繁殖系数高	甘蔗、胡萝卜、石刁柏等
原球茎型	由茎尖或腋芽产生原球茎放入培养基中发育成小植株	遗传性较稳定，原球茎可作为繁殖系母体	兰花

续上表

类型	方式	特点	事例
球茎芽型	叶柄表面产生圆球形小突起——球茎芽，一端出芽一端出根	遗传性较稳定，球茎芽可直接放入土中种植	观叶海棠
块茎型	叶片或叶柄上形成粒状芋块，进一步分化出芽和根	快茎芽可为繁殖系母体，不断切割繁殖移栽，成活率高	花叶芋
鳞茎型	鳞片近轴面或边缘直接形成带根的小鳞茎	在试管内形成小鳞茎需较长时间	百合、郁金香、贝母等
孢子型	用成熟或未成熟的孢子进行培养	孢子繁殖最困难的是表面消毒，萌发时间较长	地钱、狼尾蕨等
根茎型	蕨类具有横向的茎及直立的短根茎，为组织培养的最佳外植体	根状茎上产生蕨叶及根，繁殖速度较孢子型快	肾蕨、裂叶肾蕨、波士顿蕨等
微枝扦插型	带芽的小插条在试管内进行无菌扦插	为木本植物进行快速繁殖的主要方式	葡萄、杨树

人们可根据不同植物，采用不同类型和方式快速繁殖。各种器官的分化途径受下列因素影响：(1) 培养材料的种类、外植体的部位和生理状态；(2) 培养基的种类和植物激素的配比和浓度；(3) 培养环境，如温度、湿度、光照时间和强度、通气状况等。究竟采用哪种方式快速繁殖，取决于培养目的，也取决于材料自身和可能性。如果是快繁优良品种，一定要注意其遗传稳定性，宁可繁殖慢些。

第二节　继代培养

当初代培养的试管苗在瓶内长满到瓶塞，或培养基养分利用完时就要转瓶，进行继代培养，以便迅速获得较多试管苗，如此下去，最后就得到一定数量的试管苗，进行移栽。

在试管苗多代的继代培养过程中，产生两种现象，即驯化现象和衰退现象。

一、驯化现象

植物组织经长期继代培养，发生一些变化。开始继代培养要加入生长调节物质，其后加入少量或不加入生长调节物质就可以生长，这种现象称为“驯化”(acclimation)。例如，胡萝卜薄壁组织初代培养要加入10^{-6}mol·L^{-1}IAA才能达到最大生长量，但继代培养10代以上，不加IAA照样得到同样的生长量。又如，蝴蝶兰、卡德利亚兰和蕙兰的原球茎增殖培养中，对激素的要求也是如此。发生驯化的原因，可能是继代培养中细胞积累了较多生长物质，因此逐渐减少对外源生长物质的需要。然而，长期“驯化”不一定好，如卡德利亚兰实生苗在长期加香蕉的培养基中继代，会只长芽不长根，芽多而细弱。如补加IAA，几次继代又可长出较多的根。

二、衰退现象

除了驯化以外，长期继代培养的材料也会逐渐衰退（recession)，丧失形态发生能力，具体表现在生长不良、再生能力和增殖率下降等。分化能力衰退的原因不详，但与下列各因素有关。

（一）植物材料

不同种类植物，同种植物不同品种，同一植物不同器官和不同部位，其继代繁殖能力都不相同，一般是：草本植物>木本植物，被子植物>裸子植物；年幼材料>老年材料；胚>营养体组织，芽>胚状体>愈伤组织。

（二）培养基和培养条件

培养基和培养条件适当与否对继代培养影响颇大，所以常常改变培养基和培养条件来保持继代培养。例如，桃茎尖在MS培养基初次培养生长很好，继代培养在同样MS培养基则生长不良，而转入低NH_4—N和Ca，增加NO_3—N、Mg和P的培养基中则能继代培养。KT和BA在杜鹃茎尖初代培养中的效果没有异戊烯腺嘌呤（2iP）好，但继代培养后，KT又优于2iP。石斛茎尖或腋芽培养，在固体培养基形成原球茎后，继代培养要用液体培养基进行振荡培养。

（三）继代培养次数

继代培养次数对繁殖率的影响因培养材料而异。有些植物长期继代培养仍保持原来的再生能力和繁殖率，如葡萄、黑穗醋栗、月季、倒挂金钟等。有些植物则随继代次数而增加变异频率，例如香蕉不定芽变异频率，继代5次为2.14%，10次为4.2%，20次后是100%变异，因此香蕉继代培养不能超过一年；蝴蝶兰连续培养4年后，植株退化不开花。

（四）季节

有些植物材料能否继代培养与季节有关。如水仙鳞茎，六七月份休眠，生长变慢，8月休眠后，生长加快。百合鳞片分化能力：春季>秋季>夏季>冬季。

第三节　快速繁殖中茎尖培养脱毒

由病毒引起作物产量和品质退化的事例甚多。最典型的是马铃薯退化，叶片卷缩或叶花白，产量一年不如一年。这种症状可分为花叶型和卷叶型两个主要类型：马铃薯病毒 PVX、PVY、PVS、PVA、PVM 等是引起花叶病综合症的毒源；而引起马铃薯卷叶病的病毒只有 PLRV 一种。香蕉束顶病（俗称蕉公），叶片越长越短小，病株矮缩，叶片硬直成束，是毁灭性病害，此病的病原是香蕉束顶病毒。柑橘黄龙病也称黄梢病，枝梢发黄。感染后，幼龄树1~2年死亡；结果树衰退，丧失结果能力直到枯死。此病能传播蔓延，是毁灭性病害。它的病原是一种类立克次氏体。苹果有苹果花叶病毒、苹果锈果病毒、苹果绿皱果病毒等多种病毒病。在蔬菜方面，有白菜病毒病、番茄病毒病、菜豆花叶病、葱类黄矮病等多种病毒病。在花卉方面，有国兰花叶病、香石竹驳斑病、菊花斑萎病、菊花畸花病、百合丛生病等病毒病。

一、病毒在植物体内的分布

病毒侵染到感染植株的叶片后，经过一段时间，即向附近细胞增殖转移。转移速度很慢，每小时只有几微米。当叶片内病毒浓度增大到一定量时，就转移到韧皮部，随后通过维管束转移到其他部分。

White（1943）首先发现在感染烟草花叶病毒的烟草植株生长点附近病毒的浓度很低，甚至没有，且病毒含量随植株部位及年龄而异。在这个启示下，随后许多学者试验证实，茎尖分生组织的病毒少或无；马铃薯、菊花、百合、草莓、矮牵牛和鸢尾等茎尖培养脱毒研究得到成功。由于茎尖培养脱毒效果好，后代遗传性稳定，所以是目前生产上最常用的脱毒措施。

为什么茎尖培养能够除去病毒？病毒运转速度慢，加上茎尖分生组织没有维管束，病毒只能通过胞间连丝传递，赶不上细胞分裂和生长的速度，所以生长点的病毒数量极少，几乎检测不出。进行茎尖培养时，切取茎尖越小，带有病毒的可能性就越小（表7-1），但太小不易成活。就不同种类的植物和不同病毒而言，切取茎尖的大小也不相同（表7-2）。茎尖培养除可除去病毒外，尚可除去其他病原体，如细菌、真菌等。应该指出，所谓无病毒苗只是相对而言。因为茎尖还有已知及未知的其他病毒，我们除去的病毒是指主要危害的几种病毒，严格来说，是“无特定病毒的苗”或“检定苗”。

表 7-1　离体茎尖长度对马铃薯脱除病毒的影响

茎尖长度/mm	叶原基数	发育成小植株数	无病毒再生植株数
0.12	1	50	24
0.27	2	42	18
0.60	4	64	0

表 7-2　带病毒植物脱除病毒时宜采用的茎尖大小

植物种类	病毒种类	茎尖长度/mm	品种数
马铃薯	马铃薯 Y 病毒	1.0~3.0	1
	马铃薯 X 病毒	0.2~0.5	7
	马铃薯卷叶病毒	1.0~3.0	3
	马铃薯 G 病毒	0.2~0.3	1
	马铃薯 S 病毒	0.2 以下	5
甘薯	斑叶花叶病毒	1.0~2.0	6
	缩叶花叶病毒	1.0~2.0	1
	羽毛状花叶病毒	0.3~1.0	2
甘蔗	花叶病毒	0.7~0.8	1
大丽花	花叶病毒	0.6~1.0	1

二、无病毒苗的获得

（一）材料的培养和灭菌

为了获得无菌的茎尖，应把供试植株种在无菌的盆土中，放在温室栽培。浇水要浇在土中，不要浇在叶片上。如材料取自田间，可切取插条，在实验室内进行溶液培养。由这些插条的腋芽长成的枝条，其污染程度比直接从田间植株取来的枝条少得多。此外，定期喷施内吸杀菌剂（如 $1\ g \cdot L^{-1}$ 多菌灵和 $1\ g \cdot L^{-1}$ 链霉素）也十分有效。

（二）茎类剥离

取幼苗茎尖 2~3 cm 小段，剥去可见的大叶，放在烧杯内用自来水冲洗 1 h 左右，移入无菌室进行严格消毒。先用 $950\ mL \cdot L^{-1}$ 乙醇快速浸泡一下，再放入 $50\ g \cdot L^{-1}$ 的漂白粉溶液内消毒 7~10 min（也可用市场上出售的次氯酸钠溶液稀释为 $50\ g \cdot L^{-1}$），然后用无菌水冲洗 3~4 次，在双筒解剖镜下一手用细镊子将茎芽按住，另一手用解剖针仔细地将幼叶剥去，最后露出圆滑的生长点（图7－1），用注射的针头侧刃或自制的解剖针，仔细地切取带有1～2个叶原基的生长点，随即接种到试管培养基上进行培养。这样外植体（生长锥带1～2个原叶基）的培养，严格来说，应称为分生组织培养。

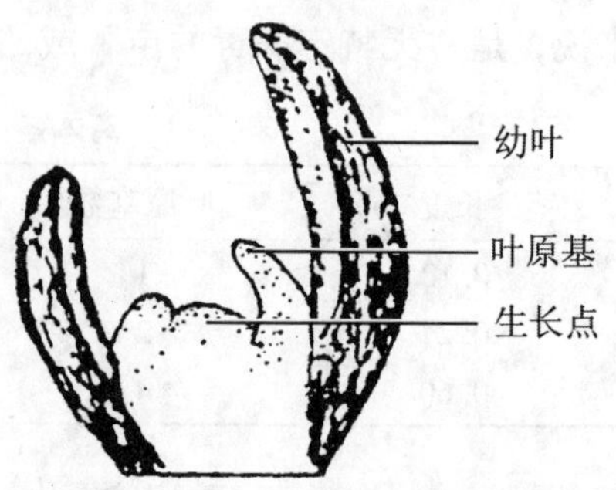

图7－1　带1～2个叶原基的马铃薯茎尖

以上操作必须严格在无菌条件下的超净工作台中进行，所用器具都应浸泡于700 mL·L^{-1}的乙醇中，使用前要在酒精灯上灼烧灭菌，注意不使解剖针、刀太烫，以免损伤组织。解剖镜台应垫载玻片，每剥离一个茎尖应以酒精棉团擦拭，手也应经常用700 mL·L^{-1}乙醇擦拭。茎尖很幼嫩，暴露时间越短越好。因为超净工作台的气流和酒精灯发出的热都会使茎尖迅速变干。

（三）茎尖培养

目前常使用的基本培养基是MS培养基或White培养基，它有较高浓度的无机盐，对促进组织分化和愈伤组织生长是有利的。在培养基中可酌情添加50～100 mL·L^{-1}椰乳、0.1～1.0 mg·L^{-1}的吲哚乙酸、萘乙酸、苄基腺嘌呤等，有的还需添加活性炭。根据培养种类不同，添加的生长调节剂可适当调整（表7－3）。

表7－3　马铃薯茎尖培养基的成分

成分	用量
硫酸镁（$MgSO_4 \cdot 7H_2O$）	125 mg·L^{-1}
磷酸二氢钾（KH_2PO_4）	200 mg·L^{-1}
硝酸钙［$Ca(NO_3)_2 \cdot 4H_2O$］	100 mg·L^{-1}
硫酸铵［$(NH_4)_2SO_4$］	100 mg·L^{-1}
硝酸钾（KNO_3）	1 000 mg·L^{-1}
氯化钾（KCl）	35 mg·L^{-1}
盐酸吡哆醇	1.0 mg·L^{-1}
马铃薯	100 g·L^{-1}
蔗糖	90 000 mg·L^{-1}
琼脂	6 g·L^{-1}

说明：①马铃薯茎尖培养对各种氨基酸和维生素并不表现特殊要求。一般加入蔗糖或葡萄糖就可满足其生长发育的需要。②添加0.01～0.1 mg·L^{-1} NAA茎尖生长更好。

现以葡萄为例，说明茎尖脱毒培养过程（图7－2）。

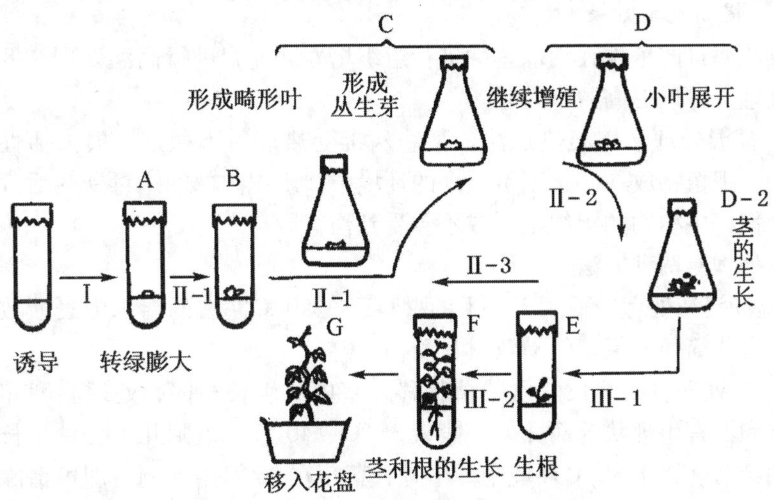

图7－2　葡萄茎尖脱毒培养过程示意图

葡萄茎尖脱毒经过7个时期：A—接种后变绿增大期；B—形成畸形叶期；C—形成多芽和芽伸长期；D—多芽展开小叶和小叶伸长期；E—发根期；F—根和茎伸长期；G—移栽入盆期

培养基Ⅰ—1/2 MS＋6 $BA_{1.0}$＋$NAA_{0.1}$＋$KT_{0.5}$＋$Ade_{4.0}$＋蔗糖30 g·L^{-1}

培养基Ⅱ－1—1/2 MS＋$IAA_{0.2}$＋6 $BA_{1.0}$＋$KT_{0.5}$＋$Ade_{4.0}$＋蔗糖30 g·L^{-1}

培养基Ⅱ－2—1/2 MS＋$IAA_{0.2}$＋6 $BA_{0.5}$＋$KT_{0.5}$＋$Ade_{4.0}$＋蔗糖15 g·L^{-1}

培养基Ⅱ－3—1/2 MS＋$IAA_{0.2}$＋6 $BA_{1.0}$＋$KT_{0.5}$＋$Ade_{4.0}$＋蔗糖15 g·L^{-1}

培养基Ⅲ－1—Galzy培养基＋$NAA_{0.1}$

培养基Ⅲ－2—Galzy培养基

注：除了蔗糖外，其他药物右下角的数字的单位均为mg·L^{-1}

马铃薯茎尖培养需要的最适光强度随发育时期应有所增加。刚培养时是1 000 lx，4周后增至2 000 lx，5～6周后4 000 lx。每天光照16 h。温度以标准室温（25±2 ℃）为宜。

茎尖培养的生长可能有4种类型：（1）组织不增大，不久褐变死亡，这可能是生长点受伤所致。（2）组织渐变绿，但体积增大缓慢，可把组织转到NAA浓度高于0.05 mg·L^{-1}的培养基上，并提高温度以加速其生长。（3）组织基部不产生或少量产生愈伤组织，而生长点发育正常，一个月内可形成无根的小植株，这是最理想的情况。当长有2～3片小叶时，应把小植株转到无生长素的培养基上，促使生根。（4）茎尖基部产生大量愈伤组织，而生长点很少伸长，不理想。这时应把这些愈伤组织转移到无生长素的培养基上，并降低培养温度，以抑制愈伤组织生长促进其分化。

（四）提高脱毒效果

感染了病毒的植株在切取茎尖进行组织培养之前，进行高温处理、低温处理或化学处理，可以提高脱毒效果。

（1）高温处理又称温热疗法。某些病毒受热以后不稳定，失去活性。根据这个原理，把植物放在高于正常温度的环境中，组织内部的病毒受热后部分或全部钝化，但寄主植物的组织很少或不会受到伤害。

高温处理有两种方法：

① 温汤浸渍处理，适用于切下的材料，在50 ℃左右的温水中浸渍数分钟至数小时，方法简便易行，但易致材料受伤。

② 热风处理，将生长的盆栽植物移入室内或生长箱内，处理温度和时间因植物种类和器官生理状况而异。一般为35 ℃ ~40 ℃，短则几十分钟，长可达数月。例如康乃馨置于38 ℃环境中两个月，草莓在36 ℃中6周，即可清除茎尖的病毒。PVX和PVS是马铃薯常见的病毒，单独通过高温处理法或茎尖培养法都不容易消除，如把高温处理和茎尖培养这两种方法结合，就可彻底清除这两种病毒。

每一种植物高温处理有它的临界温度，超出这个温度，或温度虽在此范围内但处理时间过长，组织就受伤。可以采用变温方法，即每天40 ℃处理4 h，16 ℃ ~20 ℃处理20 h，这样，既可保持芽眼的活力，亦可清除芽眼中幼叶的病毒（图7－3）。

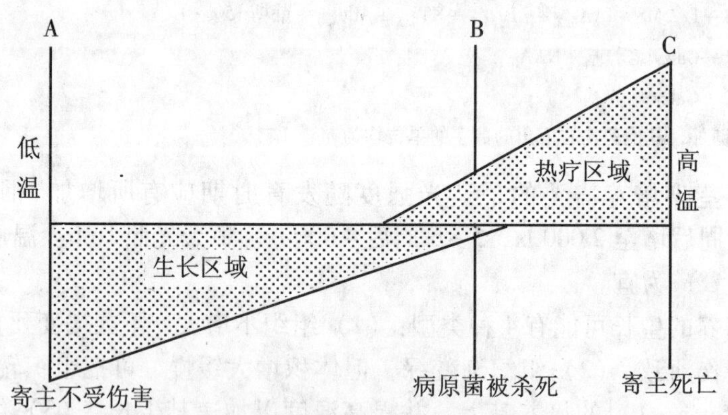

图7–3　植物生长与热疗温度区域的相对关系

B和C分别为寄生病原菌和寄主植物的受热死亡点，

B—C区间即为热疗区域

（2）低温处理，亦称冷疗法。菊花植株在5 ℃条件下分别处理4个月或7.5个月，没有菊花矮化病毒（CSV）的无病毒苗分别是67%和73%，而没有菊花褪绿斑驳病毒（CCMV）的无病毒苗分别是22%和49%，未经处理的茎尖则无脱毒效果。

（3）化学处理，又称化学疗法。一些化学药品如嘌呤和嘧啶类似物、氨基酸、抗生素处理，可在某种程度上抑制植物体内或离体叶片内病毒的合成，但仍不能使病毒失活。近年发现三氮唑核苷可防治一系列动物DNA和RNA病毒，对植物也有效。将感染了马铃薯Y型病毒（PVY）、黄瓜花叶病毒（CMV）或烟草花叶病毒（TMV）的叶柄，培养在三氮唑核苷的MS培养基上，子代植株则除去病毒，而对照则无效（表7-4），说明三氮唑核苷抑制病毒的增殖。

表7-4　烟草外植体在三氮唑核苷条件下培养脱毒情况

供体中的病毒	三氮唑核苷浓度/($\mu mol \cdot L^{-1}$)	子代植株数	无病毒植株/%
PVY	0	67	0
	20.5	52	1.9
	41.0	48	12.5
	205.0	26	100.0
CMV	0	58	0
	20.5	69	21.7
	41.0	54	25.9
	205.0	37	100.0
TMV	0	19	0
	41.0	27	7.4
	205.0	12	83.3

第四节　其他途径脱毒

一、愈伤组织脱毒

感染病毒的愈伤组织细胞并非全部都含有病毒。例如已经感染TMV的烟草愈伤组织，经机械分离后，发现仅有40%的细胞含有病毒。用感染TMV的烟草髓部愈伤组织诱导出的愈伤组织，继代四次后用荧光抗体法检测，几乎不存在病毒。马铃薯茎尖愈伤组织再生植株无PVY病毒概率，高于直接从茎尖培养产生植株的病毒概率。许多试验也报道，从有病毒的草莓、唐菖蒲、老鹳草、大蒜、火葱、款冬等的愈伤组织中，都分化出无病毒的植株。以上事实，可能因为细胞增殖速度快过病毒复制速度，或者细胞产生变异，获得对病毒感染的抗性，最终表现出脱毒现象。

二、珠心胚培养脱毒

柑橘类多胚品种中除一个受精胚以外，尚有多个由珠心细胞形成的无性胚，称为珠心胚。珠心胚与维管束系统无联系，因此由珠心胚产生的植株均无病毒。但珠心胚大多是不育的，必须分离培养才能发育成正常的幼苗。珠心胚培养技术对除去柑橘主要病毒，如引起银屑病、叶脉突出病、柑橘裂皮病、柑橘速衰病等的病毒，都十分有效。

三、茎尖微体嫁接脱毒

木本植物茎尖培养难以生根形成植株。为了克服这个困难，可将实生苗砧木培育在培养基上，再从成年无病毒树枝上切取茎尖（0.14～1.0 mm），在砧木切断面上进行试管微体嫁接，就可获得无病毒的幼苗。利用这个方法，柑橘类嫁接成活率为30%～50%，移栽成活率约95%，嫁接两年后即可结实。应用这个技术，可获得柑橘类没有银屑病植株，桃树没有洋李环斑病毒、洋李矮缩病毒、褪绿叶斑病毒的无病毒苗。

四、培育抗病毒栽培种

上述各方法可以脱毒，但最有效的方法还是培育抗病毒的栽培种，可以一劳永逸。可采用导入抗病毒的原生质体融合技术，得到抗病毒的杂交种。例如烟草和黄花烟草（*N. rustica*）原生质体融合，得到的细胞杂交种，对TMV有抗性；马铃薯栽培种与野生种（*S. chanocoense*）有性杂交产生的后代，可抗PVY的感染。

第五节　脱毒苗的鉴定

利用生长点培养无毒苗的成苗率和脱毒率都非常低，有时无毒株只占千分之几。因此，每一茎尖分化产生的植株，在作为母本生产无病毒原种以前，必须进行特定病毒鉴定。由于在培养的植株中许多病毒具有延迟的恢复期，所以在最初18个月中每隔一定时间仍需进行鉴定。只有对待定病毒显示持续阴性反应的无病毒植株，才能进一步扩大繁殖。无病毒植株容易再被感染，因此在繁殖的不同时期仍需重复进行鉴定。常用的鉴定法有直接测定法、指示植物法、抗血清鉴定法和电子显微镜检查法等。

一、直接测定法

直接观察植株茎叶有无某种病毒引起的可见症状。表 7－5 是马铃薯几种主要病毒的病状，供参考。然而寄主植物感染病毒后需要较长的时间才出现症状，有的并不能使寄主植物出现可见的症状，因此需要更敏感的测定方法。

表 7－5 几种马铃薯病毒种类的症状

种 类	症 状	鉴定寄主
马铃薯 X 病毒，PVX	脉间花叶	千日红、曼陀罗、辣椒、番茄、心叶烟
马铃薯 S 病毒，PVS	叶脉深陷粗缩	苋色藜、千日红、光曼陀罗、昆诺阿藜（*Chenopodium quinoa*）
马铃薯 Y 病毒，PVY	随品种而异，有些轻微花叶或粗缩，敏感品种反应为坏死	野生马铃薯、洋酸菜、曼陀罗
马铃薯卷叶病毒，PLRV	初侵染幼叶尖呈浅黄白色，有些品种呈紫色或红色	洋酸菜

二、指示植物法

利用病毒在其他植物上出现症状的特征，作为鉴别种类的标准。这种专用以产生症状的寄主即为指示植物，又称鉴别寄主。指示植物分为两种类型：一种在接种后产生的症状可扩张到非接种部位，另一种只在接种部位产生病斑。接种时取待测植物的幼叶，加少量水及等量 0.1 mol · L^{-1} 磷酸缓冲液（pH 值 7.0），磨成匀浆，吸取少量浆液揩抹在事先涂有 500～600 目金刚砂（有利于破损叶片表面细胞）部分，轻轻摩擦，务必使浆液能侵入叶片表皮细胞，但又不损伤叶片。5 min 后用水冲洗叶面。将被接种的指示植物置于有防蚜虫网罩的温室内，15 ℃～25 ℃，如接种植物的浆液含有病毒，数天至几周后，指示植物即出现可见的症状。较常用的指示植物有苋色藜（*Chenopodium amaranticolor*）、昆诺阿藜（*C. quinoa*）、千日红（*Gomphrena globosa*）和各种烟草等。

三、抗血清鉴定法

植物病毒是由核酸和蛋白质组成的核蛋白复合体，因而也是一种抗原，注射到动物体内即产生抗体，抗体存在于血清之中，称为抗血清。由于不同病毒产生的抗血清都有特异性，用特定病毒的抗血清来鉴定该种病毒，具有高度专一性和特异性，几分钟至几小时即可完成，方法简便，所以成为植物病毒鉴定中最有用的方法之一。抗血清鉴定首先要进行抗原的制备，只有获得高纯度的抗原，才有可能获得高度纯净的抗血清。抗血清的鉴定法主要根据沉淀反应原理，具体测定有试管沉淀、凝聚试验、免疫扩散、免疫电泳、荧光抗体技术和酶联免疫吸附试验等多种方法。

四、酶联免疫吸附法

这是用酶标记抗原或抗体的微量测定方法。将抗体固定在支持物上，加入待检植物组织提取液，然后加入酶（过氧化物酶或碱性磷酸酶）标记的抗体，再加入底物，底物经酶催化，吸收波长发生变化，因而可用分光光度计鉴定。此法灵敏度极高，检测大量样本时特别实用。

五、电子显微镜检查法

此法可直接观察到病毒微粒是否存在，病毒颗粒的大小、形态和结构。由于这些特征相当稳定，故对病毒鉴定是很重要的。通常所用的技术包括投影法、背景染色法、表面复形的制备与扫描电镜法，以及超薄切片法。

六、免疫吸附电镜法

这是电镜结合血清学检测病毒的方法，也称为陷入法。其基本过程是：将少量稀释抗血清加到电镜铜网的膜上，孵育约 30 min，一层血清抗体蛋白质就被吸附在膜上，除去过量蛋白质，加入一滴病毒悬浮液或感染组织的提取液，1 ~ 2 h 后原来吸附在铜网上的抗体陷入同源的病毒颗粒上，在电镜下即可见到病毒粒子。

第六节　脱毒后防病毒再感染

一、无病毒苗的隔离保存

无病毒苗一旦得到后，就应很好地隔离保存。这些原种材料保管得好，可以保存利用 5 ~ 10 年，在生产上就可经济有效地发挥作用。针对病毒传染途径提出对应措施：

（1）昆虫传染病毒，特别是蚜虫。所以无病毒苗应种植在隔离网室中，网纱 300 目，孔径为 0.4 ~ 0.5 mm，以防止蚜虫或其他昆虫进入。

（2）土壤传染病毒。病毒会以土壤中的真菌和线虫为媒介，进入无病毒苗，所以栽培土壤应进行消毒，周围环境也要整洁，及时打药。

（3）接触传染病毒。已感染病毒的发芽马铃薯块茎在贮存、运输和播种操作中会传染病毒。在田间，病株的病毒可通过工具、衣服接触传染病毒。

生产场所应做好防蚜虫和土壤消毒工作。有条件的地方，可找适合的海岛或高冷山地，气候凉爽，虫害少，有利于无病毒材料的生长、繁殖。

二、无病毒苗的长期保存

脱病毒苗一般每月继代一次，比较麻烦；品种资源的脱病毒苗也需要较长期的保存。较安全、简化的保存办法有以下几种：

（1）在培养基中加生长延缓剂。以 MS 培养基为基本培养基，除去全部植物生长调节剂，加入 1×10^{-5}（10 ppm）的 B_9 或矮壮剂。培养基的量应比平时用得稍多，每瓶 3～4 个幼苗，保存在 1 000 lx 弱光和 5 ℃～25 ℃低温下，这样可隔 2～3 个月或稍长时间再继代一次。

（2）低温保存。试管苗长到 2 cm 左右，放在 4 ℃冰箱内的暗处保存，可保存 1 年左右。

（3）超低温保存。试管苗在液氮低温 －196 ℃中保存，细胞的代谢和生长完全停顿，可长期保存。

第八章　生殖细胞培养

生殖细胞是指生物能繁殖下一代的细胞。一般指卵和精子，以及一切产生卵和精子的细胞。而本章植物生殖细胞培养的内容更加广泛，包括花药和花粉培养、子房胚珠培养、离体受精、胚培养和双受精后另一产物——胚乳的培养。实践证明，这些细胞具有全能性，已经培养成功，可以再生植株，在改良植物品种上起了重要作用。

第一节　花药和花粉培养

植物的花粉是花粉母细胞经减数分裂形成的，其染色体数目只有体细胞的一半，叫做单倍体细胞（haploid cell）。花粉和花药的培养（pollen and anther culture）是指花粉在培养基上改变其正常发育和机能，不经受精而发生细胞分裂，由单个花粉粒发育成完整植株的技术。用离体培养花药的方法使其中的花粉发育成一个完整的植株，叫做单倍体植物（haplobiont）。

1973 年我国首次报道了小麦花药培养获得再生植株，到现在为止，许多农作物及经济植物通过花粉培养都能诱导成植株。目前，花药培养这一细胞工程技术已经成为植物育种和种子生产的重要手段，我国在花药培养和单倍体育种工作上，一直处于国际先进水平。

一、花药培养与单倍体育种

花药培养的主要目的是培育起源于花药内部花粉粒的单倍体植株，并使单倍体加倍，作为育种材料的来源。利用雄株的花药离体培养获得的再生植株，是由不同基因型的配子发育而来的，具有十分丰富的变异类型，选择出有利的变异类型，利用茎尖培养扩大繁殖，经过经济性状鉴定后，选出优良者配制杂交组合，获得优良杂交种子（图 8 - 1）。

以花药培养为基础的单倍体育种技术在我国受到重视。花粉植株经染色体加倍而来的二倍体，在遗传上是纯合的，其自交后代不再分离，可以比常规的杂交育种方法缩短育种周期。以芦笋为例，通过雄性雌雄株（Mm）培育雄株纯系，需连续自交 6 代，而通过花药培养的方法，只需要 2 年时间。一般杂交育种要 8 ~ 10 种才能得到遗传性能稳定的纯雄后代，而花药培养只需要 2 年时间，大大

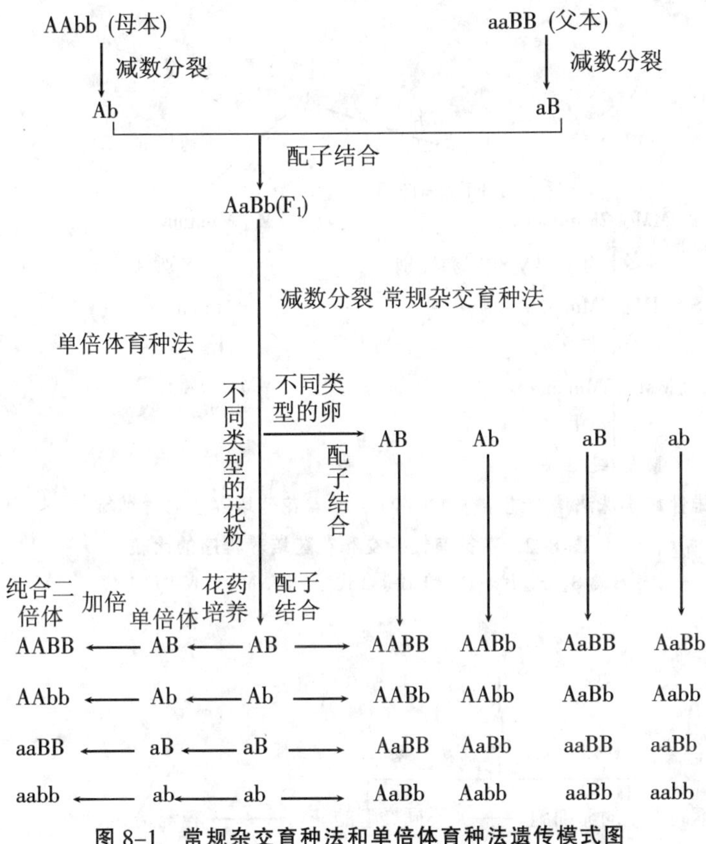

图 8-1　常规杂交育种法和单倍体育种法遗传模式图

缩短育种年限（图 8－2）。另外，花药单倍体育种法的育种程序比常规杂交育种的程序要简化（图 8－3）。花药培养方法是育种的途径之一，我国已通过这个途径育成了小麦、水稻、烟草、油菜、橡胶等的新品种（系），有的已推广应用。

二、花药培养技术

（一）培养方法

用于花药或花粉培养的供体植株，在生长条件下，从幼年的植株取出花药。由于花粉发育时期和花蕾的某些外部形态特征（如花冠筒长度和花冠露出花萼的时间等）之间存在大致的相关性，因此可以利用这些外部标志，去选择大致处于所需要时期的花蕾。在实验中从每个花蕾取出一个花药，通过镜检确定花粉发育的准确时期。

在水稻中，以单核靠边期的花粉对诱导单倍体植株较为适宜，在外部形态上

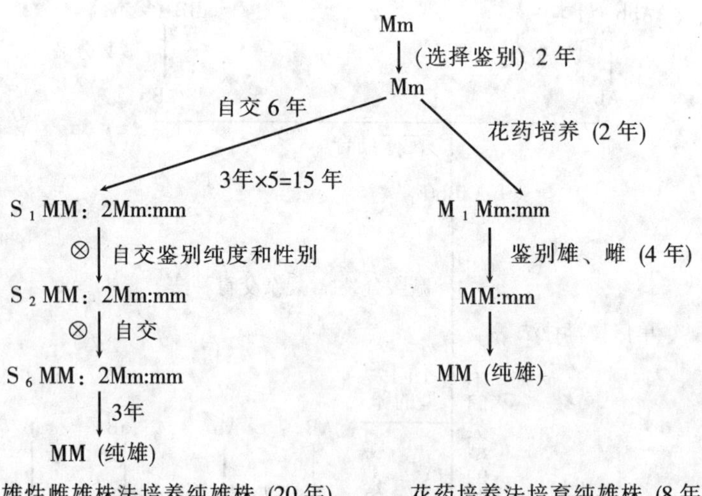

图 8-2　芦笋有性杂交和花药培养程序的比较

S_1、S_2、S_6 代表自交 1 代、2 代、6 代；M_1 代表组培 1 代

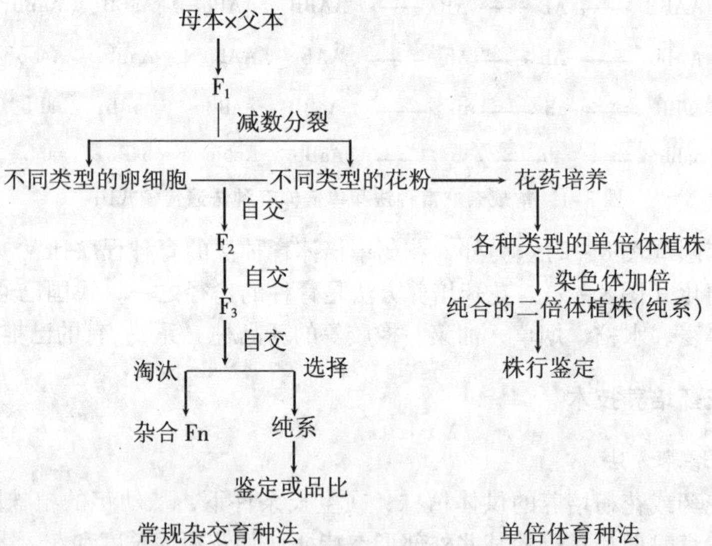

图 8-3　自花传粉作物常规杂交育种和单倍体育种程序比较

可根据叶枕距为 5 ~ 15 cm、颖片淡黄绿色、雄蕊长度接近颖片长度的 1/2 这些条件鉴定。在取穗前先将旗叶鞘用 700 mL · L^{-1} 乙醇擦洗一遍。在超净工作台内剥去旗叶鞘，取出稻穗，放入 100 g · L^{-1} 漂白粉溶液中消毒 10 min，换无菌水洗一

次。在取花药之前用700 mL·L^{-1}乙醇将手擦洗两遍。取花药时左手持穗，右手用镊子从颖壳中取出花药，放在无菌培养皿中，待花药有一定数目时，用接种环将它们接种到培养基上。培养5 d后，花药逐渐变为黑褐色，20 d左右花药裂开，从中长出淡黄色的花粉愈伤组织，先形成芽，后长出根，形成幼苗。

烟草花药培养的最适取样期是花粉为单核期的花蕾，此时花蕾的花冠大约与萼片等长。芦笋花药培养的最适取样期也是单核期的花粉，花蕾长为2～2.5 mm，选取一级侧枝的花蕾较为合适，因为在一级侧枝的花蕾发育良好，数量大，发育同步。烟草花药消毒方法基本与水稻花药培养相同。

必须注意整个操作过程中避免花药受到损伤，要淘汰受伤的花药，因为损伤常常会刺激花粉壁形成二倍体的愈伤组织。

花药培养一般是由光照（12～18 h，5 000～10 000 lx，28 ℃）和黑暗（12～16 h，22 ℃）周期交替进行的。

（二）影响花药诱导频率的因素

在诱导花粉进行雄性发育（指小孢子沿孢子体途径发育成花粉植株）过程中，花粉发育时期是影响培养效果的重要因素。不同物种花粉最适的发育时期不同，对多数植物来说，单核中期或晚期的花粉最容易形成花粉胚或花粉愈伤组织。如南洋金花、烟草和芍药中的最适时期是在花粉第一次有丝分裂时期或稍前后（表8－1），很多禾本科植物的花药是在单核早期（大麦）或单核中期（玉米、小麦）反应最好，番茄在减数分裂中期时更适宜。

表8－1　南洋金花花药培养中花粉发育时期对花粉植株形成的影响

花粉发育时期	接种花药数	产生小植株的花药数	产生小植株花药的比例/%
四分体或幼龄小孢子	35	13	37
中期液胞化小孢子	27	17	63
核完成DNA合成的小孢子	113	96	85
花粉第一次有丝分裂	20	19	95
双核早期	122	84	69
累积淀粉之前非液胞化花粉粒	116	16	14

花药供体植株的生长条件对花药培养反应的影响很大。水稻、小麦、大麦等禾本科植物，主茎穗诱导率明显高于分蘖穗花药愈伤组织的诱导率。在高纬度、高海拔地区栽培的小麦，花药培养的成功率较高。

培养基是花药培养中影响花粉启动和再分化的重要条件，培养基成分是否合适往往是决定花药培养成功的关键之一。为了提高花药的诱导频率，我国科学工作者对水稻、小麦的花药培养基做了改进，研制出 N_6 培养基。在 N_6 培养基上，水稻花粉的出愈率大幅度提高。N_6 培养基的特点是铵离子浓度较低。随后，有实验室进一步降低铵盐和硝酸盐浓度，同时附加生物素，研制出 C_{17} 和 W_{14} 培养基，它们可以大幅度提高小麦的花药出愈率。我国还提出了一个以马铃薯提取液为基本成分的马铃薯培养液，现在被广泛地应用于小麦花药培养，效果良好。

培养基中的植物生长物质的种类会影响花粉发育的途径（形成胚状体还是形成愈伤组织），以及影响到花药不同倍性组织的生长或抑制。一般在禾本科植物中，常用 1 ~5 mg · L^{-1} 2, 4 – D 或 NAA 诱导花粉愈伤组织形成，再将愈伤组织转移至降低或去除生长素或补加细胞分裂素类物质的分化培养基上，以诱导器官分化和再生植株形成。以草莓花药培养为例，花药在 GD 培养基附加 1 mg · L^{-1} 2,4 – D 培养愈伤组织形成率最高，愈伤组织形成后转入分化培养基中，分化培养基中通常除去生长素，添加细胞分裂素，常用配方是 MS 培养基加 1 mg · L^{-1}6 – BA。

在一些茄科植物里，如烟草、曼陀罗、辣椒、茄子等，花药培养常形成胚状体。在有些情况下，花药即使培养在不含任何植物生长物质的培养基上也可以形成胚状体。

在曼陀罗的花药培养中，在加有 150 ~300 mL · L^{-1}的椰乳或 100 mL · L^{-1}的李子汁的 Nitsch 培养基上，花药能长出胚状体。培养基中糖的种类和浓度、铁盐及活性炭等成分的作用也是微妙的。培养基中糖的种类对花粉胚的诱导和分化有显著影响。朱至清等（1990）报道在过滤灭菌的条件下，若以 0. 21 mg · L^{-1} 葡萄糖取代液体培养基中同等浓度的蔗糖，小麦花粉胚的诱导频率可增加 2 ~ 10 倍。一般说来，高蔗糖浓度可以抑制体细胞的生长而对花粉的生长无妨碍。对烟草的最适蔗糖浓度为 30 g · L^{-1}，水稻为 30 ~60 g · L^{-1}，玉米则为 120 ~150 g · L^{-1}。

铁盐也影响胚状体的发育，在不含铁或铁含量低于临界浓度（40 μ mol · L^{-1} Fe – EDTA）的培养基中，烟草花粉胚停止在球胚形阶段。有些情况下，培养基中加入活性炭能促进花药培养，如烟草花药在含 20 g · L^{-1} 活性炭培养基中，形成单倍体植株的花药频率可由 41%（不加活性炭）提高到 91%。

低温预处理可以提高花粉胚的诱导频率，这在水稻、小麦、黑麦、石刁柏等植物上都有成功的报道，但各种植物要求预处理的温度和时间不同。以 1 ℃ ~ 5 ℃ 预低温处理小麦幼穗，能提高花粉愈伤组织的产量。在 4 ℃下冷冻石刁柏花蕾，预处理 4 d、8 d 和 12 d，愈伤组织诱导率比室温对照分别提高 2. 4 倍、1. 9 倍和 1. 5 倍。但也有报道指出，处理温度越低或处理时间越长，对培养反应的抑制作用越大。也有报道指出，用放线菌素 D 预处理小麦花药，可显著提高花粉愈伤组织获得率。

培养温度是影响花药反应的一个重要因素。小麦要求在高温培养 64 d 后，再转入28 ℃～30 ℃下培养。如果一直在高温下培养，效果不好。较高的温度虽能诱导较高频率的花粉愈伤组织，但愈伤组织分化白化苗的频率也随之提高。目前，控制培养温度仍是减少白化苗的一个有效措施。

（三）花粉植株的诱导途径

根据小孢子最初几次分裂的方式，可将离体条件下花粉形成孢子体的途径分为4种（图8－4）。

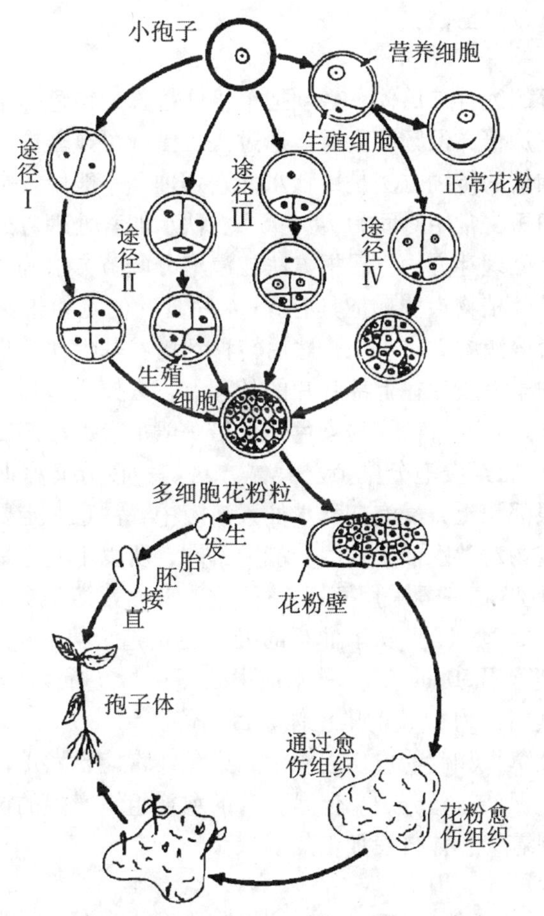

图8－4　在花药培养中由花粉粒形成孢子体的各种途径

（1）单核小孢子进行一次均等分裂，形成两个等同的子细胞都参与孢子体的发育。这种途径在南洋金花中相当普遍。

（2）单核小孢子先进行一次正常的非均等分裂，然后通过营养细胞的进一步分裂形成孢子体。生殖细胞或不再分裂，或分裂1～2次后即行退化。这种途径在烟草、大麦和辣椒中都普遍存在。

(3) 花粉胚主要由生殖细胞单独形成，营养细胞或是完全不再分裂，或只分裂几次即停止。如天仙子具有的途径。

(4) 与第二种途径相同，形成一个营养细胞和生殖细胞，不同的是两个细胞都进一步分裂，并参与孢子体的形成。这种途径只见于南洋金花中。

花药发育类型产生的差异，有人认为是由于接种时花粉的年龄不同造成的。

三、单倍体植株的二倍化

为了得到可育的纯合二倍体，必须把单倍体植株的染色体组加倍。在花粉植株中染色体可自发加倍，但频率极低。通过人工措施可显著提高加倍频率。

诱导染色体加倍的传统方法是用秋水仙素处理。一般用较高浓度的秋水仙素溶液，处理的时间短，常用时间为24~96 h。秋水仙素处理方式多样化，如可用浸泡试管苗方法、处理芽方法、浸根方法或浸泡分蘖节方法等。

以烟草等双子叶植物为例，把具有3~4片真叶的花粉植株浸于过滤灭菌的4 g·L^{-1}秋水仙素溶液中24~48 h，然后转移到培养基上使其进一步生长。也可将含有秋水仙素的羊毛脂涂在上部叶片的腋芽上，去掉主茎顶芽，促进侧芽长成二倍体的可育枝条。禾本科植物的染色体加倍一般加有助渗剂二甲基亚砜（10~20 g·L^{-1}）的秋水仙素浸泡分蘖节。具体方法是：在分蘖盛期，将花粉植株从土中挖出，洗净根部泥土，浸泡在秋水仙素溶液中，注意一定要将分蘖节浸入药液中。由于不同植物对秋水仙素的耐受能力不同，所以不同作物的秋水仙素处理浓度和时间不同。小麦一般采用0.4 g·L^{-1}秋水仙素溶液处理8 h，水稻则用2 g·L^{-1}秋水仙素处理24 h。秋水仙素的处理也会造成染色体和基因的不稳定。一个甘蔗杂种的细胞用50 mg·L^{-1}秋水仙素处理4 d，进行培养后，获得了1 000多个再生植株，其中大约45%的染色体数目加倍。

在已分化的烟草根和髓的愈伤组织中，染色体常能自发加倍，因为培养基含有细胞分裂素类，促使有丝分裂。但是，叶的愈伤组织产生的苗仍是单倍体。在细胞培养中也存在着染色体自发加倍的现象。

第二节　子房胚珠的培养

在胚胎培养中，未授粉的子房、胚珠培养可能进行孤雌生殖，与花药和花粉培养一样获得单倍体植株，对植物遗传育种有重要意义。主要途径在于通过单倍体植株加倍，可快速获得异花授粉植物的自交系和无性系，并迅速发现隐性突变；另外，可以通过单倍体培养中的变异创造新的种质资源。胚珠培养还是研究离体受精的基础。受粉之后的子房培养和胚珠培养，可以克服远缘杂交中的败育，使一些中间杂交胚正常发育并萌发。

一、未授粉子房和胚珠的培养

未授粉的胚珠培养研究早在20世纪30年代就开始了。Wither在1942年使兰花胚珠培养获得成功，缩短了从授粉到种子成熟的时间。到了20世纪70年代，利用未授粉的子房培养，获得了一批单倍体植株如大麦、小麦、水稻、玉米和烟草等。单倍体的来源可以是由助细胞或胚囊的无配子生殖，也可以来自卵细胞、助细胞、反足细胞以及非正常发育的大孢子四分体。而未授粉胚珠的培养进展比较缓慢，直至20世纪80年代才获得成功。Caynet－sitbon首次用非洲菊未授粉胚珠获得单倍体植株，以后逐步获得了橡胶、向日葵、烟草等多种植物的单倍体植株。

子房或胚珠培养中常用的培养基主要有White、Nitsch、MS、MT和N_6等。特别需要注意的是，不同发育时期的子房、胚珠的生理状态需要不同的培养条件，需要在培养基中添加不同的激素、生长物质和不同浓度的蔗糖等。对未授粉的子房和胚珠培养来说，大都需要加入激素。而激素的种类和浓度需要在实验中摸索。例如，在橡胶的胚珠培养中，诱导愈伤组织需要加入6－BA、2,4－D和NAA，而诱导胚状体则需要KT与NAA的配合。在子房和胚珠离体培养中，经常要在培养基中添加一些有机物质。常见的有麦芽汁、酵母提取液、水解酪蛋白、椰子汁和氨基酸等。一般来说，在诱导愈伤组织形成的培养基中，蔗糖的浓度变化范围较大，从15 g·L^{-1}至100 g·L^{-1}不等。例如，在诸葛菜胚珠愈伤组织分化中，15 g·L^{-1}的蔗糖效果好；利用三叶橡胶树的胚珠培养，诱导产生胚状体时的蔗糖浓度为80 g·L^{-1}。一般诱导愈伤组织时蔗糖的浓度高些。

未授粉子房和胚珠培养后，可以诱导产生愈伤组织或者体细胞胚状体，进而再生植株。例如，在巴西橡胶未授粉胚珠培养中，在附加2,4－D和KT的培养基上获得了不同类型的愈伤组织。其中，具有强烈分裂潜势的愈伤组织来源于珠被维管组织。研究还发现，外珠被表皮细胞还可产生胚状体。愈伤组织和胚状体都可进一步再生植株，并获得单倍体幼苗。又如，棉纤维是经胚珠表皮细胞分化形成的。多年来，采用胚珠培养研究纤维形成和影响因素的报道较多。

二、授粉子房和胚珠的培养

20世纪40年代末和50年代初，Nitsch等建立了子房培养技术，将黄瓜和番茄授粉后的子房进行培养，获得了成熟果实和具有生活力的种子。

已授粉胚珠的培养，主要是让杂交胚珠在适宜的培养条件下生长发育。正常萌发对授粉后子房和胚珠培养，一般加入细胞分裂素类物质如激动素，可以促进胚的生长和分化。而生长素和赤霉素对罂粟和棉花胚珠培养有抑制作用；但是在矮牵牛、凤仙花的培养中，生长素有促进作用。

有人通过对葡萄大败育类型的已授粉胚珠进行培养，总结出技术路线为：盛花后 60 d 取胚珠→1/2MS 液体培养 120 d→1/2MS 固体培养基加 BA 0.2 mg·L^{-1} 和 5 ℃低温 30 d→25 ℃ ±2 ℃左右培养使胚萌发→1/2MS 固体培养基（不含激素）成苗培养，利用这种方法获得了无核杂交植株 200 多株。有报道，对 5 个杂交组合的无核葡萄进行胚珠培养，使之形成胚。胚萌发后再进行成苗培养，在发育胚出苗率最高的组合中，获得了 24% 的植株。这种胚挽救技术在生产上的应用前景十分好。

三、影响子房和胚珠培养的因素

实践表明，影响子房和胚珠培养的因素包括子房和胚珠的基因型、供体植株的生理状态、胚囊发育时期、培养基、接种方式、花器附属物影响、培养条件等方面。各个因素之间还存在着复杂的相互作用。

（一）基因型

基因型对培养效果的影响特别大，培养的难易首先就取决于基因型。例如，在甜菜的胚珠培养过程中，愈伤组织诱导和芽再生都与基因型有关。向日葵未受精胚珠培养中，不同品种在培养中的反应差异十分显著。

（二）生理状态

供体植株的生理状态主要取决于环境状况，例如温度、光强、日长、光波长、植株营养状况、环境胁迫等。非洲菊胚珠愈伤组织诱导实验中，一种基因型在春季表现最好（诱导率超过 30%），在夏季诱导率跟其他基因型相近，在秋季表现更差。另一种基因型则有不同的反应，在春季和夏季诱导率最低，而秋季时诱导率可达 22%。对芽再生来说，基因型和收集胚珠的日期都有影响，秋季胚珠愈伤组织的出芽率最高。甜菜胚珠培养中，低温处理供体植株可促进再生植株的形成。

（三）胚囊发育时期

周嫦等（1983）对多个水稻品种进行比较实验，结果表明，大孢子母细胞至四分体时期的幼小材料，一般难以产生雌核发育愈伤组织。完全发育成熟的胚囊虽然可被诱导，但频率不甚高。最适于接种的时期是由单核至四核胚囊阶段。油菜成熟子房（开花前一天）的胚珠增生频率显著高于幼嫩子房，说明油菜子房培养以成熟子房接种为宜。大麦胚囊发育时期与花粉发育时期具有相关性（表 8-2），可参考花粉的发育状况来选择合适发育时期的胚囊进行子房或胚珠的培养。

表 8－2 大麦胚囊发育时期与花粉发育时期的相关性

花粉发育时期	胚囊发育时期
单核中期	大孢子四分体
单核靠边期	单核至四核胚囊
二核花粉	八核胚囊
三核花粉	成熟胚囊

（四）其他因素

在使用固体培养基进行未授粉子房培养时，培养方式十分重要。因为子房壁与花药壁不同，营养物质的通透性差。在大麦子房培养中，幼花直插入培养基的效果比子房平放的效果好得多。另外，在胚珠培养时，胎座组织的存在与否有时也有很大影响。一般来说，保留胎座对生长有利。

（五）外植体消毒

外植体的消毒方法应视材料而定。一般都要经过 700 mL · L^{-1} 乙醇短暂表面消毒，再用 100 g · L^{-1} 的次氯酸钠（钙）溶液消毒 5 ~ 15 min，无菌水洗后，吸干表面水分，将材料放入无菌的培养皿中，将子房或胚珠取出培养。

第三节　离体受精

离体受精也称为试管受精，是指在离体的、人工控制的环境下，精、卵细胞融合形成合子。包括配子分离、雌雄配子融合、人工合子培养 3 个主要过程。离体受精可以在细胞水平实现远缘杂交，异种植物的单倍体精、卵细胞融合可克服体细胞杂交中的杂种倍性问题；此外，杂种合子以胚胎发生方式再生植株，后代遗传稳定；如果利用合子作为转基因的受体细胞，还可使植物转基因研究的后期工作简单化。因此，离体受精不仅在研究植物生殖过程的理论上具有重要作用，还在植物育种方面具有巨大的潜在应用前景。

1960 年 Kanta 首先报道了将花粉的悬浮液直接注射到罂粟的子房内获得了罂粟种子；继而他们又从罂粟子房中获取胚珠，通过离体受精也获得了种子。那时的离体受精从严格意义上来说，应该是离体授粉，因为是在胚珠（或柱头）上授粉，然后通过胚珠或子房培养完成受精和胚胎发育，形成有萌发力的种子。20 世纪 90 年代成功的精、卵离体融合才是严格意义上的离体受精。与动物和低等植物相比，被子植物的雌雄配子被体细胞组织层层包裹，分离一定数量并具有生活力的精、卵细胞是成功地实现离体受精的前提。

一、配子的分离

一般分离精子细胞的方法有3种：渗透压冲击法、酶解法和挤压研磨法。渗透压冲击法是将花粉放在不同渗透值的溶液中，使花粉在低渗透溶液中破裂散出精细胞。这一方法的优点是可以获得大量的精细胞，缺点是如果渗透压不合适则会伤害细胞。Cass（1973）首次将大麦花粉粒放到含有200 $g\cdot L^{-1}$蔗糖的培养基溶液中获得了精细胞。酶解法是将花粉置于含少量纤维素酶和果胶酶的低渗蔗糖溶液中保温酶解，花粉原生质体释放出来，进一步得到精细胞。挤压研磨法是将花粉悬浮于合适的渗透介质中，用机械压力或玻璃匀浆器轻轻研磨，使花粉壁破裂释放出精细胞。上述方法得到的精子还要经过过滤、离心等方法纯化精细胞。

二、胚囊及雌配子体的分离

与精细胞的分离相比，卵细胞的分离难度更大。主要有3种方法：酶解法、解剖法和酶解后再解剖的方法。胡适宜等（1985）最早将烟草胚珠酶解后轻轻挤压而分离出高等植物的卵细胞。在烟草卵细胞分离中，利用1 mL酶液可从6 000个胚珠分离出近300个胚囊，最后得到约50个卵细胞。在第一例离体受精成功的试验中，将玉米胚珠酶解1 h后再用玻璃针解剖出胚囊细胞，平均每20个胚珠可分离出5个卵细胞（25%），最高可达50%。由于酶对细胞有影响，采用不含酶液的解剖方法可以使离体受精过程更加接近体内状态。有人对大麦受精前后的胚珠采用刺破中央细胞，使胚囊内部膨压减小的方法，从而释放出卵细胞和合子。

三、精、卵融合

精、卵融合方法包括：(1) 微电融合。这是最早进行玉米精、卵融合取得成功的方法，融合率高达85%。但需要依赖特制的自动化操作系统，难以推广。(2) 高钙、高pH值介导融合。后来进一步尝试了在高钙（0. 05 $mol\cdot L^{-1}$ $CaCl_2$）与高pH值（11）的条件下介导玉米精、卵融合，融合产物培养成含30~50个细胞的微愈伤组织。(3) 一般钙条件下的融合。在5 $mmol\cdot L^{-1}$ $CaCl_2$ 条件下，玉米精、卵在数分钟内粘贴，然后在10 s的瞬间融合，融合率高达近80%。(4) PEG（聚乙二醇）诱导融合。PEG是原生质体融合最常用的诱导剂，孙蒙祥等对这一常规方法加以改进，实现了包括雌、雄性细胞在内的多种组合成对融合。此法无需采用价格高昂的显微操作与微电融合设备即可有目的地选择。

有人曾用玉米卵细胞与高粱、小麦、大麦和油菜的精细胞杂交，除油菜外，其他几种杂交都获得了相当比例的杂种多细胞团。随后，小麦、水稻离体合子培养再生完整植株相继获得成功。最近，我国一些研究者对双子叶植物烟草离体受精的研究也进行了一些探索，并取得了一定的进展。结合转基因技术，相信随着研究的不断深入，人们对被子植物受精过程、合子细胞周期调节以及早期胚胎发育将会有一个较全面的综合认识，以合子为受体的转基因途径也将在基因功能研究和农作物改良中得到广泛应用。

第四节　胚　培　养

Hanning 在 1904 年首次发现，萝卜和辣根菜的胚在离体条件下可以发育并形成小苗；Laibach 在 20 世纪 20 年代末利用亚麻种间杂种幼胚培养，成功获得了杂种植株，克服了亚麻种间杂交的不亲和性，开创了利用胚培养技术挽救种间杂交败育问题，为远缘杂交育种寻找了新的技术。1933 年，我国科学家李继侗先生发现胚乳提取物能够促进银杏离体胚的生长，这一研究为利用天然物质促进培养物生长提供了线索。

在高等植物的种间和属间进行远缘杂交时，经常发生花粉不能在异种植物上萌发，或虽然萌发但花粉管不能正常生长而深入子房等不亲和的现象，或出现由胚乳发育不良使杂种胚败育的现象。这些在一定程度上可以通过胚培养途径来克服。例如，为了使亚洲棉的早熟、抗性等优良性状转移到陆地棉，将两者进行杂交，但由于胚乳发育不正常，导致幼胚缺乏营养而死亡。从传粉后 30 d 蒴果中取出的幼胚进行培养，可正常生长直至获得幼苗。这样的培养在许多果树的远缘种、属间杂交育种中得到应用。

胚培养还可克服种子休眠，提高发芽率及缩短育种周期。例如，蔷薇属植物的栽培品种经常需要 1 年才可开花，通过胚培养获得的幼苗 2 ~3 个月就可开花。离体胚培养还在提高植物抗性、改良品质方面起作用。果树是多年生植物，育种周期长，其中一部分树种、品种或它们的杂种后代会出现胚败育（即胚在母体内不能正常发育）的现象。胚培养技术的应用不仅克服了胚败育问题，还大大缩短了育种周期，对推动果树育种尤其是特早熟品种育种发挥了重要作用。

植物胚培养可分为幼胚（immature embryo）培养和成熟胚（mature embryo）培养。胚的发育是一个动态系统，胚龄是指从授粉开始到剥离培养的时间。一般来说，胚龄越小，对培养基的要求越复杂。幼胚培养所要求的条件比较苛刻，例如葡萄幼胚培养的合适时期在 4 ~50 个细胞，直接培养很难成活。可采用胚珠培养，使胚在珠被中长大，然后将胚取出培养。到目前为止，已经对许多作物、果树、园艺植物进行了胚培养，在生产实践中发挥了很好的作用。

一、培养条件

胚培养中，幼胚的基本培养基多采用 MS 培养基，核果类胚发育较完善时，多采用 Tukey 培养基。在柑橘上，也有人采用 MT 培养基。另外，White、Nitsch 培养基也经常被使用。胚培养中多使用固体培养基，但也有采用液体培养基培养成功的。

激素的使用可根据不同的材料和胚的发育途径进行调整。而有机物物质和蔗糖的使用浓度也不相同。例如，有人以糯米糍、三月红、黑叶和妃子笑 4 个荔枝品种为试材，对其 20 d、30 d 和 50 d 龄幼胚进行培养，在 MS 基本培养基上，根据试验的要求，附加不同种类和浓度的植物激素，发现胚龄不同，胚的萌发率和愈伤组织诱导率有较大的差距，例如糯米糍以 30 d 龄的幼胚愈伤组织诱导率最高；在含 2,4 - D 2 $mg \cdot L^{-1}$、BA 0.5 $mg \cdot L^{-1}$ 和 NAA 0.2 $mg \cdot L^{-1}$ 三种激素配合的培养基上，诱导胚性愈伤组织形成的效果最好；在含 2,4 - D 4 $mg \cdot L^{-1}$、BA 1 $mg \cdot L^{-1}$ 和 NAA 0.1 $mg \cdot L^{-1}$ 的培养基上，胚性愈伤组织迅速分化，并形成体细胞胚胎；在含低浓度 NAA 和 IBA 的培养基上，体细胞胚胎发育成完整小植株。

二、离体胚的生长方式

离体胚，特别是幼胚培养后，常见的生长和发育方式有 3 种（图 8-5）。第一种方式在幼胚培养中常见。当幼胚接种到培养基上之后，仍然按照在活体内的发育方式进行生长发育，形成成熟胚。再按照种子萌发途径出苗形成完整植株，这种方式叫做胚性发育（embryonal development）。第二种方式称为早熟萌发（early mature sprouting），离体胚不再继续胚性生长，而是迅速萌发成苗。一般情况下，一个幼胚发育成一个植株，但有时会产生大量胚性细胞而形成胚状体，从而形成许多植株，发生所谓的“丛生胚”现象。第三种方式是由离体胚形成愈伤组织（callus），很多情况下为胚性愈伤组织，容易进一步分化形成植株。

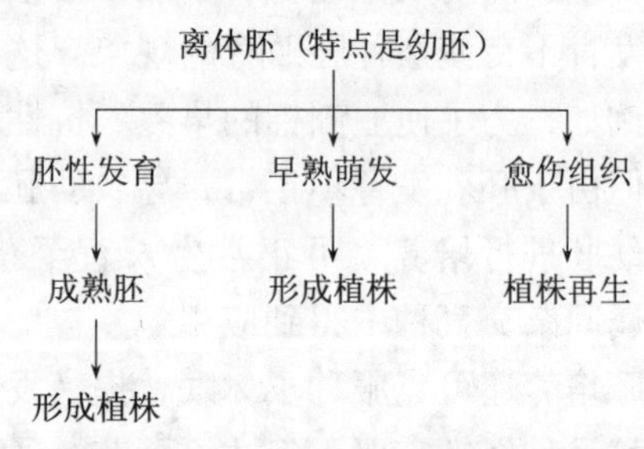

图 8-5　离体胚培养的生长发育方式

三、影响培养的因素

（一）培养基的选择

胚培养是否成功的关键之一是提供合适的营养需要。从合子胚到子叶胚的整个过程中，胚由只吸收营养的时期逐步过渡到制造营养的时期，所以，不同时期胚需要不同的培养条件。

在幼胚培养中，一般采用几种激素的组合，并添加合适的有机物质，如水解乳蛋白（LH）、水解酪蛋白、麦芽提取物、椰乳等。陈振光等人对红核子等龙眼品种幼胚愈伤组织诱导的试验表明，单独附加高质量浓度的2,4－D，或2,4－D与KT、BA、ZT配合，诱导出愈伤组织；分别单独使用NAA、IAA、KT、BA、ZT，以及NAA、IAA与KT配合，直接从幼胚诱导出子叶形胚状体，未能形成愈伤组织；不附加任何生长调节剂，有的幼胚形成愈伤组织，有的幼胚则直接形成子叶形胚状体，但诱导率低。在不同生长调节剂组合中，形成的愈伤组织类型也有所不同。

另外，幼胚通常生长在一个高渗透压的环境中，离体培养时需要高盐培养基，同时在多数报道中都提到了提高蔗糖的浓度。桃胚发育指数PFL（胚长/种子长）愈小，所需培养基的铵态氮浓度愈高，蔗糖浓度愈高。在培养黑莓幼胚时采用的蔗糖浓度为70 $g \cdot L^{-1}$，有人采用的蔗糖浓度达到100 $g \cdot L^{-1}$，但也有的采用30 $g \cdot L^{-1}$、20 $g \cdot L^{-1}$的低蔗糖浓度获得成功。除蔗糖外，也有人使用甘露醇、果糖等作为碳源。

（二）胚龄及接种时期

一般认为胚龄是影响胚培养成功的关键因素之一。有人认为，异养期的胚较自养期小，通常需要提供生长调节物质使其得到发育。自养时期大约从后心形期开始，胚的发育不依靠外源激素，这就使得离体培养更容易进行。研究蜜桃（*sunlit*）的胚培养时发现，胚萌发率在花后30～53 d仅为2%～3%，53 d以后急剧上升，至花后68 d达到70%。荔枝胚长3 mm时就可以再生植株。

第五节　胚乳培养

自从1949年玉米胚乳培养形成愈伤组织的首例报道之后，许多科学家进行了不懈的努力，1973年，印度科学家Srivastava从罗氏核实木（*Putranjiva roxburghii*）的成熟胚乳培养中获得了三倍体再生植株，并进行了移栽。据1996年统计，在进行过的胚乳培养中，有25种形成愈伤组织，但未形成完整植株；能够再生形成植株的有20种，其中移栽成活的有10种。

一、培养条件

胚乳培养中，常用的培养基为MS，有时也用White、LS和MT等。添加的有机物质与子房胚珠、胚培养相似，特别是椰乳的作用十分重要。植物激素更是必不可少，如果没有激素，胚乳不能或很少产生愈伤组织。一定种类和浓度的生长素和细胞分裂素的配合使用效果显著。有时2,4-D对愈伤组织的形成十分关键。胚乳培养时对培养基中的蔗糖浓度的要求也与前面不同的胚胎培养相同，根据具体情况作出调整，多数情况下采用30~50 g·L^{-1}的蔗糖浓度。

在一些植物的胚乳培养中，胚的作用十分重要。在进行大麦、柚、橙、苹果、猕猴桃和石刁柏等未成熟胚乳培养时，在诱导培养基上无需原位胚的参与就能形成愈伤组织。而在进行巴豆、罗氏核实木等完全成熟的种子胚乳培养时，胚乳的生理活动十分微弱，需要原位胚的萌发来活化胚乳。有人认为，这是因为胚萌发时产生了“胚因子”。有时GA可部分取代“胚因子”的作用。不同植物的胚乳培养时，需要原胚活化的时间长短不同。

二、植株再生

胚乳培养的再生有两条途径：一是器官发生途径，即由胚乳诱导产生愈伤组织，再分化生根和出芽；二是胚胎发生途径，即由胚乳愈伤组织产生胚状体，再形成小苗。举例如下：

（一）柑橘

我国的王大元等首次培养柚的胚乳获得了三倍体植株，陈如珠等（1995）也获得了红江橙胚乳的三倍体再生植株。他们的研究表明，如果以低温预处理幼果所取的胚乳形成愈伤组织的频率提高。GA_3在诱导愈伤组织和分化中的作用不同，GA_3与2,4-D、BA有拮抗作用，不利于愈伤组织的形成；而在胚状体分化中，GA_3起促进作用。红江橙胚乳植株通过嫁接，成功地移植到土壤中正常生长。

（二）石刁柏

采集未成熟的石刁柏种子，经消毒后无菌剥出胚乳进行培养。如果在MS培养基中没有添加激素，不能诱导愈伤组织，NAA与BA的配合可诱导愈伤组织的产生。

（三）枸杞

在无菌条件下将种子中的胚乳取出，接种在含有2,4-D 2 mg·L^{-1}、KT 0.52 mg·L^{-1}或2,4-D 0.5 mg·L^{-1}的MS培养基上，培养一周就可观察到有愈伤组织出现，1个月后，诱导率达到37%和23%。愈伤组织在含有6-BA 0.5 mg·L^{-1}、0.1 mg·L^{-1} NAA的MS培养基上分化效果最好，诱导率可达86%。继续诱导生根后可形成完整植株。

三、影响胚乳培养的因素

接种时胚乳的发育时期与愈伤组织诱导和发生频率有关。处于发育早期的胚乳，不仅接种操作不便，而且愈伤组织的诱导频率很低。处于旺盛生长期的胚乳（如果是核型胚乳，已发育到细胞器）最容易诱导产生愈伤组织。这一时期的苹果、葡萄、桃的胚乳培养都能达到90%～95%的诱导率。但接近成熟或完全成熟的胚乳诱导率会很低。实验表明，一些草本植物的胚乳取材期应为：水稻授粉后4～7 d，黄瓜7～10 d，玉米和小麦8～12 d，大麦10～12 d。

四、胚乳再生植株的染色体倍性变化

一般来说，胚乳植株染色体数变化较大，同一植株往往是不同倍性细胞的嵌合体。在石刁柏的胚乳植株中，观察到 n、$2n$、$3n$、$4n$ 以及大量非整倍性的细胞；但红杨桃胚乳再生植株中，三倍体植株的发生频率高达73.7%。

染色体数目的变化原因是多方面的，但培养中如何获得比较高纯度的胚乳是一个关键问题。为了保证获得纯净一致的胚乳外植体，在接种后3～4 d内应及时观察检查，将一些变绿（胚及胚的切碎部分，在培养早期容易出现色泽）或其他异样的接种物除掉。在带胚培养中，将胚与胚乳分开放置在不同位置。

外源激素的种类和水平以及培养条件也会对培养有影响。

第九章　细胞培养

20 世纪初，Haberlandt 曾对显花植物单个叶细胞进行分离和培养尝试。现在细胞培养领域的研究取得了巨大的进展，人们不仅能够分离和培养游离的细胞，还能使单个细胞进行分裂，产生完整的植株。

第一节　单细胞的分离

一、单细胞的分离方法

要从完整植物器官中分离单细胞，通常采用机械法和酶解法。叶组织是分离单细胞的最好材料。用机械法分离叶肉细胞是先把叶片轻轻研碎，然后通过过滤和离心净化细胞。该方法具有的优点：（1）细胞不会受到酶的伤害；（2）不需质壁分离，有利于进行生理和生化研究。但该法容易伤害细胞结构，获得完整细胞团或细胞数量极低，不普遍适用。只有在薄壁组织排列疏散、细胞间接触点很少时，用机械法分离叶肉细胞才能取得成功。

酶解法分离细胞是用果胶酶、纤维素酶处理，分离出具有代谢活性的细胞，该法不仅能降解中胶层，还能软化细胞壁。所以在用酶解法分离细胞的时候，必须对细胞给予渗透压保护。

二、从愈伤组织分离单细胞

要取得单细胞，首先要进行愈伤组织培养。从经过表面消毒的器官上切取组织，置于诱导愈伤组织形成的培养基上进行培养，产生愈伤组织后，将愈伤组织剥下，反复继代，可以增加愈伤组织的松散性。不同的培养基可以使愈伤组织具有不同的生长速度，结构可松可紧，利用这些特性可以使愈伤组织分散成为单细胞或很小的细胞团。要获得单细胞，将愈伤组织放在较高盐分、高生长素及高水解酪蛋白的培养基上培养，然后移入液体培养基中，经搅拌而分散成单细胞，也可加入一些果胶酶，但一般来说要得到纯一的单细胞是很少的。

由愈伤组织获得游离单细胞的操作方法是：首先形成愈伤组织，将未分化和易散碎的愈伤组织转移到盛有液体培养基的容器中，置于摇床上不断振荡。通过振荡对细胞团施加一种缓和的压力，使它们分散成小细胞团和单细胞，均匀地分布在培养基中，有利于培养基和容器内空气之间的气体交换。

第二节　细胞悬浮培养

对于要保持良好的分散状态的植物细胞或小的细胞聚集体，可按照一定的细胞密度，悬浮在液体中进行培养，这种方法称为细胞悬浮培养（cell suspension culture）。悬浮培养的特点在于：能大量提供均匀的植物细胞，细胞增殖速度快，适于大规模工业化生产、需要特殊的设备，如大型摇床、转床、连续培养装置等。

一、培养类型

一般情况下，细胞悬浮培养可分为分批培养（batch culture）和连续培养（continuous culture）两种培养类型。

分批培养是指细胞在一定容积的培养基中进行培养，目的是建立单细胞培养物。在培养过程中，除了气体和挥发性代谢产物可以同外界空气交换外，一切都是密闭的。当培养基中的主要营养物质耗尽时，细胞的分裂和生长即行停止。分批培养所用的容器一般是100～250 mL三角瓶，每瓶装有20～75 mL培养基。为了使分批培养的细胞不断增殖，必须进行继代培养，方法是取出培养瓶中的一小部分（通常为总体积的1/5～1/3）悬浮液，转移到含有相同成分的新鲜培养基中。

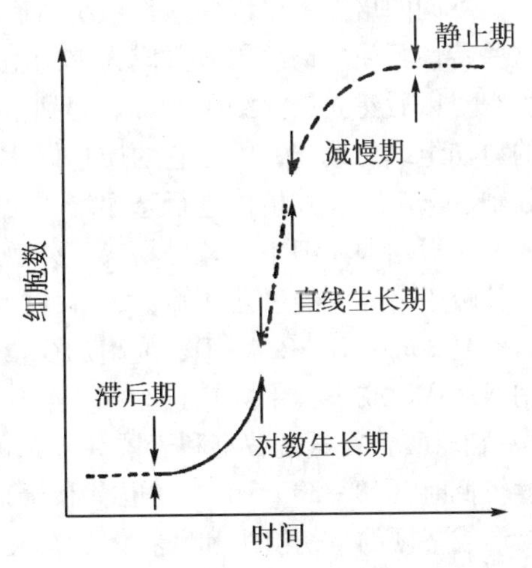

图9－1　细胞数与培养时间关系示意图

在分批培养中，细胞数目增长的变化情况表现为S形曲线（图9－1）。开始为滞后期，细胞很少分裂；进入对数生长期后，细胞分裂活跃，数目迅速增加；经过3～4个细胞世代之后，培养基中某些营养物质已经耗尽，或是有毒代谢产物的积累，增长逐渐缓慢，进入静止期后，增长完全停止。在分批培养对数生长期中细胞数目加倍所需的时间，对烟草为48 h，蔷薇为36 h，菜豆和假挪威槭分别为24 h和40 h；这些时间都比在整体植物株上分生组织中细胞数目加倍所需的时间要长。分批培养对于研究细胞的生长和代谢并不是一种理想的培养方式，因为在分批培养中细胞生长和代谢方式以及培养基的成分不断改变，细胞没有一个稳态生长期，对于细胞数目的代谢物和酶的浓度也不能保持恒定。

连续培养是利用特别的培养容器进行大规模细胞培养的一种培养方式。连续培养过程中，不断注入新鲜培养基，排掉等体积的用过的培养基，培养液中的营养物质得到不断补充。由于注入的新鲜培养液的容积与流出的原有培养液相等，可调节流入与流出的速度，故培养的细胞生长速率相对一致，形成一个稳定状态的培养。连续培养对于植物细胞代谢调节的研究、决定各个生长限制因子对细胞生长的影响，以及次生物质的大量生产等都有一定意义，但它们需要的设备比较复杂，投入的精力较多，现在还未被广泛应用。

二、悬浮培养条件

一个成功的悬浮细胞培养体系必须满足三个基本条件：一是悬浮培养物分散性良好，细胞团较小；二是均一性好，细胞形状和细胞团大小大致相同；三是生长迅速。要建立良好悬浮细胞系需注意以下事项：

不同的培养基可以使愈伤组织具有不同的生长速度，结构也可松可紧，利用这些特性可使愈伤组织分散成为单细胞或很小的细胞团。诱导出疏松易碎的愈伤组织对以后建立悬浮细胞系可以起到事半功倍的效果。一般条件下，以幼胚诱导的愈伤组织为最佳，因为它的质量好，分化能力强。某些情况下直接用幼胚、下胚轴、子叶等作外植体进行悬浮培养也比较容易建立悬浮细胞系。

一般用颗粒细小、疏松易碎、外观湿润、鲜艳的白色或淡黄色的愈伤组织，比较疏松易碎，经过几次筛选、继代稳定后，可以用于诱导悬浮细胞系。常用的激素是2 $mg \cdot L^{-1}$ 2,4－D，或附加少量0.5 $mg \cdot L^{-1}$的6－BA和NAA，培养基常用N_6、MS或B_5。附加有机物对愈伤组织的状态极为重要，如水解酪蛋白、L－脯氨酸、谷氨酰胺有利于诱导疏松的愈伤组织。除此以外，培养基中蔗糖浓度较低时（10～30 $g \cdot L^{-1}$）也有利于疏松愈伤组织的形成，而浓度较高时则容易形成坚硬的愈伤组织和胚状体。在大多数情况下，疏松易碎的愈伤组织不能直接由外植体诱导获得，而是在愈伤组织继代过程中通过筛选获得的。

用于培养愈伤组织的培养基可以继续用于悬浮培养，这种培养基就称为条件培养基（conditioned medium），但遇到悬浮细胞变褐、生长很慢或停止等，就要用新的培养基。一般来说，N_6、MS、B_5培养基适合单子叶植物细胞的悬浮培养，而MS、B_5、LS、SL等培养基适用于双子叶植物细胞悬浮培养。悬浮细胞培养基中需附加水解酪蛋白、椰乳、脯氨酸等，并注意及时更换新鲜培养基，一般以间隔3～5 d为宜。培养基要过滤灭菌。

一般情况下，开始进行悬浮培养时，取 2 g 鲜重的疏松易碎的愈伤组织放入 20 ~ 40 mL 液体培养基中，在摇床上以 120 r/min、25 ℃、黑暗或弱光条件培养。细胞与培养基的比例以 120 r/min 以下时细胞可浮在培养液面为宜。

悬浮细胞进行继代与选择的方法有：将培养物摇匀，静置片刻，用吸管吸取培养基中部的培养物（此处细胞团小而均一，胞质浓厚），也可通过过滤收集到小细胞团进行继代培养。另外，在更换培养基时，弃去底部愈伤组织块或大细胞团，只保留小细胞团置瓶内，加入新鲜培养基。在更换培养基时，一般使用愈伤组织培养基（条件培养基），它具有促进细胞分裂的作用，它和新鲜培养基混合的比例为 1∶3。

野葛悬浮细胞培养体系的建立条件为：无菌苗长出 4 ~ 5 片真叶后，剪取幼叶，接入含 1 $mg \cdot L^{-1}$ NAA 和 2 $mg \cdot L^{-1}$ BA 的 MS 固体培养基诱导愈伤组织形成。愈伤组织用 0.5 $mg \cdot L^{-1}$ 4 – PU 的 MS 固体培养基培养，15 d 继代一次。继代培养 6 次以上，选取结构疏松、生长迅速的淡黄色愈伤组织，接入含 1 $mg \cdot L^{-1}$ 2, 4 – D、1 $mg \cdot L^{-1}$ NAA 和 0.5 $mg \cdot L^{-1}$ KT 和 2 $g \cdot L^{-1}$ 水解酪蛋白的 B_5 液体培养基中振荡培养。每 250 mL 三角瓶中装 45 mL 培养液（条件培养液与新鲜培养液的比例为 1∶1），按 5 $g \cdot L^{-1}$ 接种，继代周期为 3 d。

第三节　单细胞培养

一、单细胞培养方法

单细胞培养方法有三种，即看护培养法（nurse cultivation method）、平板培养法（plate cultivation method）和微室培养法（microchamber cultivation method），下面分别加以介绍。

（一）看护培养法

该法是把单个细胞置于一块活跃生长的愈伤组织（也称看护愈伤组织，nurse callus）上培养，在愈伤组织和培养的细胞之间，用一片滤纸相隔（图 9 – 2）。具体做法是，把一块 8 mm 见方的灭过菌的滤纸，在无菌条件下置于早已形成的愈伤组织上，几天后，借助于一个微型移液管或微型刮刀，从细胞悬浮液中或易散碎的愈伤组织上分离得到细胞，置于愈伤组织之上的湿滤纸表面。当这个培养的细胞长出了微小的细胞团之后，再转至琼脂培养基上。

看护愈伤组织的作用是不仅给培养细胞提供了营养成分，还提供了能促进细胞分裂的物质。这种细胞分裂物质可通过滤纸而扩散。

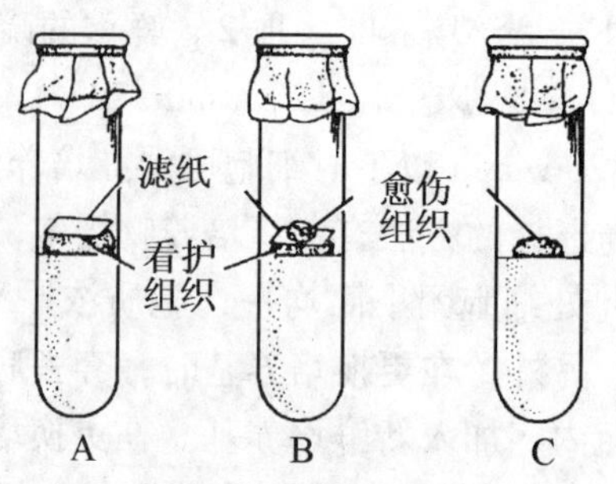

图9-2　应用看护培养法建立单细胞无性系

A—一个置于滤纸上的单细胞，滤纸铺在一大块愈伤组织（看护组织）的顶上；B—培养的细胞分裂形成一个小细胞团；C—在由滤纸上转移到培养基上进行直接培养之后，由单细胞起源的细胞团已长成一大块愈伤组织

看护培养法的优点是方法简便。但不能够在显微镜下追踪细胞的分裂和细胞团的形成。

（二）平板培养法

将含有游离细胞和细胞团的悬浮培养物过滤，除去组织块和大的细胞团，保留游离细胞和小细胞团。将液体培养基加入6～10 g·L^{-1}的琼脂，使其融化，冷却到35 ℃时，将培养基与上述细胞悬浮培养液等量混合，迅速注入并使之铺展在培养皿中（铺层厚度约1 mm）。在35 ℃温度下，培养基能保持液体状态，也不会杀死细胞。用封口膜封严培养皿（图9-3），置于25 ℃黑暗中培养。该方法培养细胞可以定期镜检观察细胞的生长。

用平板法培养单细胞时，常以植板效率表示能长出细胞团的细胞占接种细胞总数的百分数，求算公式为：

$$植板效率=\frac{每个平板上形成的细胞团数}{每个平板上接种的细胞总数}\times 100\%$$

一般悬浮培养液要达到最终所要求的植板细胞密度的2倍，可以通过加入液体培养液进行稀释，或通过低速离心使细胞沉降，弃去部分培养基进行浓缩。平板培养的特点是：（1）所增殖而来的细胞团大多来自一个单细胞。（2）使用1 mm厚的薄层固体培养基，在显微镜下可对细胞的分裂和细胞团的增殖进行追踪观察。

（三）微室培养法

由悬浮培养物中取出一滴含单细胞的培养液，置于一张无菌载玻片上，在培养基的四周与之隔一定距离涂上一圈石蜡油，然后在左右两侧各加一滴石蜡油，并分别置一张盖玻片，第三张盖玻片架在前两个盖玻片之间（图9-4），这样一

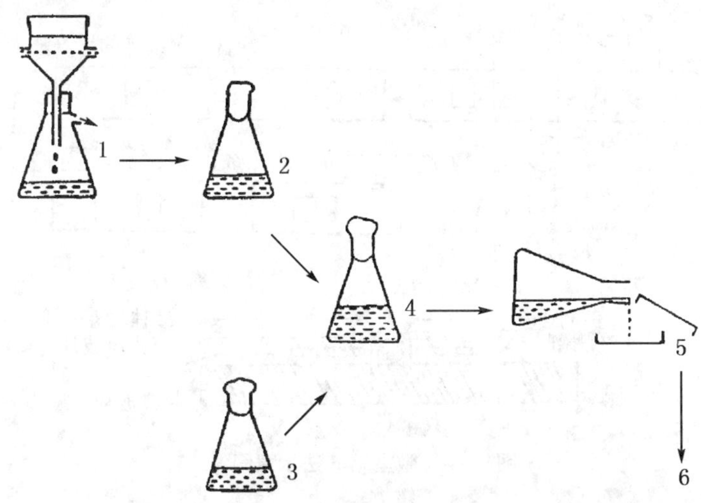

图 9-3　用平板培养技术获得单细胞无性系的程序

1—过滤细胞悬浮物，除去大的细胞团；2—游离细胞和小细胞团的悬浮培养物；3—经过消毒并冷却到 35 ℃的琼脂培养基；4—细胞悬浮培养物和冷却到 35 ℃的琼脂培养基混合；5—把混合物倒进无菌的培养皿中，厚度约为 1 cm；6—在 25 ℃培养 21 d 后，发育成细胞群落，此群落可用于产生单细胞无性系

滴含有单细胞的培养液就被覆盖于微室之中，最后把筑有微室的整张载玻片置于培养皿中进行培养。当细胞团长到一定大小时，将转移到新鲜的液体或半固体培养基上培养。通过微室培养技术，能在显微镜下追踪观察单细胞分裂增殖形成细胞团的全过程。

微室培养用的培养使基量少，营养和水分就难以保持。pH 值变动幅度大，培养的细胞仅能短期分裂。

二、影响单细胞培养的因子

培养基的成分和初始植板细胞密度是两个相互依赖的重要因子，它们是单细胞培养成败的关键。一般认为，当细胞的植板密度达到每毫升有 10^4 或 10^5 个细胞时，用悬浮培养同样的培养基容易培养成功。在选择细胞时，注意选用胚性细胞或分裂细胞，不要选用静止期细胞。黑暗或弱光条件有利于单细胞的培养。单细胞悬浮液与溶化的琼脂培养基混合时，温度不能大于 35 ℃。

随着植板细胞密度的减小，细胞对培养基的要求则更复杂，如培养低密度植板的旋花属细胞时，要求有细胞分裂素和几种氨基酸，而这些物质对于该材料的愈伤组织培养是不必要的。Kao 和 Michayluk（1975）配制了 KM-8P 培养基，

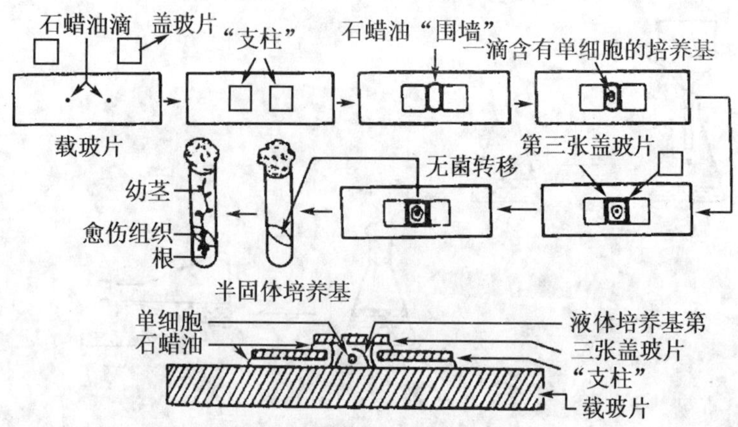

图 9-4　微室培养法示意图

含有无机盐、蔗糖、葡萄糖、14 种维生素、6 种核酸碱和 4 种三羧酸循环中的有机酸（表 9-1），在这种培养基上，密度低到每毫升 25 ~50 个细胞的植板细胞也能分裂。若以水解酪蛋白（250 mg · L^{-1}）和椰子汁（20 mL · L^{-1}）取代氨基酸和核酸，有效植被细胞密度则可下降到每毫升 1 ~2 个细胞。

表 9-1　KM-8P 培养基

成　分	浓度/mg · L^{-1}	成　分	浓度/mg · L^{-1}
无机盐			
NH_4NO_3	600	KI	0.75
KNO_3	1 900	H_3BO_3	3.00
$CaCl_2 \cdot 2H_2O$	600	$MnSO_4 \cdot H_2O$	10.00
$MgSO_4 \cdot 7H_2O$	300	$ZnSO_4 \cdot 7H_2O$	2.00
KH_2PO_4	170	$Na_2MoO_4 \cdot 2H_2O$	0.25
KCl	300	$CuSO_4 \cdot 5H_2O$	0.025
NaFe · EDTA	28	$CoCl_2 \cdot 6H_2O$	0.025
糖			
葡萄糖	68 400	甘露糖	125
蔗糖	125	鼠李糖	125
果糖	125	纤维二糖	125
核糖	125	山梨醇	125
木糖	125	甘露醇	125

续上表

成　　分	浓度/mg · L^{-1}	成　　分	浓度/mg · L^{-1}
有机酸			
丙酮酸钠	5	苹果酸	10
柠檬酸	10	延胡索酸	10
维生素			
肌醇	100	生物素	0.005
尼克酰胺	1	氯化胆碱	0.5
盐酸吡哆醇	1	核黄素	0.1
盐酸硫胺素	10	抗坏血酸	1
D－泛酸钙	0.5	维生素 A	0.005
叶酸	0.2	维生素 D_3	0.005
对－氨基苯甲酸	0.01	维生素 B_{12}	0.01
激素		大豆或小麦	大豆、豌豆或粉蓝烟草
2,4－D		1	0.2
玉米素		0.1	0.5
NAA		–	1
不含维生素水解酪蛋白 125 mg · L^{-1}			
椰子汁（取自成熟果实，加热到 60 ℃ 30 min，过滤）10 mg · L^{-1}			

第十章　常用药用植物细胞的大量培养

随着人口的增长和对植物药需求的急剧增加，人们对植物资源的掠夺性开发，造成许多药用植物资源日益减少。因此，通过植物细胞培养技术大量生产药物，以满足需求。目前已对1 000多种植物进行了细胞培养，生产的药物成分主要包括：(1）苷类：包括皂苷、强心苷、干草甜苷、香豆精苷等；(2）甾醇：包括菜油甾醇、豆甾醇、谷甾醇、胆甾醇、异岩藻甾醇等；(3）生物碱：主要有吡啶、喹啉、托品烷和喹嗪烷等；(4）醌类：主要有蒽醌、萘醌、返醌等；(5）蛋白质类：主要有胰岛素、氨基酸、蛋白酶抑制剂、植物抗生素等。有的产物已达到工业化生产的规模。

第一节　药用植物细胞大量培养途径

一、细胞的驯化、筛选与细胞株的建立

选择培养材料是建立细胞株的重要步骤。通过前面各章的学习，了解到通过对外植体的选择与诱导处理，得到愈伤组织，再选择分散性好的愈伤组织制备悬浮细胞液，经振荡培养（82～90次/min）一段时间后，培养基中就会出现游离细胞或细胞聚集体以及大的细胞团块。

用孔径为200～300目的不锈钢网过滤，滤液经4 000 r/min进行离心沉淀，获得细胞悬浮液，经平板培养后，使之形成细胞团，尽可能使每个细胞均来自于一个单细胞，这种细胞团称为“细胞株”。

植物细胞筛选的方法很多，其中小细胞团筛选法和选择压力筛选法是常规筛选法。小细胞团筛选法的过程是：诱导形成愈伤组织，经过继代培养及悬浮培养，制备得到单细胞，用常规的培养基进行单细胞培养，形成细胞团，然后观测细胞团的形态、颜色或测定代谢物的种类和含量，从而选出所需的细胞株系。

选择压力筛选法是通过添加某些对细胞有不同作用效果的物质，淘汰部分敏感细胞，而选择得到所需细胞的方法。

例如，得到的长春花愈伤组织为各种颜色，分开继代培养3周后，根据测定长春质碱的质量结果，发现白色细胞株系产量最高；然后对白色株系进行紫外诱变，用色氨酸结构类似物色氨酸乙酯盐酸盐为选择压力，筛选得到抗色氨酸乙酯

盐酸盐突变株，长春质碱产量增加2.7倍。一般在筛选出高产量细胞系后，及时进行超低温保存。

悬浮培养细胞在培养过程的不同生长阶段形态有很大变化。陈刚等(2004)指出，在野葛细胞悬浮培养的初期（即悬浮系刚建立的两三周内），培养液中以不规则的长形细胞为主，圆形细胞较少，液泡大，细胞近乎透明；培养三个月以后，培养液以椭圆形细胞较多，胞质变浓，细胞体积变小，圆形细胞增多；而培养六个月后，培养液中以圆形细胞为主，细胞体积更小，胞质浓厚，有明显的细胞核。

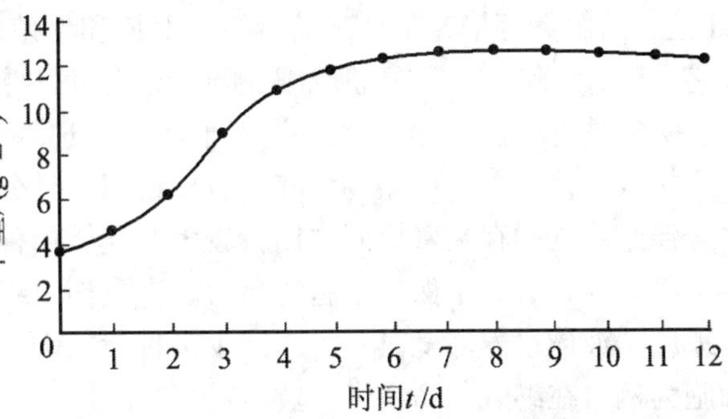

图10－1　野葛幼叶细胞悬浮培养生长动力学曲线

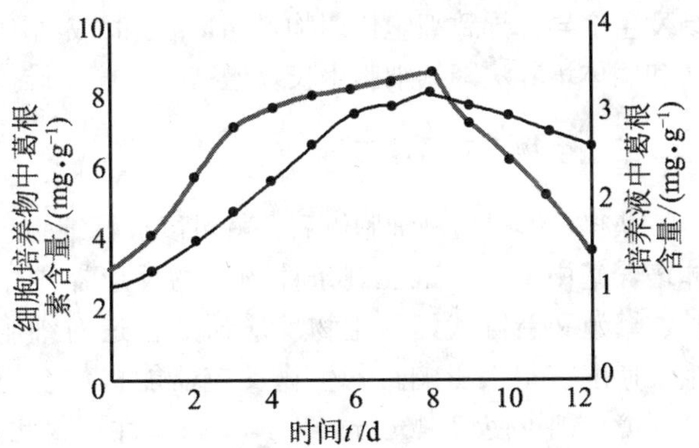

图10－2　野葛幼叶悬浮细胞及培养液中葛根素积累的动力学曲线

张春荣和李玲(2004)报道，野葛幼叶外植体诱导的愈伤组织进行悬浮培养，细胞在培养的第1－5天为对数生长期第8天时细胞培养物干重达最大值（图10－1），葛根素的合成与细胞生长呈紧密偶联型，在第8天时葛根素产量达最大值。异黄酮类化合物的总产量在第10天最大值（图10－2）。

在野葛根部葛根素合成与积累最活跃，是产生黄酮和葛根素等异黄酮类化合物的主要部位。随野葛细胞生长，细胞内异黄酮类化合物及葛根素含量逐渐积累，在细胞生长静止期含量达到最高。三裂叶野葛的子叶、胚根、叶为培养物时，子叶诱导的愈伤组织异黄酮含量最高。野葛根愈伤组织细胞中异黄酮及葛根素含量最高。

二、扩大培养

获得的植物细胞需在生长培养基中经扩大培养，以获得足够数量的优质细胞。细胞扩大培养所使用的培养基和培养条件，应该是适合细胞生长繁殖的最适条件。培养基一般含有丰富的氮源，可添加酪蛋白水解物、氨基酸等，温度、pH 值、溶解氧等培养条件来满足细胞生长和繁殖的需要；培养时间以培养到细胞旺盛生长期为宜。为了得到所需要的细胞，有时需要经过数级的细胞扩大培养。

一般情况下愈伤组织经继代若干次后，选取结构疏松、生长迅速的愈伤组织，接入液体培养基中振荡培养，愈伤组织极易分散成较小的细胞团块。由于植物悬浮细胞之间存在着协同作用，较大的起始接种量有利于愈伤组织适应液体悬浮培养条件，有利于保持细胞的活力。当愈伤组织逐渐成为较小的细胞团块，并且适应了液体培养环境时，可以减少接种量（延长继代周期）。以野葛愈伤组织细胞为例，在继代培养初期起始接种量干重（DW）约为 5 $g \cdot L^{-1}$，继代周期 3 d。继代 4 次后，继代周期改为 5 d，接种量干重（DW）约为 3.5 $g \cdot L^{-1}$。

由于悬浮培养的细胞生长和增殖速度都很快，随着继代次数的增多，细胞极易发生变异，导致细胞代谢物产量降低和/或细胞活力降低，常通过超低温保存法和固体培养法降低细胞生长及增殖的速度，维持细胞培养物遗传稳定性。

三、生物反应器培养

获得足够量植物细胞以后，就可以进行细胞悬浮培养，即植物细胞悬浮于液体培养基中，在人工控制条件的生物反应器中生长、繁殖和新陈代谢。生物反应器的构造对细胞生长速度有很大影响。若生物反应器能提供合适的环境，则可使细胞充分表现其基因属性。因此，从摇瓶细胞悬浮培养过渡到生物反应器大量培养，是实现工业化生产的关键一环。

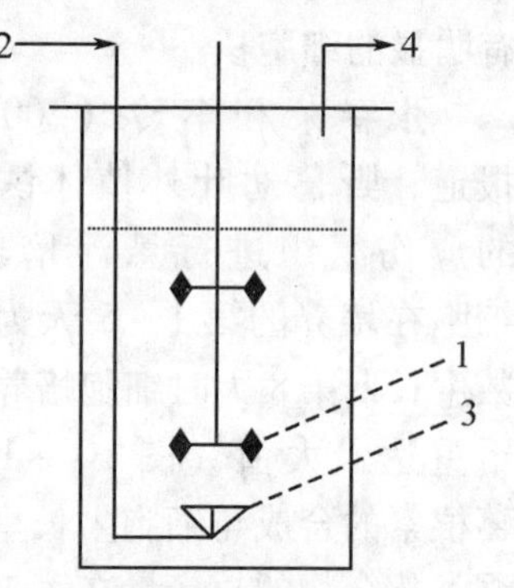

图 10－3　机械搅拌式生物反应器简图

1—搅拌器；2—无菌空气入口；3—空气分布器；4—空气出口

生物反应器适应于多种生物体，其选择要考虑几个因素：（1）供氧能力；（2）剪切力；（3）细胞在反应器壁上的附着状况；（4）细胞高浓度培养时的混合状况；（5）温度、pH 值及营养物质浓度；（6）细胞团大小；（7）细胞放大培养的难易程度；（8）维持无菌状态的性能。

应用于植物细胞悬浮培养的生物反应器主要有机械搅拌式（图 10－3）、气动式生物反应器类型（图 10－4），以及以上两种形式的组合形式。机械搅拌式生物反应器的优点是搅拌充分，供氧能力和混合效果好，但由于剪切力大，易对植物细胞造成较大的损伤。气动式生物反应器主要包括鼓泡式和气升循环式气动式生物反应器，后者根据结构又分为内环流和外环流两种。综合比较，气动式生物反应器类型的效果优于机械搅拌式，它们没有活动的搅拌装置，剪切力小，对细胞伤害小，细胞容易实现长期无菌培养。缺点是操作弹性小，在低气速时，尤其在培养后期植物细胞密度较高时，混合效果差，如果这时提高通气量，又会产生大量泡沫，严重影响植物细胞的生长，有效防止的方法是添加消泡剂。

生物反应器按照植物细胞培养体系可分为悬浮细胞培养生物反应器和固定化植物细胞反应器。适合于悬浮细胞培养生物反应器要符合三个方面的要求：合适的氧传递、良好的流动特性和低剪切力。将培养的植物细胞埋在多孔凝胶（如琼脂、明胶和聚丙烯酰胺等）的微孔内，或者吸附在固体吸附剂表面使细胞固定化，这种固定化培养细胞与悬浮细胞培养比较，具有稳定性好、不容易聚集成团、产物容易分离纯化、利于连续化生产等特点，适用于可以分泌到细胞外的次级代谢物的生产。适合于固定化体系培养的生物反应器主要有流化床反应器培养、填充床反应器培养和膜反应器培养等。

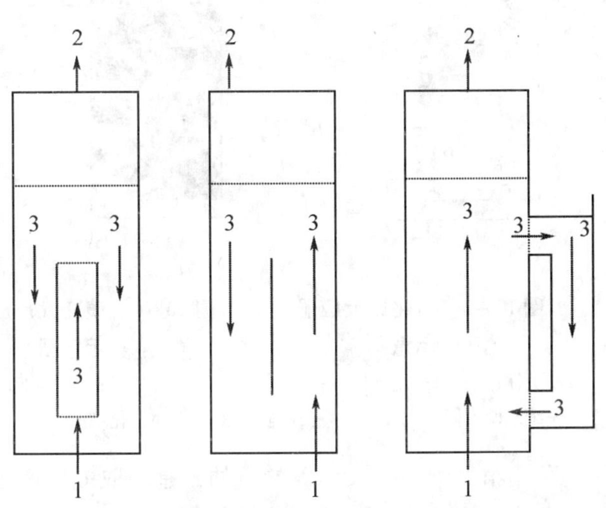

图 10－4　气动式生物反应器简图

1—空气进口；2—空气出口；3—气流循环方向

流化床反应器是通过培养液和无菌空气的流动使细胞团或者固定化植物细胞处于悬浮状态的一种生物反应器（图 10－5），但剪切力较大，对细胞会造成破坏。填充床反应器中的细胞团或者固定化细胞堆叠在一起，固定不动，通过培养液的流动提供所需的营养成分和氧气，同时带出各种代谢物，其优点在于单位体积的反应器中所含有的固定化细胞数量多，细胞密度高，反应速率较大，但混合效果差，传质效率较低（图 10－6）。膜反应器是将植物细胞固定在具有一定孔径的多孔薄膜中所制成的生物反应器，使用类型通常是中空纤维反应器（图10－7），但传质效率低，易堵塞。

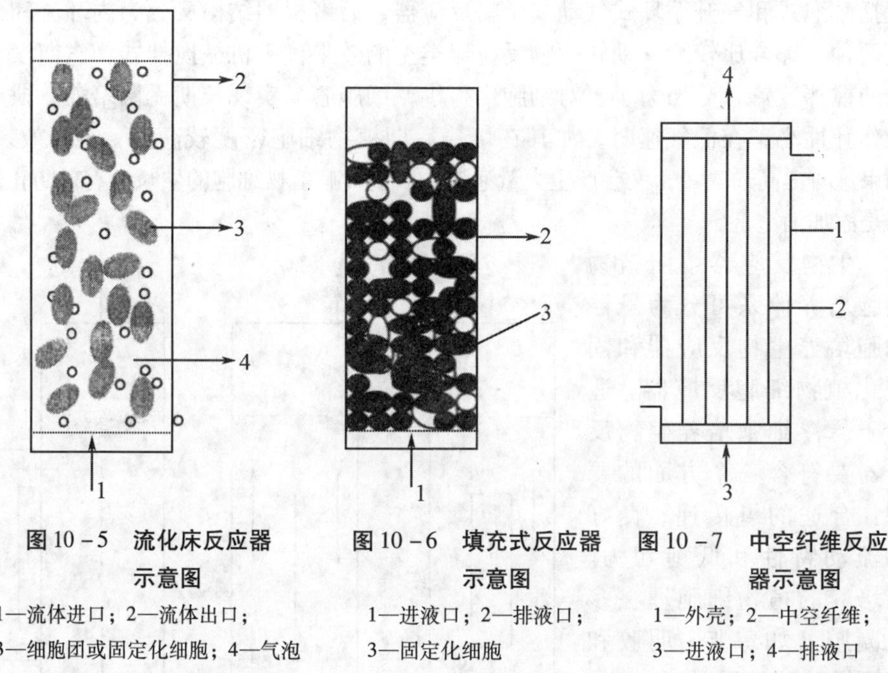

图 10－5　流化床反应器示意图

1—流体进口；2—流体出口；3—细胞团或固定化细胞；4—气泡

图 10－6　填充式反应器示意图

1—进液口；2—排液口；3—固定化细胞

图 10－7　中空纤维反应器示意图

1—外壳；2—中空纤维；3—进液口；4—排液口

药用植物细胞扩大培养的目的，是获取或生产出次生代谢产物，其培养过程通常分为细胞量增长阶段和诱发与保持旺盛的次生代谢、积累相应的代谢产物阶段。生物反应器培养细胞的产量往往达不到预期的效果，次生代谢产物合成能力也降低，其原因主要有：通气和搅拌引起的流体压力对细胞或聚集体造成细胞损伤、有益气体的散失、大量泡沫的生成等；高密度引起培养液黏度增加；反应器结构死角等部位细胞黏附引起的细胞死亡、腐败和限制对营养和气体的吸收和其他原因。

第二节　影响药用植物细胞大量培养的因素

通过药用植物细胞培养获得高产率次生代谢产物的策略在于：获得快速生长的细胞株系，筛选能产生有价值代谢产物的快速生长细胞株系，提高胞外代谢产物得率和促进生物转化；改善细胞膜对代谢产物的通透性；从培养基中及时吸收或移走代谢产物；使用适当的生物反应器进行扩大培养。

许多细胞株在培养的开始几代不稳定，以后便会转变成长期生成某种代谢物。有些细胞，如产生生物碱的烟草属和长春花属生产岩白菜素的能力则逐渐降低，就需要不断筛选高产量细胞株。水杨酸（salicylic acid，SA）和茉莉酸类化合物（jasmonates，JAs）在细胞工程中常作为诱导子促进植物细胞次生代谢物的产生。野葛细胞培养液中葛根素的释放量一方面与细胞中葛根素的合成相关，另一方面与诱导子增强质膜渗透性相关。我们用0.1 mg · L^{-1}水杨酸和1.0 mg · L^{-1}茉莉酸甲酯提高野葛细胞培养物中葛根素的积累及其总产量（分别提高12.61%和22.15%）。随着水杨酸处理浓度的增大，葛根素的释放量逐渐增加。各类次生代谢产物是在植物代谢过程的不同阶段产生的，因此，有许多因素影响植物细胞大量培养和次生代谢产物的合成。

一、培养基组分

用于植物细胞培养的碳源一般选择蔗糖，浓度在10～100 g · L^{-1}不等。蔗糖浓度影响培养物中次生代谢产物的积累。例如三七悬浮培养细胞中人参皂甙的含量与适当提高培养基中的蔗糖浓度。葡萄细胞在30 g · L^{-1}的蔗糖浓度下，细胞产量高，但50 g · L^{-1}浓度下细胞生产花青素的产量高。当培养液中起始蔗糖浓度为40 g · L^{-1}和50 g · L^{-1}时，红豆杉悬浮培养细胞虽然最终可获得较高的细胞密度，但生长速度下降，同时紫杉烷二萜类化合物的总含量和生产力均下降。

氮源浓度影响悬浮培养细胞内蛋白质和氨基酸的水平，NO_3^-、NH_4^+ 和 NH_3 是培养植物细胞常用的氮源，铵态氮/硝态氮的比率和总氮量极显著地影响次生代谢产物的积累。如减少 NH_4^+ 的水平和增加 NO_3^- 的含量促进紫草宁和β－花色素苷的形成，而高 NH_4^+ / NO_3^- 比率增加小檗碱和泛醌的产率。

高浓度的磷酸盐促进细胞的生长，有时对次生代谢产物积累却有负面影响。降低培养基中磷酸盐的水平有利于长春花中药用成分阿玛碱和酚醛塑料（phenolics）、烟草中咖啡酰腐胺以及骆驼蓬植株细胞中骆驼蓬生物碱的积累。

生长调节剂的浓度通常是影响次生代谢产物积累的一个重要因素，它分别调节植物细胞的分裂、物质运输、代谢途径等。尤其是生长素类和细胞分裂素类在适宜浓度下组合，促进植物组织脱分化，建立植物细胞系，同时影响产物的形成。通常培养液不加2,4－D或用NAA、IAA代替2,4－D，使悬浮培养细胞中的次生代谢产率提高。紫苏细胞悬浮培养时添加细胞分裂素，使花青素合成降低35%；降低2,4－D浓度，促进查尔酮合成酶产生有利花青素的合成。0.1 mg · L^{-1}乙烯利处理培养3 d的野葛细胞能显著提高葛根素的总产量（增产27.37%）。

有机添加物椰子汁、酪蛋白氨基酸和水解乳蛋白都能提高云南红豆杉悬浮细胞紫杉醇含量，椰子汁和酪蛋白氨基酸还能促进细胞生长。0.5 g · L^{-1}水解酪蛋白、10～20 mg · L^{-1} nafline 均能增加青蒿素的产量。

二、光照

对植物细胞培养来说，光照条件比较重要。一般情况下，愈伤组织和细胞的生长不需要光照条件，但是光照时间长短、光质、光强等对细胞的代谢产物的合成和积累有重要的影响。光照促进一些植物细胞合成胡萝卜素、黄酮类、花青素类、多酚类、蒽酮类等，同时也抑制一些细胞合成烟碱或紫草宁。如光照促进紫草培养细胞中 PHB－葡糖苷的积累量，却阻止紫草素的合成。光照可使长春花叶片愈伤组织酸性和碱性过氧化物酶活性增加，持续光照使细胞生长受抑制，同时也使蛇根碱含量增加，阿玛碱含量下降。东北红豆杉幼茎所得的细胞系，用 MS 培养基在光照条件下培养的细胞生成紫杉醇是黑暗中的 2.8 倍，胞外分泌量也提高 20%。

光照的强度、光照时间、光质等都影响到细胞所合成的花青素的产量和组成。由于很多植物细胞的次级代谢物合成受到光照的影响，就要求在大规模培养植物细胞时能够有效地控制光照的参与，实际上要在大规模反应器上提供光照是困难的，因为细胞培养液的透光性不好，光线很难照射到培养液的内部，加上培养周期长，增加光照设备势必增加杀菌的难度和染菌的机会。

三、pH 值

植物细胞生长的最适 pH 值为 5～6。细胞生产次生代谢物的最适 pH 值与生长最适 pH 值不同，需要在不同的阶段控制不同的 pH 值范围。在细胞培养过程中，随着细胞的生长繁殖和次级代谢物的积累，培养基中的 H^+ 浓度发生变化，这种变化与细胞特性有关，也与培养基的组成成分以及发酵工艺条件密切相关。

四、温度

细胞的生长速率与培养温度密切相关。植物细胞培养温度一般要求 25 ℃左右，要获得最大生产速率，其最佳的培养温度应是 26 ℃～28 ℃。较低温度（如 5 ℃）有利于生物碱的合成，而 35 ℃时次生代谢产物的生物合成基本终止。降低细胞培养温度可以提高总脂肪在细胞培养物干重的比率，当培养毛花洋地黄细胞的温度保持在 19 ℃时，有利于毛地黄毒甙转化为地高辛，而培养温度在 32 ℃时转化为紫色糖苷。

五、代谢调控因子

在培养液中添加代谢调控因子可以人为地对细胞进行代谢调控，从而使细胞内的能流和物流导向合成目的产物的途径。代谢调控因子包括诱导子（诱导目的产物合成途径中关键酶的合成)、促泌剂（促进目的产物的释放，解除目的产物对关键酶的反馈抑制)、前体、特异性代谢抑制剂（抑制与目的产物合成无关的支路代谢和目的产物的降解代谢）等。植物细胞产生的大多数次生代谢物一般都贮存于液泡或细胞壁内，分泌到培养基中较少，传统的提取方法是破碎细胞，缩短了细胞的使用周期。目前，常用一些有机溶剂或高渗处理、超声波处理、冻融法等方法增大细胞膜和液泡膜的透性，促进细胞内次生代谢物的释放，提供了一条植物次生代谢物工业化连续生产的途径。二甲基亚砜（DMSO)、Tween－20 和 Triton X－100 可以增大悬浮培养细胞的细胞膜和液泡膜的透性，促进细胞内次生代谢物的释放，影响次生代谢产物的产量。我们以 1%、3% 和 5% 的 DMSO、Tween－20 和 Triton X－100 分别处理野葛叶悬浮细胞，皆明显促进细胞生物量和葛根素、异黄酮化合物的释放。5% 的 Triton X－100 处理 3 d，促进细胞产生总异黄酮化合物，增产率达 40.6%。

六、接种量

接种量对植物细胞生长的影响很大，特别是悬浮培养细胞。细胞生长需要一个最低接种量（密度)，若低于此密度，细胞生长速率就下降甚至不生长；接种量过大，在一定时间内受养分所限制，也会降低细胞的生长速率。例如，接种量对短叶红豆杉细胞生长和紫杉醇合成有明显影响，接种量以不低于鲜重浓度 $70g \cdot L^{-1}$ 为宜，接种量在鲜重浓度 $80 \sim 110\ g \cdot L^{-1}$ 时，生长速度没有明显差异。

七、通气状况和气体组成

对于通过生物反应器对植物悬浮细胞进行培养时，通气状况和气体组成非常重要。搅拌式生物反应器对同期状况要求更严格。改善生物反应器供氧状况都有利于紫苏悬浮细胞生长，但过高的通气量引起的剪切力会对细胞产生破坏作用。在气泡柱式生物反应器中 $20mL \cdot L^{-1}$ 的 CO_2 会阻止亚欧唐松草细胞褐化，提高小檗碱的产率。

八、两相培养基

在有些药用植物细胞培养过程中会积累低水平的次生代谢产物，原因是培养基中酶促或非酶促降解反应或者产物挥发引起反馈抑制所致。在这种情况下，加入人工的第二固相（如活性炭、离子交换树脂等）或液相（如十六烷、三辛精等)，从培养基中提取出这些产物，它可以延缓易挥发物的丧失，减少终产物的反馈抑制作用，消除不利的次生代谢，提高产量。例如，紫草细胞悬浮培养时加入十六烷，使紫草素生产产量提高 7.4 倍。培养长春花细胞时加入 XAD－7 大孔吸附树脂，使吲哚生物碱的产量有所提高。考虑第二相的加入时间和加入量是很重要的。

在大多数情况下，植物细胞培养形成的次生代谢产物是疏水性物质，并贮藏在液泡内，释放产物需要突破质膜和液泡膜的障碍。使用表面活性剂可改善膜通透性，以促进次生代谢物进入胞外培养液，加快萃取或吸附的速度。30 g · L^{-1} Tween－20 和 50 g · L^{-1} Triton X－100 分别处理野葛叶悬浮细胞，皆明显促进细胞生物量和葛根素、异黄酮化合物的释放；50 g · L^{-1} 的 Triton X－100 处理 3 d，促进细胞产生总异黄酮化合物，增产率达 40.6%。

第三节　常用药用植物细胞大量培养实例

一、野葛细胞培养生产葛根素

野葛［*Pueraria lobata*（Willd.）Ohwi］，为豆科多年生缠绕藤本植物，其块根（俗称葛根）肥厚，含有以葛根素为主要成分的异黄酮类化合物，可治疗心绞痛、高血压、冠心病等症，亦可抑制肿瘤，广泛应用于临床医疗和保健。

以野葛无菌苗的根、茎、叶及十月收获的种子萌发的幼嫩子叶为外植体，在 B_5 培养基诱导下形成愈伤组织，诱导率皆达 90% 以上。B_5 + 1 mg · L^{-1} 2,4－D＋0.1 mg · L^{-1} NAA + 300 mg · L^{-1} 水解酪蛋白的固体培养基用于愈伤组织继代培养，使其颗粒不断扩大，保持淡绿色。选取结构疏松、生长迅速的淡黄色愈伤组织，接入含 1 mg · L^{-1} 2,4－D、1 mg · L^{-1} NAA、0.5 mg · L^{-1} KT、2 g · L^{-1} 水解酪蛋白和 20 g · L^{-1} 蔗糖的 B_5 液体培养基中振荡培养。每 250 mL 容量的三角瓶中装 45 mL 培养液，接种量约为干重浓度 5.0 g · L^{-1}（条件培养液与新鲜培养液的比例约为 1∶1），继代周期为 3 d。继代培养 4 次后，周期改为 5 d，反复继代 8～10 次以后，愈伤组织逐渐成为颗粒均一、分散良好、生长迅速的悬浮培养体系。

挑选培养 10～15 d、生长旺盛的淡黄色愈伤组织建立起稳定的悬浮系。悬浮培养用条件培养液比例约为 1/3，继代周期为 1 周。悬浮细胞在接种后两天处于延滞期，第 3 天至第 5 天摇瓶中培养物倍增，呈鲜新淡黄色，第 5 天至第 7 天迅速生长，培养物变得浓稠，并有明显愈伤颗粒产生。采用平板培养筛选生长迅速稳定的无性悬浮系。野葛细胞培养过程中异黄酮及葛根素含量随细胞生长逐渐积累，在细胞生长静止期含量最高。根愈伤组织中异黄酮及葛根素含量最高。

生物反应器培养细胞条件为：25 ℃ ±1 ℃，转速 120 r/min，溶氧 970 mL · L^{-1}，条件培养液与新鲜培养液的比例约为 1∶6。在培养的延迟期，细胞略有褐化，停止期生产略带褐色或白色的细胞团。培养的前 6 d，pH 值从 5.17 逐渐下降到 4.19，随后趋于稳定。随着细胞的生长，糖消耗迅速，而葛根素、大豆甙元等异黄酮类化合物的积累量在停止期达到最大值。

二、人参细胞培养生产人参皂甙

人参是我国著名的贵重药材。通过细胞培养，筛选出生长快、人参皂苷含量高的细胞株系，使人参皂苷占植株干重的 10.26%（原植株根只有 6.06%）。人参皂苷工业化生产步骤见图 10-8。

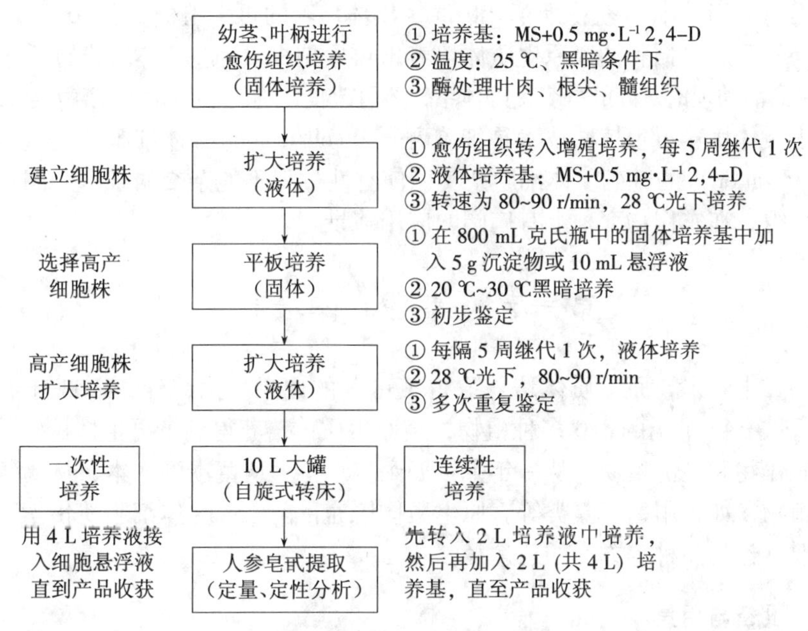

图 10-8　人参细胞大量培养程序

第十一章　原生质体培养和体细胞杂交

原生质体（protoplast）是去除细胞壁的裸露植物细胞。Klercker 在 1892 年第一次尝试用利刃对细胞进行机械切割而获得原生质体，产量和效率都很低。1960 年，Cocking 采用真菌培养物中的纤维素酶来降解番茄根细胞壁，获得原生质体。Takebe 等（1971）首次获得烟草叶肉原生质体培养的再生植株。在 20 世纪 80 年代中叶，先后从水稻和油菜原生质体培养出再生植株。原生质体培养的研究成功，不仅是生命活动理论研究的一个良好体系，还可改良作物的某些性状，潜力巨大。

原生质体培养再生植株技术是细胞融合（cell fusion）、体细胞杂交（somatic cell hybridization）的基础。体细胞杂交能使有性过程不能杂交的亲本之间进行遗传物质重组，在农作物育种上有广阔的应用前景。

第一节　原生质体培养

近一二十年来，原生质体培养取得了可喜的成果。据统计，1993 年有分属于 49 个科、146 个属的 320 多种植物，经原生质体培养得到了再生植株。其趋势主要是农作物和经济植物，从一年生扩展到多年生，从草本到木本，从高等植物到低等植物，如食用菌、藻类等。原生质体培养目前已成为体细胞遗传学、遗传工程和改良作物品种等方面的新途径。

一、设备与用具

植物原生质体培养是在植物组织培养的基础上建立的一门技术。因此，除了需要组织培养的设备与用具之外，还需要一些专门的仪器和用具：

（一）倒置显微镜、荧光显微镜及照相设备

检查原生质体或细胞培养密度，采用血球计数板，在普通显微镜或倒置显微镜下观察。观察培养皿、培养瓶或三角瓶中的培养物需用倒置显微镜。检查原生质体活性及去壁情况时，用荧光染料染色后在荧光显微镜下观察。显微镜一般都应备有显微照相设备，记录原生质体和细胞的生长状态。

（二）细菌过滤器

酶液不能高温高压灭菌，因为高温高压会使酶钝化破坏。如果溶液中含有易被高温、高压破坏的物质时，必须用细菌过滤器过滤灭菌。一般用 0.45 μm 的滤

膜可以滤去细菌和病毒。可用抽滤瓶接真空泵抽滤灭菌，也可用注射器推压过滤灭菌。

（三）离心机

分离提纯原生质体以500 r/min离心3～5 min，制备酶液以2 500 r/min离心10 min，以除去残渣。

二、化学试剂

（一）无机化学试剂

与组织培养的无机化学试剂基本相同，一般要求使用分析纯试剂。

（二）有机化学试剂

用于原生质体培养的有机化学试剂有5种：

（1）维生素。除了组织培养常用的维生素之外，有时还加入泛酸钙（维生素B_5）、叶酸、维生素A、维生素C、维生素D、生物素、氯化胆碱、对甲基苯甲酸等。值得注意的是，配制母液时，应先制备各个组分的贮液。叶酸应配制低浓度贮液，先溶于少量稀碱水中，加双蒸水定容即成贮液。

（2）激素。与组织培养的基本相同，注意生长素类和细胞分裂素类的适当搭配。

（3）渗透压稳定剂。为了使原生质体维持在一定的渗透压下，既不涨破，又不因过度收缩而破坏内部结构，必须在酶液中加入渗透压稳定剂。常用的渗透压稳定剂是糖醇系统，包括甘露醇、山梨醇、葡萄糖、蔗糖等。目前大多数使用甘露醇或山梨醇，它们能稳定地维持渗透浓度。浓度一般为0.4～0.8 $mmol \cdot L^{-1}$。蔗糖等易被原生质体吸收利用，降低渗透浓度。

（4）碳源和氮源。原生质体也和植物细胞一样，不能自养生长，必须在培养基中加入碳源。最常用的碳源是葡萄糖和蔗糖。水解酪蛋白、谷氨酰胺、甘氨酸、精氨酸、天冬氨酸等都可作为有机氮源。

（三）凝胶剂

除了使用琼脂粉外，还有琼脂糖和一些国外的同类产品，如日本的Gellan Gum。

三、酶类

植物细胞壁由纤维素、半纤维素和果胶3种主要成分构成。一般认为，纤维素酶和果胶酶是分离原生质体必不可少的，有些材料还需要加入半纤维素酶。最常用的纤维素酶有日本的Cellulase Onozuka R－10、Cellulase Onozuka RS，美国的Cellulysin等；果胶酶有日本的Pectolyase Y23、Macerozyme，以及美国的

Pectinase 等。

四、原生质体的分离与纯化

（一）外植体的选择

要获得高质量的原生质体，应选择生长旺盛的植物体幼嫩部分。植物的年龄、季节、光照、肥水条件等都明显影响原生质体的质量。普遍采用的外植体有根、下胚轴、幼叶、子叶等，生长在温室里的植株较好。不少人采用叶肉细胞分离原生质体，其优点是来源方便，供应及时，有明显的叶绿体，也便于在融合中识别。禾本科植物中，常采用悬浮细胞作为分离原生质体的材料。最适宜的细胞是处于对数生长早期的细胞。在酶解游离原生质体之前对植株进行预处理，有时可提高原生质体培养中的分裂频率。预处理的方式有暗处理、低温处理或预先在组织培养的培养基上进行预培养。

（二）外植体灭菌

外植体灭菌与组织培养中的外植体灭菌相同。

（三）酶解处理

不同植物对不同酶类的浓度是不同的。表 11－1 是常用的酶类和浓度，可供参考。对茄科、豆科等的幼叶来说，需要较低浓度，5～10 g・L^{-1}纤维素酶就够了，而果胶酶可更低些（2～5 g・L^{-1}）；但是对愈伤组织、悬浮细胞、冠瘿细胞来说，纤维素酶、果胶酶的浓度要提高到 10 g・L^{-1}或 20 g・L^{-1}。现举几种材料的酶液组成成分，见表 11－2。

表 11－1　不同植物原生质体所用酶的种类及浓度

酶种类	豇豆	烟属	洋地黄	冠瘿瘤	甘蔗	小麦	大白菜
果胶酶(macerozyme R－10)(g・L^{-1})	2	2	2	6		6	2
Pectolyase Y－23(g・L^{-1})					0.5		
纤维素酶(Onozuka R－10)(g・L^{-1})	10	5	10	20			5
纤维素酶(Driselase)(g・L^{-1})							2
纤维素酶(Panda $EA_3$867)(g・L^{-1})					20	20	
$CaCl_2$・$2H_2O$(mmol・L^{-1})	10	10	10	10	10	10	10
KH_2PO_4(mmol・L^{-1})	0.7	0.7	0.7	0.7	0.7	0.7	0.7
MES(g・L^{-1})					5		
甘露醇(mmol・L^{-1})	0.5	0.6	0.55	0.5	0.4	0.5	0.6
pH 值	5.6	5.6	5.6	5.6	5.6	5.6	5.6

表 11－2　几种酶液的组成成分

材料	酶液成分
小麦悬浮细胞	$CaCl_2 \cdot 2H_2O$ 1 470 mg · L^{-1}，KH_2PO_4 95 mg · L^{-1}，MES 600 mg · L^{-1}
	甘露醇 0.55 mol · L^{-1}，pH 值 5.6
	Onozuka RS 20 g · L^{-1}，Pectolyase Y23 2 g · L^{-1}
水稻悬浮细胞	$CaCl_2 \cdot 2H_2O$ 1 470 mg · L^{-1}，KH_2PO_4 95 mg · L^{-1}，MES 600 mg · L^{-1}
	甘露醇 0.4 mol · L^{-1}，pH 值 5.6
	Onozuka R－10 g · L^{-1}，Onozuka RS 5 g · L^{-1}
	离析酶 R－10 g · L^{-1}，Pectolyase Y23 g · L^{-1}
玉米悬浮细胞	$CaCl_2 \cdot 2H_2O$ 1 470 mg · L^{-1}，KH_2PO_4 95 mg · L^{-1}，MES 600 mg · L^{-1}
	甘露醇 0.5 mol · L^{-1}，pH 值 5.6
	Onozuka RS 30 g · L^{-1}，离析酶 R－10 5 g · L^{-1}
	Pectolyase Y23 1 g · L^{-1}，半纤维素酶 5 g · L^{-1}
哈密瓜子叶	$CaCl_2 \cdot 2H_2O$ 1 470 mg · L^{-1}，KH_2PO_4 95 mg · L^{-1}，MES 600 mg · L^{-1}
	甘露醇 0.4 mol · L^{-1}，pH 值 5.6
	Onozuka R－10 20 g · L^{-1}，离析酶 R－10 g · L^{-1}

酶解处理一般静置在黑暗中进行，也可偶尔轻摇，较难分离时，可置于摇床上低速振荡。酶解时间因材料而不同，几小时到十几小时不等，但不宜超过 24 h。酶解温度一般为 25 ℃～27 ℃。

（四）原生质体的收集和纯化

酶解处理后得到的混合液包括原生质体、细胞团和组织碎片等，必须将杂质和酶液除去，才可以继续培养。收集和纯化方法大致是：用 40～100 μm 的滤网过滤混合液，去除杂质，收集滤液。将滤液以台式离心机 75～100 g 离心 3～5 min，弃去上清液，沉淀物可采用下列两种方法之一进一步纯化。

（1）沉淀物重新悬浮于清洗培养基（不含酶，其他成分同酶液）中，在 50 g 下离心 3～5 min 后再悬浮，如此反复洗涤 2～3 次。

（2）为了纯化出有生活力的原生质体，将沉淀悬浮于少量清洗培养基，置于含有蔗糖溶液（210 g · L^{-1}）的上部，在 100 g 下离心 5～10 min 后，在蔗糖溶液和原生质体悬浮培养基的界面上会出现一个纯净的原生质体带，小心将此带吸出后，再反复洗涤 2 次，最后用原生质体培养基洗一次。用 Percoll 或 Ficoll（Sigma 产品）进行纯化效果更佳。

原生质体分离纯化流程见图 11－1。

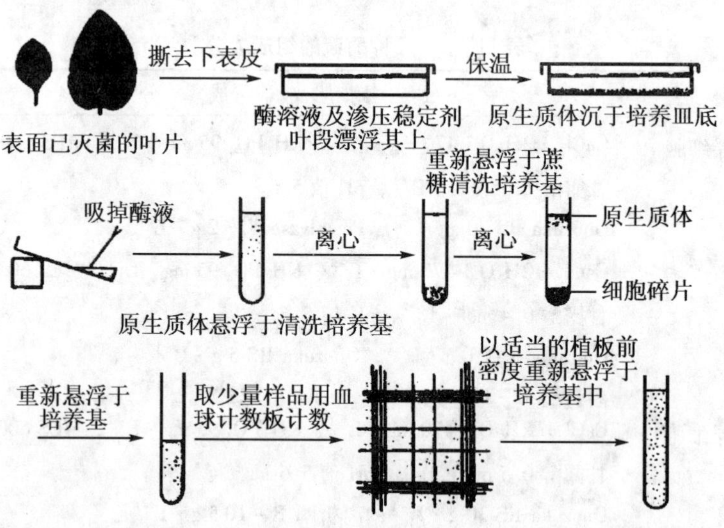

图 11－1　原生质体分离纯化流程图

将纯化后的原生质体调整到细胞密度为 2×10^5 个·mL^{-1}，进行继后的培养。在原生质体培养之前，常常先对原生质体的活性进行检测。常用的方法有观察胞质环流、荧光素双醋酸酯染色等方法。

五、原生质体培养

(一) 培养基

原生质体的培养和组织、细胞培养相似。由于除去了细胞壁，培养基中必须有一定浓度的渗透压稳定剂来保持原生质体的稳定。原生质体培养基有多种。李向辉等（1982）建立一种能广泛适用的 D_{2a} 植物原生质体培养基，适用于茄科、玄参科、豆科、藜科等植物。当再生细胞形成细胞系后进入旺盛分裂时，除去葡萄糖，并及时补充蔗糖，即形成 D_{2b} 培养基（表 11－3）。此外，高国楠等（Kao et al., 1977）提出的 KM－8P 培养基（见第十二章）和 B_5 培养基（见第二章）等对某些植物也行之有效，一般来说，无机盐的大量元素含量稍低，钙离子浓度较高，采用有机氮源而少用铵盐。在培养基中添加天然有机物质如椰子汁、酵母提取物等对原生质体的生长有利。不同的植物对激素的种类和浓度要求不同。常采用 1～2 mg·L^{-1} 2, 4－D 或配以低浓度（0.2～0.5 mg·L^{-1}）的玉米素。

表 11-3　原生质体 D_{2a} 和 D_{2b} 培养基的成分

矿物盐	用量/mg·L⁻¹	有机成分	用量/mg·L⁻¹	
			D_{2a}	D_{2b}
NH_4NO_3	270	间-肌醇	100	100
KNO_3	1 480	烟酸	4.0	4.0
$CaCl_2 \cdot 2H_2O$	900	硫胺素-HCl	4.0	4.0
$MgSO_4 \cdot 7H_2O$	900	甘氨酸	1.4	1.4
KH_2PO_4	80	吡哆素-HCl	0.7	0.7
$FeSO_4 \cdot 7H_2O$	27.8	叶酸	0.4	0.4
Na_2-EDTA	37.3	生物素	0.04	0.04
H_3BO_3	2.0	NAA	1.5	1.5
$MnSO_4 \cdot 4H_2O$	5.0	6-BAP	0.6	0.6
$ZnSO_4 \cdot 7H_2O$	1.5	椰子汁	50 mL·L^{-1}	50 mL·L^{-1}
KI	0.25	2,4,5-T	0.5	
$Na_2MoO_4 \cdot 2H_2O$	0.10	葡萄糖	0.4 mol·L^{-1}	
$CuSO_4 \cdot 5H_2O$	0.015	蔗糖	0.05 mol·L^{-1}	0.06 mol·L^{-1}
$CoCl_2 \cdot 6H_2O$	0.01	琼脂		4 000
pH 值=5.8				

（二）培养方法

原生质体的培养方法有液体培养、固体培养和固液混合培养3种。（1）液体培养又可分为微滴培养和浅层培养两种。微滴培养是将悬浮的密度为 10^4～10^5 个·mL^{-1} 原生质体的培养液用滴管以0.1 mL左右的小滴一滴一滴地接种到培养皿上，由于表面张力的作用，小滴以半球形保持在培养皿表面，如果将培养皿翻转过来，则成为悬滴培养。微滴培养的优点是如果其中一滴或几滴发生污染，不会殃及整个实验。缺点是原生质体分布不均匀，集中在小滴中央，且与空气接触面大，液体容易蒸发，使培养基浓度提高。液体浅层培养是一种有效方法，将含有原生质体的培养液在培养皿底部铺一薄层。液层不要太厚，以免通气不良而导致原生质体不易分裂。（2）固体培养是将悬浮在液体培养基中的原生质体悬液与热融的含琼脂的培养基在一定的温度（45 ℃）下等量混合。琼脂冷却固定后，原生质体就埋在培养基内培养。用琼脂糖代替琼脂可提高植板效率，特别是对一些不容易发生分裂的原生质体。这种方法的优点是可以在倒置显微镜下定点地观察一个原生质体的分裂情况；缺点是只有在固体表面的原生质体才能分裂，埋在琼脂内部的因通气不良而不分裂。（3）固液混合培养是在培养皿底部先铺上一层琼脂培养基，待固化以后，在固体培养基表面再作浅层液体培养。

（三）培养条件

（1）保持湿度是培养的关键因子。因为培养基的用量很少，水分稍为蒸发就会引起渗透压提高，原生质体就受影响。因此培养皿必须严密封住，并放在能保持湿度的容器内。

（2）各种植物原生质体要求不同的最适温度，一般可在 25 ℃上下。在光照方面，多数原生质体适合在暗淡的散射光下或黑暗中生长。

（3）原生质体培养要求有较高的密度，具体密度因植物材料、物种及基因型不同而异。一般培养密度是 $10^4 \sim 10^5$ 个 · mL^{-1}，太密太疏都不好。例如大豆子叶原生质体培养最适密度是 1×10^5 个 · mL^{-1} 左右，当密度达到 5×10^5 个 · mL^{-1} 时，原生质体分裂明显受抑制，逐渐破碎解体；但密度较低时（0.5×10^5 个 · mL^{-1}），不利于快速得到愈伤组织。

（4）原生质体培养了一段时间后，要添加新鲜培养基，并且逐步用较低渗透压的细胞培养基代替，以便适应新细胞团或愈伤组织的生长。

（四）原生质体的发育

原生质体在适合的条件下，首先形成新的细胞壁，继而进行分裂，形成愈伤组织。

茄科植物如烟草、矮牵牛等叶肉细胞原生质体在 D_{2a} 培养基上首先增大体积，叶绿体重排于细胞核周围，在短时间合成新细胞壁，细胞由球形变成长椭圆形。在 1 ~ 2 d 内便形成完整的细胞壁。新形成的细胞壁可用质壁分离显示，或用荧光染料显示。

如果培养基合适，培养 2 ~ 3 d 后胞质增加，RNA、蛋白质及多聚糖合成增加，不久即发生核的有丝分裂和胞质分裂，形成细胞团或愈伤组织。第一次细胞分裂的时间因植物材料和培养条件的不同而不同，大约是培养后 2 ~ 10 d。虽然细胞有分裂能力，但不一定能继续分裂下去。例如茄科和豆科等植物能不断分裂，而禾本科的小麦叶肉原生质体只能分裂 2 ~ 3 次，大麦也只能分裂 5 ~ 6 次。

虽然每个原生质体都有再生分裂的潜在能力，但在培养基中只有一部分能分裂。除植物种类基因型外，还主要取决于培养基和培养条件。烟草叶肉原生质体在 NT 培养基上培养一周，分裂频率（植板率）为 54.9%，如在 2N－11 培养基上培养同样时间，则可达 82.8%。

待小愈伤组织长至 1 mm 左右时，及时将其转入固体培养基上使其进一步生长。培养基组成一般与愈伤组织培养基相同。

（五）原生质体植株再生

原生质体分化为再生植株通过两种途径：一种途径是将原生质体再生的愈伤

组织直接转移到分化培养基上，一步成苗。关键是选择适合的培养基并调节生长素和激动素的平衡。另一种途径是由先将愈伤组织培养在含细胞分裂素（一般为 0.5~2.0 mg·L^{-1}）和低浓度 2,4-D（一般为 0.02~0.2 mg·L^{-1}）的分化培养基上，形成质地较硬的胚性愈伤组织或胚状体，再将其转到含细胞分裂素的分化培养基上再生植株。

现将原生质体培养和再生植株的流程简示如图 11-2 所示。

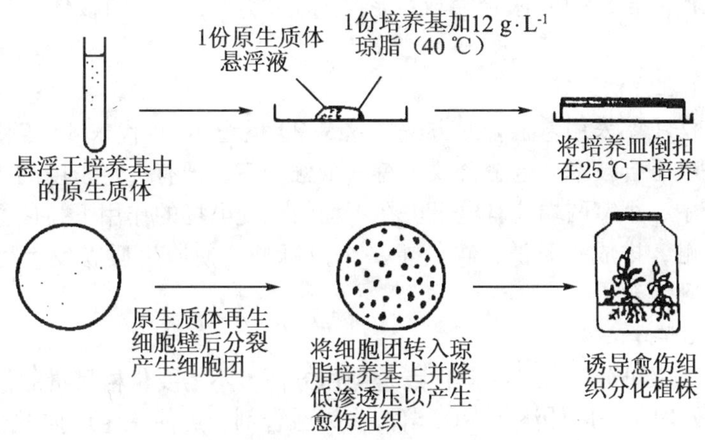

图 11-2 原生质体培养再生植株的流程图

第二节 原生质体融合

原生质体融合也叫做体细胞杂交，是以原生质体培养技术为基础，借用动物细胞融合方法发展和完善的一门新型生物技术。植物细胞有细胞壁，要进行细胞融合是不可能的，因此一定要脱掉细胞壁，所以植物体细胞杂交实质上是原生质体融合。

目前已通过种内、种间、属间甚至科间的体细胞杂交获得杂种细胞系或杂种植株，其中有的已用于生产。早期的工作主要以茄科植物的烟草属、曼陀罗属、矮牵牛属、茄属、番茄属和颠茄属作为材料，后又以“十”字花科芸苔属和拟南芥属，以及伞形科的胡萝卜属和欧芹属作为材料进行研究。近年的工作在禾本科、豆科作物，以及木本植物的原生质体融合方面取得较大进展。

一、细胞融合的方法

根据原生质体是否同源，原生质体融合方式可分自发融合和诱导融合两种。

在酶解细胞壁过程中，有些原生质体能彼此融合形成同核体，这叫做“自发融合”（spontaneous fusion），这是由于不同细胞的胞间连丝扩展和粘连造成的。在体细胞杂交中，彼此融合的原生质体应来源不同。因此，自发融合是无意义的。我们需要的是不同种的细胞融合，要使它们融合，一定要用物理或化学的方法来诱导，这种融合就称为诱导融合（induced fusion）。原生质体的融合过程包括3个主要阶段：（1）两个或多个原生质体的质膜彼此靠近；（2）局部区域质膜紧密粘连，彼此融合；（3）融合完成，形成球形的异核体或同核体。目前常用的融合方法有：

（一）物理方法

物理方法主要采用电融合的方法。这是20世纪70年代末80年代初开始发展起来的一项融合技术。电融合仪中有一个融合室，把有一定密度的原生质体悬浮液置于其中，小室两端装有电极。在不均匀交变电场的作用下，使原生质体彼此靠近、接触，排成一条链，再给予一个点脉冲，使原生质膜发生可逆性电击穿，从而导致融合。

（二）化学方法

化学方法又可分为几种。其优点是操作方便，不需要价格昂贵的仪器。

$NaNO_3$处理——以低渗 $NaNO_3$ 溶液作为融合剂，可使原生质体融合。Carlson（1972）用这种方法获得了世界上第一个体细胞杂种——粉蓝烟草和朗氏烟草体细胞杂种，但这种方法的缺点是异核体形成频率不高。

高pH值—高钙处理方法——1973年Keller和Melchers发现，用强碱（pH值10.5）和高钙离子（50 $mmol \cdot L^{-1}$ $CaCl_2 \cdot 2H_2O$）溶液在37 ℃下处理原生质体，两个品系的烟草叶肉原生质体容易彼此融合。这种方法的优点是杂种产量高，但高pH值可能对细胞是有毒的。

聚乙二醇（PEG）处理方法——采用PEG作为融合剂时，异核体形成的频率高，可重复性强，而且对大多数细胞来说毒性低。高国楠等（1974）等提出的PEG法是先把两种刚游离出来的选定植物的原生质体以适当比例混合，用280～580 $g \cdot L^{-1}$的PEG（分子量为1 500～6 000）溶液处理15～30 min，然后用培养基逐步清洗原生质体。这一方法得到广泛应用。后来他们发现如果采用PEG法与高pH值—高钙法相结合，效果就更好。具体是用含有高浓度钙离子（50 $mmol \cdot L^{-1}CaCl_2 \cdot 2H_2O$）的强碱性溶液（pH值9～10）清洗原生质体比用培养基清洗能产生更高的融合频率。

二、细胞融合的程序

细胞融合主要有以下几个程序，即两种亲本的原生质体分离、用理化因子诱导融合、异核体或杂种细胞的选择、杂种细胞的培养及再生、杂种细胞的鉴定等。

（一）两种亲本的原生质体分离

原生质体分离方法见第一节。双子叶植物中不论是从外植体，还是培养细胞分离的原生质体，都是细胞融合的良好材料。单子叶植物中往往用胚性细胞进行融合，因为禾本科植物叶肉原生质体往往不能分裂。细胞融合要求新鲜的原生质体，因为分离纯化后的原生质体 5 ~6 h 就开始长壁，有的还更快。

（二）原生质体融合

供体—受体式细胞融合被广泛采用，包括非对称杂交和细胞质杂交两种方式。前者是一方亲本的细胞核与细胞质与另一方亲本的少量核物质（1 ~2 条染色体）和全部细胞质融合；后者是一方亲本的细胞核与细胞质及另一方亲本的全部细胞质融合，这样，有可能使两种来源不同的核外遗传成分（细胞器）与一个特定的核基因组结合在一起，这种杂种叫细胞质杂种。在原生质体能够完全融合的情况下，胞质杂种可以通过以下各种途径产生：（1）一个正常的原生质体与一个去核的原生质体融合；（2）一个正常的原生质体和一个核失活原生质体的融合；（3）在异核体形成之后 2 个核中有 1 个消失；（4）在较晚的时期染色体选择性地消除。

（三）异核体或杂种细胞的选择

体细胞杂交结果的可靠性检验非常重要，关键环节就是选择异核体（融合不久的产物，此时两个亲本原生质体的质膜和细胞质已融合，但细胞核尚未融合）和杂种细胞。一般常用的方法有两种：

（1）互补选择法。融合后的细胞要进行两次不同培养条件的培养。第一次培养条件适合于甲亲本，而不适合乙亲本。经过一段时间后，能够生存下来的是：①未经融合的甲亲本；②甲甲融合的产物；③有甲亲本基因存在的甲乙融合产物。然后转入第二个培养条件，在此条件下，只适合乙亲本原生质体生长，甲原生质体死亡。两次培养之后，能存活下来的只有具甲乙亲本基因并得到互补的杂种细胞。

采用这种方法的前提是要求有某些缺失体、某些营养缺陷型、抗某些因子的亲本。

（2）机械分离法。采用机械分离法的前提是：①融合前两个亲本有可分辨的明显标记，例如一个亲本是来自愈伤组织的原生质体，不具备叶绿体，而另一亲本来自叶肉细胞，有叶绿体。②要有特殊的培养皿来培养异核体，这种培养皿有许多只能培养一个异核体的小穴，并且有营养丰富的培养基，可使单个原生质体或异核体能在培养基中再生壁和分裂。但这两个前提都不是很容易达到的。

除此之外还有一种分类的方法。两个亲本原生质体在融合前用能发不同颜色荧光的荧光染料进行染色。融合后的产物通过一个细胞分类器，它可以辨别和收集发两种荧光的异核体。但仪器价格昂贵，不常用。

（四）杂种细胞的培养及再生

可参考本章第一节原生质体培养的内容及图 11 - 3。

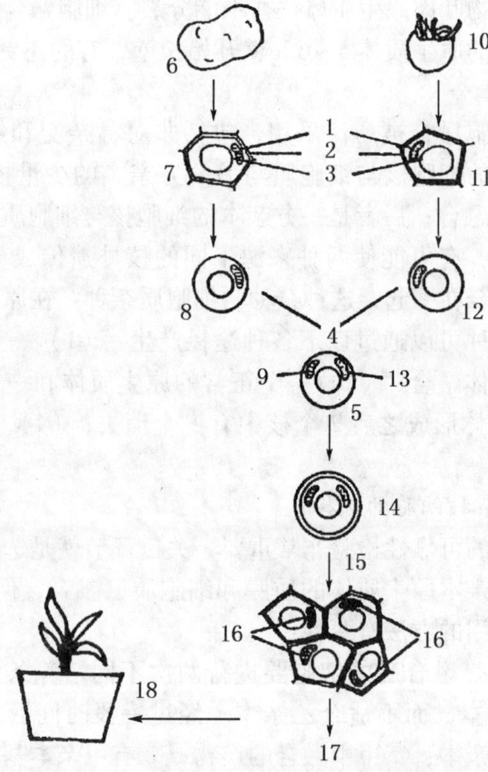

图 11 - 3　体细胞杂种植株再生的程序

1—细胞核；2—细胞壁；3—液泡；4—原生质体融合；5—原生质体异核体；6—马铃薯块茎；7—马铃薯细胞；8—马铃薯原生质体；9—马铃薯细胞核；10—西红柿；11—西红柿细胞；12—西红柿原生质体；13—西红柿细胞核；14—细胞核异核体；15—分裂和核的融合；16—融合的核；17—杂种细胞团；18—再生的杂种植株

（五）杂种细胞或杂种植株的鉴定

再生后的杂种细胞或杂种植株的鉴定，是确证是否来自两个亲本的杂种的重要的环节。大致有几种鉴定方法：

形态学分析——考察双亲植物，观察其株高、株型、叶片大小、形状、气孔的大小与多少，花的形状、大小及颜色等。

细胞学分析——进行染色体数的计算及形态观察。

生物化学或分子生物学分析——主要有：（1）同功酶谱分析，如酯酶、过氧化物酶、苹果酸脱氢酶、乙醇脱氢酶等的同功酶；（2）RuBP 羧化酶分析和 Fraction I 蛋白分析；（3）叶绿体 DNA、线粒体 DNA、核 DNA 的分析，采用 Southern 杂交和 RFLP 图谱分析。

抗性分析——检测是否存在双亲中具有的某些抗性性状。

育性分析——检查花粉粒的大小、形状、活性，能否开花结果，有无种子等。

第三节　以原生质体为材料的基础理论研究

原生质体作为去除细胞壁的裸露细胞，经常用以研究植物细胞的生理反应，也可以用来进行基团转化的系统。

一、原生质体用以研究细胞生理反应

一般来讲，植物原生质体可以用于研究细胞生理反应、细胞壁合成、细胞分裂与分化的机理，还可以用于研究细胞信号转导途径。

原生质体体积的变化与植物生长相关。龙程等（1995）的研究表明，绿豆原生质体体积变化受光敏色素的调节。红光诱导原生质体膨大，远红光逆转红光的作用。利用钙离子通道抑制剂、钙螯合剂、放射性同位素钙离子等实验进行研究，发生红光诱导原生质体体积的变化需要钙信号系统参与。王小菁和 Iion 等（1997，1998，2001）运用玉米胚芽鞘、拟南芥叶片与下胚轴、菜豆叶枕等分离原生质体，发现蓝光会引起原生质体的收缩，这种原生质体的体积变化主要是由于质膜阴离子通道的变化引起的，质膜 H^+ – ATPase 也有作用，而细胞外钙离子与蓝光引起的收缩反应无关。用拟南芥突变体进行的实验表明，蓝光诱导的原生质体收缩反应是蓝光受体隐花色素介导的，同时也需要光敏色素的存在。UV – B 也可引起原生质体收缩。

与植物激素影响植物生长的趋势相似，IAA、KT、6 – BA 与 GA 促进原生质体的膨大，而 ABA 则抑制原生质体膨大。IAA 诱导的菜豆叶枕原生质体膨大是由于 K^+ 与 Cl^- 通过 K^+ 离子通道和 Cl^-/K^+ 同向运输体进入原生质体而引起的。而 ABA 引起的原生质体收缩也是与离子的流出原生质体相关。

二、原生质体作为基因转化系统

在转基因时，原生质体作为基因转化的受体细胞，是单个独立的细胞，为选择遗传均一的转基因植株提供了可能性。可以采用电激法、显微注射法、脂质体转化法、PEG 法以及农杆菌介导的方法将外源基因转入原生质体。

电激法是采用高压直流电脉冲道电激穿孔作用，将质膜打开，细胞膜吸附带 DNA 进入细胞。Fromnn1985 年首次采用电激法将外源泉基因导入植物细胞，并发现不影响植株的再生。邢惕等（2001）将番茄 MAPKK 基因 *tMEK*2 核心区丝氨酸和苏氨酸进行定点诱变，得到了处于永久活化状态的突变型基因 *tMEK*2^{MUT}。将 *tMEK*2^{MUT}与植物组成型强启动子 *tCUP* 连接，用电激法将其导入番茄原生质体进行瞬时表达，发现 *tMEK*2^{MUT}可诱导下游病原相关基因 *PR*1*b*1、*PR*3、*Twil* 的表达。利用番茄瞬时表达系统，Xing 等（2003）还找到了抗病防卫反应中 MAPK 信号转导通路下游的转录因子。进行电激法转化原生质体时，要经过预实验的摸索，以获得不同材料与系统的适宜电压。

显微注射法是利用特制的显微注射仪将外源基因注入原生质体。虽然速度慢，操作的细胞数量有限，但具有成功率高的特点。显微注射时需要将原生质体的位置固定，以便操作。常用的固定方法有琼脂糖包埋固定、聚赖氨酸粘连固定、吸管吸取单个原生质体固定。曾经有人向烟草原生质体注射 DNA，转化频率达到 6%。

PEG 法对单子叶植物原生质体的转化比较有效，水稻、玉米都有成功的例子。PEG 的分子量、使用浓度与原生质体的培养方式都与转化的成败关系甚大。

脂质体是由磷脂酰胆碱或磷脂酰丝氨酸等脂质构成的双层膜结构，类似于原生质体。将外源基因包裹在脂质体中，当其与原生质体发生融合时，则将外源基因导入原生质体。

农杆菌介导的外源基因转化进入原生质体已经在烟草获得成功。将对数生长期的农杆菌与原生质体培养基混合，使细胞与农杆菌的密度分别达到每毫升 10^5 细胞与 10^7 农杆菌，在 20 ℃、2 000 lx 与光照条件下共培养 32 h，再经过用培养基洗涤去菌、抗生素筛选等步骤，3 周以后可逐步获得单细胞的细胞团，用于进一步的培养与再生。

第十二章　种质保存

种质（germplasm）是指亲代通过生殖细胞或体细胞传递给子代的遗传物质。植物种质保存（conservation of plant germplasm）是利用天然或人工创造的适宜环境，使个体中所含有的遗传物质保持其遗传完整性，有较高的活力，能通过繁殖将其遗传特性传递下去。种质保存主要有两种方式：原地保存和异地保存。前者通过建立自然保护区和天然公园来实现，后者通过植物园、种质圃、种子库以及离体保存来实现。

在植物组织和细胞的培养过程中，不断的继代培养会引起染色体和基因型的变异，可能导致培养细胞的全能性丧失，也可能丢失一些宝贵的特殊性状。随着组织和细胞培养技术的发展，特别是细胞工程和基因工程的发展，需要收集和储存各种植物的基因型，这就需要建立一种妥善的种质保存方法。离体保存技术也就应运而生。将组织和细胞培养中的外植体或试管苗贮存在使其抑制生长、缓慢生长或无生长的条件下，达到长期保存的方法就叫做离体保存。离体保存的优点是：第一，解决一些无性繁殖作物种质资源在低温下长期保存问题，可有效避免资源的丢失；第二，节省土地和劳动力，保存方法简单，花费少，且能在保存中脱毒；第三，在提供利用时，可快速繁殖，也有利于国际国内种质交换。经过多年的摸索，已发展并形成了一系列离体保存技术体系。例如，通过改变培养基成分、改变培养环境以及低温和超低温保存的方式进行离体保存。

第一节　常温保存

在常温（20 ℃ ±5 ℃）条件下，通过改变培养基中某些营养物质的浓度，改变培养的环境条件，可达到保存的目的。

改变培养基无机盐的浓度，如以 1/4 MS 培养基培养菠萝试管苗，一年后仍有 81% 的试管苗保持活力，并且再生率达到 100%；甘露醇、蔗糖等渗透物质能增加培养基的渗透强度，抑制外植体的生长，例如，具有 3 片叶的生姜试管苗在补加 30 $g \cdot L^{-1}$ 甘露醇的培养基上，生长速度减慢，比对照延长了保存期，15 ℃下培养一年后，遗传保持稳定。在培养基中添加植物生长调节剂，在某些培养中有明显的作用，例如，添加 5 ~ 10 $mg \cdot L^{-1}$ 的 PP_{333}，马铃薯试管苗在常温下比对照矮壮、叶数增多、根数少而粗短，存活率提高，继代保存从对照的一年转管

4～5 次延长到一年半转管 1 次，而且恢复生长快。

降低培养环境的氧含量也能达到降低保存材料生长的目的。一般采用的方法有两种，一是在保存材料上覆盖一层矿物油如石蜡、硅酮油或液态石油，二是降低培养环境的氧分压。

第二节　常低温和低温保存

常低温（15 ℃～0 ℃）和低温（0 ℃～－80 ℃）保存，还可辅以改变培养基成分和培养条件，以减缓材料的生长速度，延缓继代时间，故又称为最小生长法。

培养材料的常低温和低温保存简便易行，不需要很大投资，一般仅需要经过装修的家用冰箱就可以进行。可以将材料培养在扁平的塑料培养盒中，培养盒可以一个个叠起来，放在冰箱内的每一层。冰箱内顶端装一个较弱的光源。为了使箱内材料能较均匀地得到光照，每星期作一次调整，将上下层材料进行对换。

根据植物对温度的耐受力确定其抑制生长的保存温度。如马铃薯、苹果、草莓及大多数草本植物可在 0 ℃～6 ℃条件下保存，而木薯、甘薯的保存温度就不能低于 15 ℃～20 ℃。有人用这种方法保存葡萄，在 2 m^2 的实验室里，可保存在大田里需要约 1 公顷土地的 800 个品种的葡萄植株。在常低温和低温下，通常几个月换一次培养基，有的甚至可以一年换一次。

在低温保存时还可结合低压来取得更好的效果。主要通过降低培养物周围的大气压，也可以通过在正常的气压下加入惰性气体而减少氧分压。低气压和低氧压都可抑制植物的生长，但不会导致培养物表现型上的差异。

多效唑、烯效唑、B_9、CCC 等生长延缓剂都能延缓植物的生长。将它们添加到培养基中可以起到延缓试管苗生长的作用。同时还可使试管苗叶色浓绿、矮壮、易生根。

第三节　超低温保存

超低温保存也叫冷冻保存，主要是指在液氮（－196 ℃）的超低温下使细胞代谢和生长处于基本停止的状态，在适宜的条件下可迅速繁殖，再生出新的植株，并保持原来的遗传特性。利用超低温保存除了可以对珍稀植物进行种质保存外，还可保存花粉，延长花粉寿命，解决不同开花期和异地植物杂交上的困难。

一、冰冻保护剂

使用冰冻保护剂（也叫抗冻剂）对超低温保存材料的存活率至关重要。常用的冰冻保护剂有两种类型：渗透型抗冻剂和非渗透型抗冻剂。二甲亚砜（DMSO）、乙二醇、乙酰胺、丙二醇、甘油等是渗透型抗冻剂，它们多属低分子中性物质，在溶液中易结合水分子，发生水合作用，使溶液的黏性增加，而减弱水的结晶过程，达到保护的目的。聚乙烯吡咯烷酮（PVP）、蔗糖、葡聚糖、聚乙二醇等为非渗透型抗冻剂，它们可溶于水，但不能进入细胞，可在特定的温度下降低溶质（电解质）浓度，从而起到保护作用。表 12－1 比较了不同冰冻保护剂对野生稻愈伤组织超低温保存的作用效果。

表 12－1　不同的冰冻保护剂对野生稻愈伤组织超低温保存的作用效果

保护剂种类	冻前细胞活力（TTC 值）	冻后细胞活力（TTC 值）	冻后细胞存活率/%
对照	1.2	0.027	2.3
100 $g \cdot L^{-1}$ DMSO	3.9	0.52	13.5
100 $g \cdot L^{-1}$ DMSO＋100 $g \cdot L^{-1}$甘油	3.9	0.65	16.7
100 $g \cdot L^{-1}$ DMSO＋100 $g \cdot L^{-1}$蔗糖	1.8	0.43	24.2
100 $g \cdot L^{-1}$ DMSO＋0.5 $mol \cdot L^{-1}$山梨醇	1.9	0.38	20.1
100 $g \cdot L^{-1}$ DMSO＋80 $g \cdot L^{-1}$葡萄糖	2.1	1.29	61.4
100 $g \cdot L^{-1}$ DMSO＋100 $g \cdot L^{-1}$甘油＋80 $g \cdot L^{-1}$葡萄糖	1.5	0.75	50

二、保存液

为了保持离体细胞、组织和器官的活力，延长其寿命，提供其所需的营养和生活环境，人们模拟细胞组成成分，配制出各种保存液。在冷冻前的预处理中，还常常用保存液稀释抗冻剂，形成所需的抗冻液浓度。保存液的组成有：（1）电解质平衡盐溶液。（2）高渗溶液，一般选用葡萄糖、甘露醇、蔗糖等作为高渗剂。（3）营养液，含有多种营养物质，如氨基酸、核苷类、葡萄糖等。

三、材料的预备和预处理

材料的预备和预处理包括：

（一）材料的生长状态和年龄的选择

培养细胞处于旺盛的对数分裂期，抗冰冻能力强，存活率高。一般来说，液体悬浮培养细胞以 5～7 d 为宜，固体培养的愈伤组织以 9～12 d 为宜，如果是野外生长植物的芽，应选择冬天低温锻炼后的植株，以提高存活率。

（二）预培养

为了提高细胞的抗冰冻能力，在冰冻保存前的预培养中加入诱导提高抗寒力的物质如山梨糖醇、脱落酸等，或将培养基的糖浓度提高，这样可提高存活率。

（三）冰冻保护剂预处理

由于一些冰冻保护剂的成分有毒性，冰冻保护剂预处理必须在0 ℃下进行。处理时间不能过长，一般不宜超过1 h。

四、超低温保存操作

（一）快速冷冻法

将植物材料从0 ℃或其他预处理温度直接投入液氮罐内，降温速度为1 000 ℃/min以上。这种方法适用于培养物细胞体积小、胞质浓、含水量低、液泡化程度低的材料。快速降温可使细胞内的水在迅速越过－140 ℃这一冰晶形成的危险温度期后，细胞内的水形成“玻璃化”状态，不会对细胞产生破坏作用。

（二）慢速冷冻法

将植物材料以0.1～10 ℃/min的降温速度从0 ℃降至－100 ℃左右，而后立即浸入液氮罐中或以同样的速度连续降温至－196 ℃。可用自动控制的方法实现慢速降温。慢速冷冻法适用于含有大液泡的成熟细胞。这种细胞含水量高，在慢速降温过程中，可以使细胞内的水有充足的时间不断地渗到细胞外结冰，而避免在细胞内结冰。

（三）分步冷冻法

一种方法是先慢速降温，以0.5～4 ℃/min的速度将材料慢速降温至－40 ℃，停留一段时间后，使材料充分脱水，然后投入液氮迅速冷冻。另一种方法是把材料在0 ℃预处理后，逐级通过不同的低温温度一段时间，然后投入液氮。

（四）脱水干燥法

将培养材料的含水量降到一定程度，再浸入液氮罐中，这样可使植物免遭冻死。可以将植物材料置于无菌气流中干燥、硅胶干燥，或置于27 ℃～29 ℃烘箱内，使含水量下降到27%～40%，使用真空干燥法脱水效果更好。此外玻璃化法和包埋脱水法是近年来发展起来的，前者是用高浓度的复合玻璃化保护剂使样品脱水，减轻了机械损伤和溶液效应，应用价值高。包埋脱水法则将样品用高浓度的蔗糖进行预处理，包埋在海藻酸胶中，避免了二甲亚砜和甘油的化学毒性。

在脱水时，一些生长调节剂处理，可以增加材料的脱水耐性，如刘伟等（2001）利用ABA、Me－JA（茉莉酸甲酯）预处理，能够有效地提高铁皮石斛类原球茎体的脱水耐性，存活率由对照的10%以下，提高到预处理后的60%左右。

（五）化冻操作

化冻也有两种方式：一是快速化冻，即在35 ℃～40 ℃温水中化冻；另一种是慢速化冻，即在0 ℃、2 ℃～3 ℃或室温下进行化冻。前者使用广泛。在化冻过程中要注意：（1）操作轻，避免组织和细胞的机械伤害；（2）将冰冻样品试管插入温水浴中时，注意避免管口污染；（3）试管内的冰一旦化冻完以后，要立即将试管移到20 ℃ ~25 ℃的水浴中，并立即迅速进行洗涤和再培养。

（六）生活力和存活率的测定

一般采用下列三种方法检验化冻后材料的生活力和存活率：（1）再培养，即化冻后立即将材料转移到新鲜培养基上进行再培养。在再培养过程中，观测细胞的增生数量，愈伤组织的形成和增长情况、大小和数量的变化，新植株分化的能力等。（2）荧光素双醋酸酯（FDA）染色法，与观察原生质体活力的方法一样。先配制 1 g · L^{-1}的荧光素染料，用一滴染料和一滴化冻后的细胞悬浮液相混合，分别置于普通光学显微镜和紫外荧光显微镜下观察和计数。前者观察的是总细胞数，后者观察的是活细胞数，从而计算存活细胞的百分比。也可以用中性红等活性染料检查细胞的存活率。（3）TTC 法，此法显示细胞内脱氢酶的活性。脱氢酶使 TTC（氯化三苯四氮唑）还原生成一种红色的物质，作为检验活细胞的方法。

下面是超低温保存的基本程序：

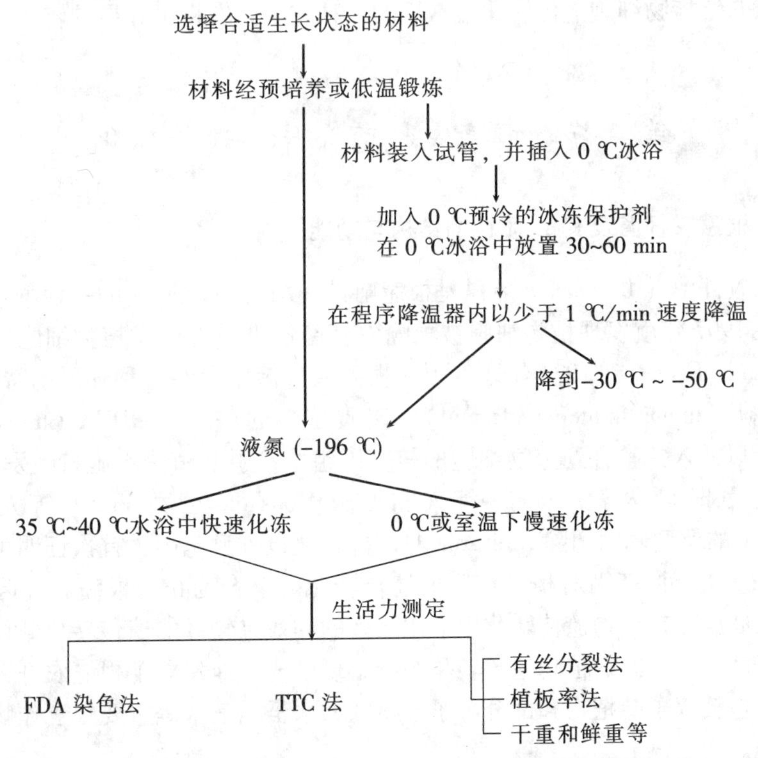

第十三章　植物细胞的遗传转化

植物细胞的遗传转化，是指利用生物或（和）物理化学等手段，将外源基因导入植物细胞，并使之表达的过程。目前植物细胞遗传转化的方法包括两大类：以农杆菌（*Agrobacterium*）介导的遗传转化技术和直接转化法。农杆菌介导的遗传转化是指利用根癌农杆菌（*Agrobacterium tumefaciens*）的 Ti（tumor inducing）质粒或发根农杆菌（*A. rhizogenes*）的 Ri（root inducing）质粒将外源基因转入到植物细胞核基因组中，并进行整合表达的转化方法，这是一种天然的生物转化系统，故又称间接转化法。而直接转化法是将外源基因直接导入植物细胞，并使之获得表达的方法。现有的直接转化方法包括基因枪法、电击法、以 PEG 介导的原生质体转化法、碳化硅纤维介导法和花粉管通道法等多种方法。本章仅重点介绍植物细胞遗传转化最常用的两种方法：农杆菌介导的转化法和基因枪转化法。

第一节　根癌农杆菌介导的遗传转化

一、根癌农杆菌及其 Ti 质粒的结构与功能

根癌农杆菌（*A. tumefaciens*）是根瘤菌科（Rhizobiaceae）的一种革兰氏阴性菌。早在 1907 年就发现植物细胞被根癌农杆菌侵染后能诱发植物细胞形成冠瘿瘤（crown gall）。直到 1974 年才发现在根癌农杆菌中存在一种环形的特殊质粒，即 Ti 质粒（tumor inducing plasmid），该质粒中的一段 T－DNA（transferred－DNA）可以插入并整合到植物细胞的核基因组中，引起植物细胞特性发生变化。1983 年比利时科学家 Montagu 等人和美国 Monsanto 公司 Fraley 等人分别将 T－DNA 上的致瘤基因切除（disarmed），并代之以外源基因，首次证明可以通过 Ti 质粒来实现外源基因对植物细胞的遗传转化。至今为止，根癌农杆菌及其 Ti 质粒已发展成为在植物遗传转化中应用最多的和效果较好的遗传转化载体。利用根癌农杆菌这一天然的植物遗传转化系统，现已成功地建立了根癌农杆菌对许多种植物，包括双子叶植物和部分单子叶植物如水稻、玉米等重要粮食作物的遗传转化系统。

Ti 质粒是根癌农杆菌特有的位于其染色体外独立的基因组，为双链共价闭合

环状的 DNA 分子，大小在 150～200 kb（千碱基对）之间。当根癌农杆菌侵染植物后，其 Ti 质粒的 T－DNA 部分转化，并整合进入植物宿主细胞后，可诱导植物细胞形成冠瘿瘤（图 13－1）。当除去根癌农杆菌后，这种冠瘿瘤细胞仍能继续自主生长，并可诱导合成一类正常植物细胞所不能合成的被称为冠瘿碱（opines）的特殊氨基酸衍生物，而且它们还可被根癌农杆菌利用作为其生长所需的碳源和氮源。根据冠瘿碱的种类不同，可将已知的 Ti 质粒及其相应的宿主菌分为章鱼碱（octopine）型、胭脂碱（nopaline）型、农杆碱（agropine）型和琥珀碱（succinamopine）型等类型。图 13－2 为根癌农杆菌章鱼碱型 Ti 质粒和胭脂碱型 Ti 质粒的图谱。

图 13－1　接种根癌农杆菌后烟草茎部产生的冠瘿瘤

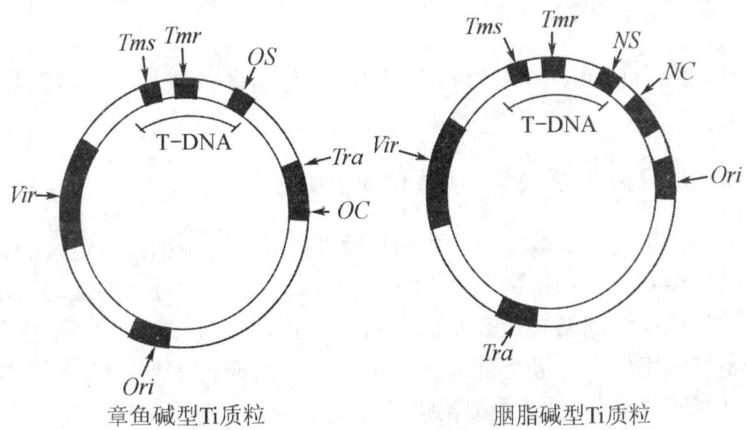

图 13－2　根癌农杆菌章鱼碱型 Ti 质粒和胭脂碱型 Ti 质粒的图谱

Ori—复制起始点；*Vir*—毒性区；*Tms*—编码控制植物生长素合成酶的基因；*Tmr*—编码细胞分裂素生物合成酶基因；*OS*—章鱼碱合成酶基因；*OC*—章鱼碱代谢酶编码基因；*NS*—胭脂碱合成酶基因；*NC*—胭脂碱代谢酶编码基因

已有的研究表明，Ti 质粒大致都可分为以下 4 个区：

（1）T－DNA 区（transferred－DNA regions）。其长度约 12～24 kb，是根癌农杆菌侵染植物细胞时从 Ti 质粒上切割下来转移到植物细胞中的一段 DNA，故称之为转移 DNA。它包括以下几个遗传位点：① 编码冠瘿碱合成的基因，如章鱼碱合成酶的基因位点 *OS*；② 编码控制植物生长素合成酶的基因位点 *Tms*1 和 *Tms*2。③ 编码细胞分裂素生物合成酶基因位点 *Tmr*。通常把 Ti 质粒中 T－DNA 的 *Tmr*、*Tms*1 和 *Tms*2 这三个基因总称为“致瘤（*onc*）”基因。此外，胭脂碱型根癌农杆菌 Ti 质粒中 T－DNA 的左、右两侧是一段 25 bp（碱基对）的重复序列，构成 T－DNA 的边界序列（border sequence），分别被称为左边界（left border，LB）和右边界（right border，RB）。研究表明，插入在 T－DNA 边界序列之间的任何 DNA 片段都可被转移到植物染色体中，因而 Ti 质粒可被用来作为外源目的基因的表达载体。

（2）*Vir* 区（Virulence region），又称毒性区。其大小约为 30 kb 左右，包含有多个基因段，如 *VirA*、*VirB*、*VirC*、*VirD*、*VirE*、*VirF*、*VirG*、*VirH*（以往称 pinF）等。*Vir* 区的基因在根癌农杆菌中平时并不表达，只有在酚类化合物的诱导下才发生表达，*Vir* 区的基因表达所合成的蛋白质在 T－DNA 的加工、转移和整合过程中起着重要的作用。

（3）*Con* 区（regions encoding conjugations），又称接合转移编码区。该区段上存在着与细菌间接合转移的有关基因（*Tra*），调控 Ti 质粒在农杆菌之间的转移。

（4）*Ori* 区（origin of replication），即复制起始区。该片段基因调控 Ti 质粒的自我复制。

二、根癌农杆菌 Ti 质粒 T－DNA 的整合机理

如前所述，根癌农杆菌侵染植物细胞后可诱导植物细胞产生冠瘿瘤，但冠瘿瘤的形成是根癌农杆菌和植物细胞之间一系列复杂生物学过程的最终结果。而根癌农杆菌转化植物细胞的关键在于能否将其体内 Ti 质粒的 T－DNA 片段转移到被侵染的植物细胞中，并进行整合和表达。现在的研究表明，是在 Ti 质粒毒性区基因和 T－DNA 区基因以及细菌染色体上与农杆菌吸附植物细胞壁有关的基因，如 *chvA*、*chvB*、*exoC*、*cel* 和 *att* 等的协同作用下，农杆菌才得以完成侵染植物细胞和转移其 Ti 质粒 T－DNA 的全过程。当植物受到伤害后，植物细胞会分泌诸如乙酰丁香酮等类的酚类化合物，这些酚类化合物能诱导农杆菌染色体毒性基因（*chvA*、*chvB* 等）表达，促使农杆菌附着到受伤的植物细胞表面；同时这些酚类化合物还可以被 Ti 质粒上由 *VirA* 和 *VirG* 组成的双组分调节系统（two－component regulatory system）识别，从而诱导毒性区其他的 *Vir* 基因的表达。在 *VirD*1 和 *VirD*2 的共同作用下，由 T－DNA 右边界开始向左边界切割产生一条 T－DNA 单链（T－链），T－链 5′－末端与一分子的 *VirD*2 结合，其余部分与

*VirE*2 结合，组成 T－复合体。T－复合体被转移到农杆菌外，通过植物细胞壁上由 *VirB* 蛋白组成的通道进入到植物细胞内。*VirD*2 和 *VirE*2 上的核定位信号被植物细胞的转运蛋白识别，经过主动运输过程，通过核孔进入细胞核内，在 *VirD*2 的帮助下插入到植物核染色体中，从而完成 T－DNA 由根癌农杆菌向植物细胞的转移和整合过程。T－DNA 整合进入植物细胞染色体后，其中的生长素和细胞分裂素合成酶基因进行过量表达，就导致植物细胞大量增殖而形成冠瘿瘤。图 13－3 为根癌农杆菌感染植物细胞产生冠瘿瘤的过程。

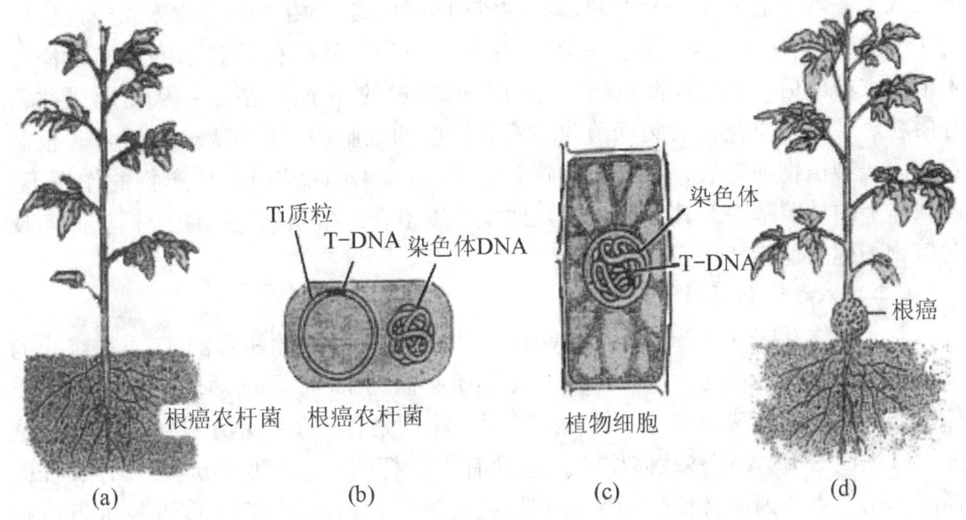

图 13－3　根癌农杆菌感染植物细胞产生根癌（冠瘿瘤）的过程

三、Ti 质粒的改造

由于野生型 Ti 质粒太大，其限制性内切酶图谱十分复杂，在其 T－DNA 区段上很难找到一种适当的单一的限制性酶切位点，因而很难通过 DNA 重组技术直接向野生型 Ti 质粒引入外源目的基因；同时，由于野生型 Ti 质粒 T－DNA 区存在生长素和细胞分裂素基因，它们在植物细胞中的过量表达诱导产生很难再生出正常转化植株的冠瘿瘤。因此，在使用根癌农杆菌 Ti 质粒作为外源基因载体进行植物细胞遗传转化前，必须对 Ti 质粒进行改造，使之成为适合植物基因克隆和表达的载体。

对 Ti 质粒改造的基本要求主要包括：（1）去除 Ti 质粒中的“致瘤基因”，而制成“御甲（disarmed）”的 Ti 质粒，从而使被 Ti 质粒转化的植物细胞就不再只生成冠瘿瘤，而是能再生转化植株。（2）含有整合外源基因到植物核基因组中所必需的T-DNA左、右两边界的DNA序列和含有数个限制性内切酶的酶切位点序列，以供克隆各种不同序列的基因片段选用。(3) 具有目的基因表达所需的启动子、终止子，以及供重组细胞筛选的标记基因，如细菌的耐药性基因等。目前，经过改造的Ti质粒载体系统主要分为共整合载体和双元载体两大类。

（一）共整合载体系统

共整合载体（co-integrated vector）是由一个缺失了T-DNA上的肿瘤诱导基因的Ti质粒与一个中间载体组成。中间载体是一种在普通大肠杆菌的克隆载体中插入了一段合适的T-DNA片段而构成的小型质粒。由于中间载体和经过修饰的Ti质粒均带有一段同源的T-DNA片段，当带有外源目的基因的中间载体进入根癌农杆菌后，通过同源重组，就可与修饰过的Ti质粒整合，从而形成共整合质粒。共整合质粒在大肠杆菌和根癌农杆菌的细胞中均能扩增（复制）。根癌农杆菌侵染植物细胞后，在来自修饰过的Ti质粒*Vir*区基因表达产物的作用下，该载体上的外源基因及其相关表达元件就可以整合进植物核基因组中，从而实现对植物细胞的遗传转化。

（二）双元载体系统

双元载体系统（binary vector system）是指由两个彼此相容的Ti质粒组成的载体系统。其中之一为含有T-DNA转移所必需的*Vir*区段的质粒，称为辅助质粒，它缺失或部分缺失T-DNA序列。另一个则是含有T-DNA区段的、寄主范围十分广泛的DNA转移载体质粒，它既有大肠杆菌复制起始位点，又有农杆菌复制起始位点，因而又被称做穿梭质粒或表达质粒。运用DNA重组技术就可将任何期望的外源目的基因片段插入到该质粒的T-DNA区段中而构成克隆载体。但上述两种质粒在单独存在的情况下均不能诱发植物细胞产生肿瘤，只有当根癌农杆菌同时带上这两种质粒时，就获得了正常诱发肿瘤的能力。因而含有双元载体的根癌农杆菌侵染植物细胞时，就可将含有外源目的基因的T-DNA片段插入并整合到植物细胞的核基因组中。

四、根癌农杆菌Ti质粒介导的遗传转化方法

目前已建立的根癌农杆菌Ti质粒介导的植物遗传转化方法，大都属于根癌农杆菌和植物外植体共培养转化法，其基本程序包括：含重组Ti质粒的根癌农杆菌的培养，选择合适的外植体，根癌农杆菌与外植体共培养，外植体脱菌及筛选培养，转化植株再生及其遗传转化鉴定等步骤。共培养转化法根据其受体水平（外植体类型）可分为原生质体共培养、悬浮细胞共培养、愈伤组织共培养和叶圆片（盘）共培养。但在这些转化法中，最简便易行和应用最广泛的转化方法，首推美国孟山都公司Horsch等（1985）最早建立的叶圆片（盘）（leaf disc）转

化法。其基本做法是：将实验材料如烟草无菌苗的叶片取下，用手术刀片或打孔器制成直径为10 mm左右的圆形小片，即叶盘。将叶盘置于新鲜活化培养的根癌农杆菌菌悬液中浸泡5～10 min左右，取出并用无菌滤纸吸干叶盘表面上的多余菌液后，将这种经接种处理后的叶盘放在培养基表面铺着的湿润滤纸上或铺有看护培养基的培养基上进行2～3 d共培养后，再将叶盘转移到含有适当抗生素的培养基上除菌培养和继代。经数周继代培养后，叶盘周围会长出愈伤组织，经进一步培养后分化成幼芽和产生不定根，发育成再生植株。对这些再生植株进行生化检测（如检测胭脂碱）和分子生物学鉴定，如目的基因片段的PCR扩增、Southern blot、Northern blot和Western blot等，就可确定再生植物是否整合有外源基因及其表达情况。

叶圆片（盘）法对那些能被根癌农杆菌感染，并能从离体叶盘形成的愈伤组织再生形成植株的各种植物都很适用；而且，用这种转化方法所得到的转化体，其外源基因大多单拷贝插入，并能稳定地遗传和表达。此外，该法还具有很高的重复性，便于大量常规地培养转化植物，而且在进行植物遗传转化操作时，多种类型的植物外植体如茎段、叶柄、子叶、胚轴及悬浮培养细胞甚至萌发种子等均可用与叶圆片（盘）法类似的方法进行转化。

此外，采用经活化培养的农杆菌菌液用注射器针头注射或用锋利刀片切割后，涂抹受体的敏感组织或器官的活体接种转化法，也是一种非常简单易行的方法。

五、影响根癌农杆菌遗传转化效率的因素

根癌农杆菌感染植物后，冠瘿瘤的产生是农杆菌与植物细胞相互作用的一系列复杂生物学过程的结果。其影响因素可包括：

（一）菌株类型

选择合适的根癌农杆菌菌株是决定遗传转化成败的重要因素之一。不同的根癌农杆菌菌株对植物外植体的侵染能力不同。如胭脂碱型根癌农杆菌对植物细胞的敏感性（致毒性）常常高于章鱼碱型根癌农杆菌；如在新乔纳金苹果的遗传转化中，根癌农杆菌菌株EHA105介导的遗传转化效率比菌株LBA4404明显高得多（张志宏等，1998）。而在桑树遗传转化中，普通的章鱼碱型菌株LBA4404菌株比超毒力胭脂碱型菌株C58C1对桑树遗传转化的效率更高。另外，根癌农杆菌菌株的毒性效果（侵染能力）可因植物种类的不同而产生明显的差异。Hier等（1994）发现，在水稻遗传转化过程中，根癌农杆菌菌株LBA4404（pTOK233）对水稻的遗传转化效率比根癌农杆菌菌株EHA101（pIGl21Hm）高得多；但在大麦和小麦的遗传转化中，根癌农杆菌菌株EHA101比菌株LBA4404 (pTOK233) 更有效。

(二) 植物基因型、外植体类型及发育状态等

农杆菌对植物的遗传转化受植物的遗传背景和生理状态的影响，如根癌农杆菌对籼稻的转化效率明显比粳稻低。来源于同一植物的不同外植体及同一外植体的不同发育阶段都对农杆菌的侵染具有不同的敏感性。如 Vijayachandra 等 (1995) 研究水稻不同组织（细胞）对农杆菌 *Vir* 基因诱导的结果表明，仅盾片和从盾片来源的愈伤组织是最容易被根癌农杆菌转化的水稻组织。用根癌农杆菌侵染油菜（*Brassica campestris*）时，以下胚轴做外植物体时可得到 7% ~13% 的转化率，而以子叶做外植体时，却未得到真正的转化幼苗。在同一物种中，农杆菌感染不同的外植体会有不同的转化效果。如在苜蓿属 *Medicago varia* 的遗传转化中，根癌农杆菌对其试管苗叶片的转化效率比叶柄高出 4 倍。此外，外植体的发育状态不同，其转化效果也会产生差异。许多研究表明，根癌农杆菌对幼嫩外植体的遗传转化效率要比老的外植体高得多，如根癌农杆菌感染马铃薯幼嫩的块茎能产生较多的转化体，但在木瓜的转化中，却发现老的叶片更易被农杆菌侵染。用根癌农杆菌感染 3 个玉米品系不同发育时期的幼胚时发现，幼胚中分生组织尚未分化时农杆菌不能侵染，当幼胚开始分化第一至第二小叶时，侵染率可达到 7% ~32%；而授粉后 14 ~16 d 的幼胚的侵染率则高达 32% ~73%。在以生菜子叶为外植体进行根癌农杆菌遗传转化时发现，以 1 ~3 d 苗龄的子叶效果最佳，4 ~5 d 苗龄的子叶始终未能得到转基因植株。在瓜类作物的基因转化研究中也观察到，5 ~6 d 苗龄子叶转化效果最佳，而苗龄长的子叶则转化困难。这种差异说明，植物细胞对农杆菌的侵染可能存在易于接受外来遗传物质的一种状态即感受态，而植物细胞的感受态与转化频率直接相关。可见，选择合适的外植体也是确保根癌农杆菌对植物遗传转化成功的重要影响因素之一。

(三) 乙酰丁香酮等酚类化合物

如前所述，*Vir* 区基因的激活是根癌农杆菌 T - DNA 转移的前提，但 *Vir* 基因只在乙酰丁香酮等酚类化合物的诱导下才激活并发生表达。虽然也有没加酚类化合物也能遗传转化成功的报道，但许多研究表明，添加乙酰丁香酮等酚类化合物后，大都可促进根癌农杆菌对多种植物细胞的遗传转化效果，甚至还能提高含 Ti 质粒的根癌农杆菌的致瘤毒性或拓宽其寄主范围。如采用 20 $\mu mol \cdot L^{-1}$ 的乙酰丁香酮预处理后，能明显提高根癌农杆菌对拟南芥的转化频率（从 2% ~3% 提高到 55% ~63%），并可得到可育的转化植株。而 Hier 等 (1994) 的研究更证实，在根癌农杆菌对水稻的遗传转化中，100 μmol/L 的乙酰丁香酮是转化能否成功的关键。然而，对于不同的农杆菌菌株，乙酰丁香酮等酚类化合物的作用效果也会有差别。如对致毒性低、寄主范围窄的章鱼碱型根癌农杆菌 A281 而言，加入乙

酰丁香酮后可大幅度提高其 *Vir* 基因的表达水平，但同样加入乙酰丁香酮后，仍不能使根癌农杆菌 Ach5 菌株对油菜和大豆产生致瘤毒性。

对多数植物的遗传转化而言，乙酰丁香酮的使用浓度一般为 20 ~ 100 $\mu mol \cdot L^{-1}$。但在根癌农杆菌遗传转化籼稻时，共培养时添加 300 ~ 400 $\mu mol \cdot L^{-1}$ 高浓度的乙酰丁香酮，方可提高转化频率，而且添加高浓度乙酰丁香酮的遗传转化效率明显高于较低浓度乙酰丁香酮的转化率。

除乙酰丁香酮和羟基乙酰丁香酮外，利用其他酚类化合物如邻苯二酚、对羟基苯甲酸、没食子酸、焦性没食子酸和香草醛等也可大大提高单子叶植物水稻的转化频率。用易于被转化的植物如马铃薯块茎提取物（经过过滤灭菌的）预处理农杆菌也能提高转化频率。

（四）转化条件

除了菌株特性及受体植物的基因型及其生理状态外，转化条件如农杆菌菌液浓度、侵染时间、共培养时间及温度以及预培养等都对农杆菌的有效附着和侵染效率有较大影响。在农杆菌介导的遗传转化中，菌液浓度过高或侵染时间过长很容易使植物外植体伤口细胞受到农杆菌的伤害而褐化，甚至死亡；或使被感染的外植体周围出现严重的农杆菌污染，导致在以后的培养中难以控制和除菌；甚至，农杆菌菌体还会产生某些有害代谢产物对植物细胞造成伤害，从而引起转化效率明显下降；而菌液浓度过低或浸染时间过短则会降低农杆菌附着于外植体受伤细胞的概率，致使遗传转化效率降低。因而，采用适当的菌液浓度和浸泡感染时间是影响转化成败的重要因素之一。而选用适当菌液浓度的原则是能够达到最大转化效率的最小菌液浓度。一般认为，适当的菌液浓度约为 1×10^8 个/mL，其 OD_{600} 值约为 0.5 ~ 1.0 之间。而适宜的农杆菌浸染时间约为 5 ~ 30 min；但浸染时间的长短，因植物类型和外植体种类的不同而存在差异。总的原则是，农杆菌菌液越浓，浸泡时间就应该越短，反之亦然。

被感染的受体材料在用抗生素筛选除菌前与根癌农杆菌进行共培养是根癌农杆菌 T-DNA 转化和整合到植物染色体的关键时期，因而共培养时间的长短则直接影响到目的基因的整合及转化细胞的数量，从而影响遗传转化效率。共培养时间过短，T-DNA 转移过程不能完成；而延长共培养时间，农杆菌在培养基及受体材料表面会过分生长，又不利于植物外植体的存活和随后抗性愈伤组织筛选时对根癌农杆菌的抑制。而采用在固体培养基表面加 1 ~ 2 层灭菌滤纸，有利于控制外植体上的根癌农杆菌过度繁殖，防止外植体褐化坏死。共培养时一般采用固体培养途径，时间以持续 2 ~ 3 d 为宜。但最佳共培养时间可因物种类型、外植体种类或农杆菌菌株的类型而有所不同。如黄瓜、甜瓜、西瓜的最佳共培养时间为 5 ~ 6 d，马铃薯块茎片外植体最佳共培养时间为 2 ~ 4 d，而叶片外植体则需 4 ~

6 d（贾士荣等，1993）。

农杆菌介导转化过程中最适共培养温度多控制在 19 ℃ ~25 ℃之间，但最适共培养的温度可因植物的种类（或基因型）而异。

不少研究表明，外植体在接种农杆菌之前进行预培养，不仅可使植物组织代谢活跃，促进细胞分裂，而分裂状态的细胞更易整合外源 DNA，因而可提高根癌农杆菌对植物细胞的遗传转化效率。此外，预培养有时还可以减轻伤害胁迫，调整细胞状态而明显提高农杆菌对植物的转化效率。但预培养是否能提高农杆菌的遗传转化效率或是否需要对外植体进行预培养，应视不同的植物种类和培养系统而定。许多植物如矮牵牛、番茄、拟南芥和油菜叶片转化时一般以 2 ~3 d 的预培养为宜；而在根癌农杆菌遗传转化水稻幼胚时，却以预培养 4 d 的水稻胚的转化效果最好（刘巧泉等，1998）；但用根癌农杆菌遗传转化玉米、高粱时则宜选用新剥离的幼胚（Lshida 等，1996）。在根癌农杆菌遗传转化诸葛菜（*Orychophragmus violaceus* L.）时，外植体预培养 2 d 后其转化率比对照提高了 50 倍。然而，在根癌农杆菌对烟草、豇豆和苜蓿的转化中，预培养却并未提高其遗传转化效率；相反，树番茄（*Lyphomandra betacea* Sendt）叶片外植体经预培养后反而大大降低了其遗传转化效率。

（五）培养基成分

采用根癌农杆菌介导转化法，在培养过程中必须在筛选培养基中添加抗生素以抑制农杆菌生长，但不同的抗生素对植物转化效率也有影响。用于抑制根癌农杆菌生长的抗生素如羧苄青霉素、头孢霉素等会对某些植物的转化效率及外植体的生长和分化产生影响。如羧苄青霉素可刺激愈伤组织的增殖，而头孢霉素则对杂种杨的愈伤组织形成有明显的抑制作用，但对生根却有促进作用。因此，在农杆菌对植物遗传转化过程中应注意选用适宜的抑菌抗生素，避免产生负面影响。

另外，根癌农杆菌感染前，将外植体置于含有外源激素的培养基上进行预培养和共培养也可提高其遗传转化效率。如 Mansur 等（1993）用根癌农杆菌 A281 菌株与花生叶片外植体共培养时，加激素比不加激素的肿瘤诱导率提高约 30%。

影响根癌农杆菌对植物遗传转化的因素很多，但其影响效果会因植物品种、外植体的类型、农杆菌类型和共培养方法等的不同而异。因此，在具体操作时，并没有千篇一律的程序，要依据外植体材料类型及所用农杆菌菌株类型等，对转化方案进行调整，才能建立起供试植物材料的最优化的转化条件，实现农杆菌对植物的高效遗传转化。

通过根癌农杆菌介导的遗传转化方法，不仅简单有效，而且具有被转化的外源 DNA 结构完整、整合位点稳定、转入基因拷贝数少（通常 1 ~3 拷贝），且较少沉默、转化效率高（如根癌农杆菌对双子叶植物的遗传转化效率中可达到

80% ~90%，在单子叶植物中也可达到20% ~30%），以及可转移较长基因片段等优点。尤其是随着农杆菌遗传转化技术的不断改进和完善，不仅已成功地实现了根癌农杆菌对水稻、小麦、玉米、郁金香、百合和石斛兰等多种重要单子叶植物的遗传转化。而且在目前已获得的众多转基因植物中，约 80% 以上是由根癌农杆菌介导转化成功的。因此，无论是对于双子叶植物，还是单子叶植物，运用根癌农杆菌介导的遗传转化仍将是最可靠和最有效的首先转化方法。

第二节　发根农杆菌介导的遗传转化

一、发根农杆菌及其 Ri 质粒的结构与功能

与根癌农杆菌不同，发根农杆菌（*A. rhizogenes*）从植物伤口处感染植物细胞后，不是诱发植物细胞产生冠瘿瘤，而是诱发植物细胞产生能快速自主生长及产生较多分枝侧根的不定根，称之为毛状根或发状根（hairy roots）。毛状根的形成是由存在于发根农杆菌中的 Ri 质粒（root inducing plasmid，诱根质粒）所决定的(图 13 -4)。与 Ti 质粒相似，Ri 质粒也属于巨大型质粒，大小约 180 ~250 kb。Ri 质粒和 Ti 质粒不仅结构和特点相似，而且具有相同的寄主范围和相似的转化机理；两者均含有 T - DNA 和 *Vir* 区，且它们之间还具有较高的同源性。在 Ri 质粒的 T - DNA 中除含有主要控制毛状根形成有关的 4 个 *rol* 基因，即 *rol*A、*rol*B、*rol*C 和 *rol*D 外，也存在冠瘿碱合成基因，但在 Ri 质粒转化细胞中检测到的冠瘿碱主要有农杆碱、甘露碱和黄瓜碱。此外，与 Ti 质粒的 T - DNA 不同的是，Ri 质粒 T - DNA 的基因不影响毛状根的植株再生，因此野生型的 Ri 质粒可直接用作转化载体。

与 Ti 质粒相似，植物遗传转化中所构建的 Ri 质粒载体也可分为共整合载体和双元载体。Ri 质粒共整合载体的构建过程是，先将目的基因插入 T - DNA 中构成中间表达载体，然后，通过诱导菌株的协助质粒和野生型的发根农杆菌直接三亲株杂交，通过同源重组把中间载体整合到 Ri 质粒的 T - DNA 中，从而获得带有目的基因的共整合载体。Ri 质粒的双元载体也是将 *Vir* 区和 T - DNA 区分别置于 2 个质粒上。在 Ri 质粒遗传转化系统中，通常将抗生素抗性基因通过共整合插入到 Ri 质粒的 T_L - DNA 区，因而，这样改造过的 Ri 质粒就可赋予转化体毛状根的特性和抗抗生素特性，从而便于毛状根的筛选及其再生植株培养。

与 Ti 质粒载体相比，Ri 质粒载体还具有以下特点：（1）毛状根的形成及其单细胞克隆特性，不仅可避免出现嵌合体，而且也方便对转化体的识别和筛选。(2) Ri 质粒中不含致癌基因，对毛状根植株再生无影响，因而，由 Ri 质粒

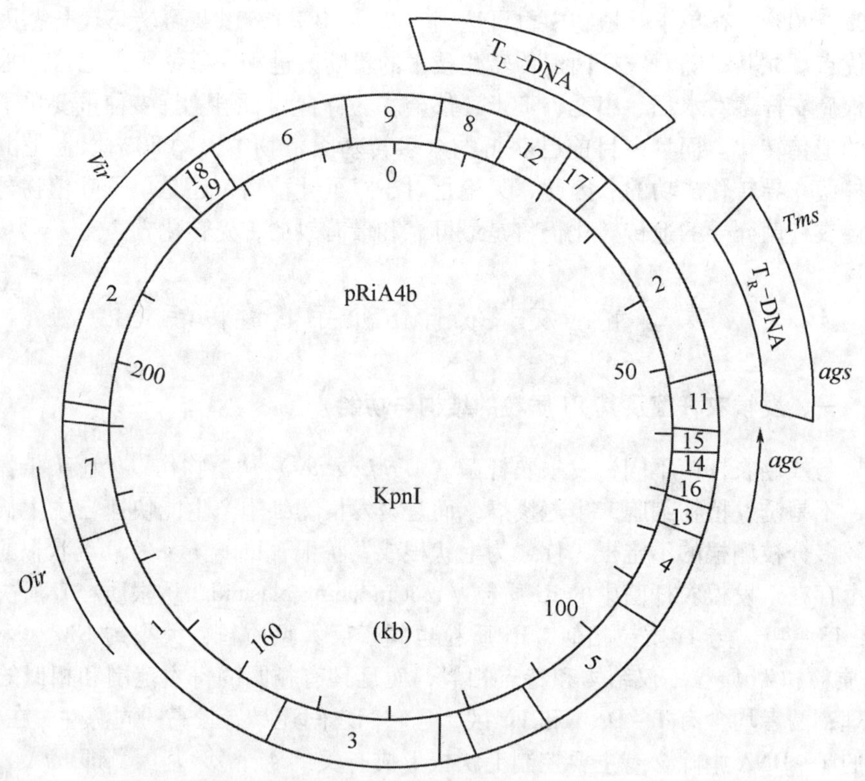

图 13-4　农杆碱型 Ri 质粒 pRiA4b 的 KpnI 酶切图谱

Ori—复制起始区域；T_L—T-DNA 的左臂；T_R— T-DNA 的右臂；*Vir*—毒性区；*ags*—agropine 合成酶基因；*agc*—agropine 分解酶基因

T-DNA 转化产生的毛状根较易经体外培养获得再生植株。随着对发根农杆菌及其 Ri 质粒的深入研究，Ri 质粒载体作为 Ti 质粒的补充已在植物遗传转化中有着越来越广泛的应用前景。

二、发根农杆菌遗传转化的方法

与根癌农杆菌介导的遗传转化方法基本相同，发根农杆菌对植物的遗传转化大体包括以下几个步骤：(1) 发根农杆菌的活化培养；(2) 外植体的选取及预培养；(3) 发根农杆菌感染植物外植体及共培养；(4) 诱导毛状根的分离及其离体培养；(5) 毛状根的筛选、转化毛状根的植物再生及其遗传转化鉴定。

与根癌农杆菌遗传转化相同，发根农杆菌感染植物的方法也可采用下列方法：(1) 直接接种法：选用发芽数日或 2 周内的无菌幼苗或试管苗为受体，可在其基部注射新鲜菌液进行直接接种，约 2 周后即可从注射处长出毛状根；也可利用愈伤组织直接注射菌液进行接种。对选用来自大田或温室的茎切段，则先要进行常规表面消毒，再插入培养基，用沾有发根农杆菌菌液的刀片刺穿或切伤茎切段的任何部位，经过培养后即可在切口部位长出毛状根。（2）共培养感染法：选取无菌苗的幼嫩外植体，如幼叶、子叶、叶柄或下胚轴等，经过或不经预培养后，将外植体放入活化培养的新鲜菌液中浸泡 5 ~ 30 min 后，取出外植体，吸干多余菌液后进行共培养。共培养 2 ~ 3 d 后，将经过感染的外植体转移到含合适浓度抗生素（如头孢霉素）的培养基中进行除菌培养和毛状根诱导。将从外植体上产生的毛状根根尖部分切下，置于含合适浓度抗生素的无外源激素的固体培养基中进行单根培养，并每隔 10 ~ 15 d 继代培养一次，直至彻底除去残存的发根农杆菌为止。

所获得的无菌的毛状根通常都可在无外源激素的培养基中自主生长（图 13 –5），并可利用该除菌的毛状根的规模培养来生产植物次生代谢物，如利用药用植物的毛状根来生产药用有效成分，或利用该毛状根来获得再生转化植株，及促进难生根植物插条的生根。

图 13 – 5　发根农杆菌 ATCC15834 感染三裂叶野葛产生的毛状根（施和平等，2003）

三、影响发根农杆菌遗传转化的因素

与根癌农杆菌类似，发根农杆菌感染植物细胞后，能否产生毛状根也与菌株的种类、外植体的生理状态及转化条件等诸多因素的影响有关。

（一）发根农杆菌菌株

许多研究表明，发根农杆菌的致根性与其所含 Ri 质粒的类型有密切的关系。通常，含农杆碱型 Ri 质粒的发根农杆菌菌株的致根性大都比含甘露碱型和黄瓜碱型 Ri 质粒的菌株高，或具有比它们更为广泛的寄主范围。但不同的菌株具有不同的致根能力。如施和平等（1998）在利用发根农杆菌遗传转化黄瓜子叶时发现，R1000 菌株对黄瓜子叶的致根力比 R1601 菌株强。而以不同发根农杆菌菌株感染长春花下胚轴时，以 A4 菌株的毛状根诱导率最高，其次是 R1600 和 LBA 9402（周良炎等，1996）。用多种发根农杆菌菌株感染红豆杉外植体时，仅菌株 A4 能以较高频率诱导短叶红豆杉的幼芽，产生毛状根（黄遵锡等，1997）。此外，发根农杆菌菌株的致根性也可因植物种类而异。如在利用发根农杆菌菌株 1601、LBA9402、R1000、A4、15834 分别侵染人参外植体时，只有 15 834 菌株可诱导产生人参毛状根（刘峻等，2001）。然而，胡之璧等（1998）发现，该 15 834 菌株却不能诱导黄芪叶片外植体产生毛状根，而 LBA9402 菌株却对诱导膜荚黄芪叶片外植体产生毛状根非常有效。

（二）植物基因型、外植体类型及发育状态等

在利用发根农杆菌遗传转化时，不同植物来源的相同外植体、同一植物的不同外植体以及来源于不同发育阶段的同一外植体，其遗传转化效率都会出现明显的差异。如用发根农杆菌 R1601 菌株感染 3 种葛属植物时，三裂叶葛叶片外植体产生毛状根的百分率为 28%，而野葛和山葛叶片外植体则分别为 15% 和 17%（刘传飞等，2001）。而用发根农杆菌 LBA9402 感染何首乌叶、叶柄和茎切段外植体时，以叶片外植体的毛状根诱导率最高，达 100%，而其叶柄和茎段的毛状根诱导率分别为 66. 7% 和 46. 7%。此外，越幼嫩的外植体大都对发根农杆菌的感染越敏感。如施和平等（2000）以发根农杆菌感染不同体龄的黄瓜子叶外植体时，以幼嫩的 10 d 龄黄瓜子叶外植体产生毛状根的能力最强，20 d 龄黄瓜子叶次之，而感染 30 d 龄的黄瓜子叶则不能产生毛状根。此外，枸杞毛状根的诱导频率也与外植体的发育年龄和生理状态密切相关，无论是叶片切段还是茎切段，较为幼嫩的组织更容易感染发根农杆菌，其中尤以 3 周龄的叶片切段产生毛状根能力更强（胡忠等，2000）。然而，在用发根农杆菌 A4 菌株感染红豆杉顶芽、侧芽、叶、茎、根等外植体时，仅能从短叶红豆杉的幼芽诱导产生毛状根（黄遵锡等，1997）。用发根农杆菌 R1601，ATCCl5834 和 A4 菌液感染粟米草（*Mollugo* pentaphylla L.）7 d 龄的子叶和下胚轴时，只能从子叶外植体诱导产生毛状根（许铁峰等，1999）。

此外，发根农杆菌感染后，毛状根的产生还与感染时的环境条件有关。如用发根农杆菌感染荞麦时，在干旱条件下只在节上产生肿瘤，而不出现毛状根。用发根农杆菌感染某些健壮的药用植物植株，不产生毛状根和病症；相反，感染生长不良的药用植物植株，则出现典型的毛状根。在室外感染成熟植株不出现病症，而在温室或实验室内感染幼小的实生苗则容易出现典型的毛状根；相反，在温度不适的条件下感染外植体，只出现瘤状突起，而不出现毛状根。

农杆菌接种部位或外植体的极性也和毛状根的出现有关。在切茎生理上端接种时，外植体不出现病症；而在生理下端接种时，则容易出现毛状根。此外，黄瓜子叶被发根农杆菌菌液感染后，都仅在其形态学下端中脉附近产生毛状根（施和平等，1997）。

（三）乙酰丁香酮等酚类化合物

对农杆菌遗传转化机理的研究表明，农杆菌毒性基因的表达及其表达水平直接影响到遗传转化效率；而乙酰丁香酮等酚类化合物，如乙酰丁香酮和羟基乙酰丁香酮作为毒性基因（Virulence genes）的激活剂，常常被用做诱导农杆菌毒性基因表达提高发根农杆菌遗传转化效率的措施。如在发根农杆菌对人参带叶幼茎遗传转化过程中，加入 1×10^{-4} mol·L^{-1} 的乙酰丁香酮处理后明显提高转化率，并缩短转化时间。而在诱导黄瓜子叶产生毛状根时，加入乙酰丁香酮不仅可提高发根农杆菌 R1601 和 R1000 对黄瓜子叶的致根能力，并且可使子叶形态学上端产生毛状根或产生出具不同形态特征的毛状根（施和平等，1997）。然而，对于不同的发根农杆菌菌株或不同的植物外植体，乙酰丁香酮的作用效果也有差异。用添加乙酰丁香酮活化培养的发根农杆菌 R1601、TRl05、ATCCl5834 和 LBA9402 菌悬液去感染丹参叶片外植体后，其遗传转化效率明显比对照（不加乙酰丁香酮）提高若干倍；但在胡萝卜根圆片遗传转化时，先向菌液中加入乙酰丁香酮后再接种，不影响其遗传转化效率，但用同样的乙酰丁香酮预处理根圆片后再感染发根农杆菌，则能显著增加目标组织中的转化细胞数（Guivarch 等，1993）。

通常情况下，乙酰丁香酮的使用浓度为 20～100 μmol/L；但需值得注意的是，乙酰丁香酮浓度过高不仅会使转化频率降低，甚至过量的乙酰丁香酮还会对外植体产生毒害作用。

（四）培养基成分

一些研究结果表明，培养基的成分，如植物生长调节剂和蔗糖浓度等能影响发根农杆菌诱导外植体产生毛状根的能力。如王冲之等（1999）报道，在西洋参外植体与农杆菌共培养阶段，在培养基中加入 2,4 - D 1 mg/L 或 KT 0.1 mg/L 未能诱导出毛状根，而使用添加 NAA 6.0 mg/L 的 MS 琼脂培养基进行农杆菌与外植体共培养，则成功地获得了毛状根；而黑刺槐下胚轴用含 Ri 质粒的发根农杆菌转化时，在共培养基中添加 IAA 能显著提高毛状根诱导率。施和平等（1997）发现，黄瓜子叶外植体在添加 $0.1 \sim 5.0\ mg \cdot L^{-1}$ NAA 的培养基中预培养和共培养，不仅能提高发根农杆菌对黄瓜子叶的致根能力，并可使黄瓜子叶的形态学上端产生毛状根。另外，在添加 PP_{333} 的培养基中生长的矮壮少花龙葵幼苗叶片外植体被发根农杆菌感染后，其毛状根的诱导频率也比对照显著提高（龚玉莲等，2002）。

除此之外，作为培养基中的碳源和能源，蔗糖浓度也影响发根农杆菌的遗传转化效果。如感染发根农杆菌 R1601 的黄瓜子叶外植体在不加或加 $10\ g \cdot L^{-1}$ 蔗糖的 MS 培养基上的毛状根诱导率极低，子叶外植体逐渐变黄、腐烂；而在培养基中添加 $20\ g \cdot L^{-1}$、$30\ g \cdot L^{-1}$ 或 $40\ g \cdot L^{-1}$ 的蔗糖可显著提高子叶外植体的毛状根诱导率（施和平等，2000）。

影响发根农杆菌诱导植物产生毛状根的因素还很多，但对某一种菌株或某一种特定的植物而言，究竟该选用何种农杆菌菌株、何种外植体等来进行遗传转化，都没有固定模式可循，必须通过实验摸索和通过对实验过程中出现的问题进行具体分析，并对原有的转化方案进行合理调整或完善，才可能建立起发根农杆菌诱导供试植物外植体产生毛状根的最佳条件，实现发根农杆菌对植物的高效遗传转化。

据不完全统计，到目前为止，国内外已对 26 科 160 多种植物进行了毛状根诱导的研究，并建立了长期的毛状根培养系统和获得了次生代谢产物。以往的研究表明，发根农杆菌仅能转化双子叶植物和裸子植物；但近年来，也成功地实现了发根农杆菌对某些单子叶植物如药用植物石斛兰（*Dendrobium nobile Lind*）和露水草（*Cyanotis arachnoidea*）等的遗传转化。可以相信，随着 Ri 质粒转化机理的不断深入研究，必将大大推动发根农杆菌介导的遗传转化系统在植物基因工程和植物次生代谢工程中的应用。

第三节　基因枪转化法

基因枪转化法，也称微弹轰击法（microprojectile bombardment），是以微小的金粒或钨粒为载体，将外源 DNA 包被在其上，在高压的推动下微粒被高速射入受体细胞和组织，而微粒表面包被的外源 DNA 进入细胞后进行整合和表达的转化方法。美国康乃尔大学的 Sanford 等人于 1987 年率先设计并研制出了火药（gunpowder）基因枪；同年，该实验室的 Klein 等人首次以洋葱表皮细胞为材料，以钨粉为子弹，将从烟草花叶病毒分离出的RNA及携带有*cat*基因的质粒DNA成功地导入表皮细胞，并观察到外源RNA和DNA的瞬间表达，从而率先建立起了基因枪转化植物细胞的途径。Kamm等（1990）用基因枪法将GUS和NPTⅡ基因导入玉米悬浮细胞系，首次获得转化玉米植株。至今为止，利用基因枪转化法已相继成功地转化了包括水稻、小麦、高粱、大麦、燕麦和黑麦等重要的农作物。

一、基因枪的类型和结构

目前，根据基因枪的动力来源不同，可将其分为以下几种类型。

（一）火药式基因枪

火药式基因枪属于基因枪的最早期型号，是由美国康乃尔大学Sanford等人（1987）设计制造的。它是利用弹膛内火药爆炸产生的动力推动载有微弹的载体作高速运动，当微弹载体在弹膛的另一端被挡板拦住时，而其端部的微弹则靠惯性继续以高速度射向并击中样品室的靶细胞（图13－6）。然而，这种基因枪存在轰击时的噪音和振动较大，微弹分布不均匀，靶细胞或组织易受伤害以及转化参数不易控制等不足，现已被更先进的改良型号如压缩气体驱动型等所取代。

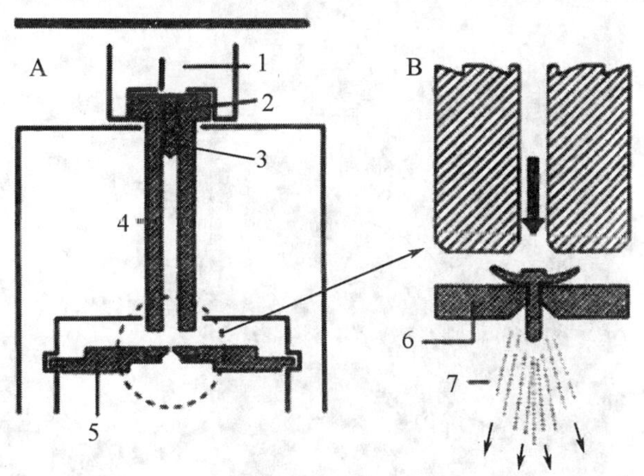

图13－6 火药式基因枪的结构示意图（Klein等，1987）

A—轰击前；B— 轰击后

1—引爆栓；2—推进器；3—携带微弹的载体；4—加速管；

5—载体固定圈；6—阻挡板；7—运行中的微粒子弹

（二）高压放电基因枪

高压放电基因枪是通过高压放电引起水滴气化所产生的动力来驱逐微粒子弹与微粒子弹载体向上加速，其中，微粒子弹载体被阻挡网阻挡，而微粒子弹则穿过阻挡网继续向上加速，轰击真空室中的靶细胞或组织。该类型的基因枪不仅可以精确调控微弹速度和入射深度，还可以最低限度地减少组织培养操作，以降低或消除组织培养引起的体细胞变异及转基因植株的不育性。

(三) 压缩气体驱动基因枪

压缩气体驱动基因枪是以压缩气体如氦气等为动力的气动式基因枪。它是利用不同厚度的聚酰亚胺薄膜做成的可裂圆片（rupture disk）来调控氦气压力；当氦气压力达到可裂圆片所能承载的极限压力时，可裂圆片爆炸并释放出一股强劲的冲击波，使微粒子弹载体携带微粒子弹向下高速运动至刚硬的阻挡网时，微粒子弹载体变形而被阻；而微粒子弹则继续高速运动轰击靶细胞或组织。这种基因枪射击时微弹分布均匀，转化参数可控性好，且转化效果和重复性也较好，但价格较贵。目前许多实验室使用的由美国伯乐公司生产的 PDS－1 000/He 基因枪就是典型的气动式基因枪（图 13－7）。

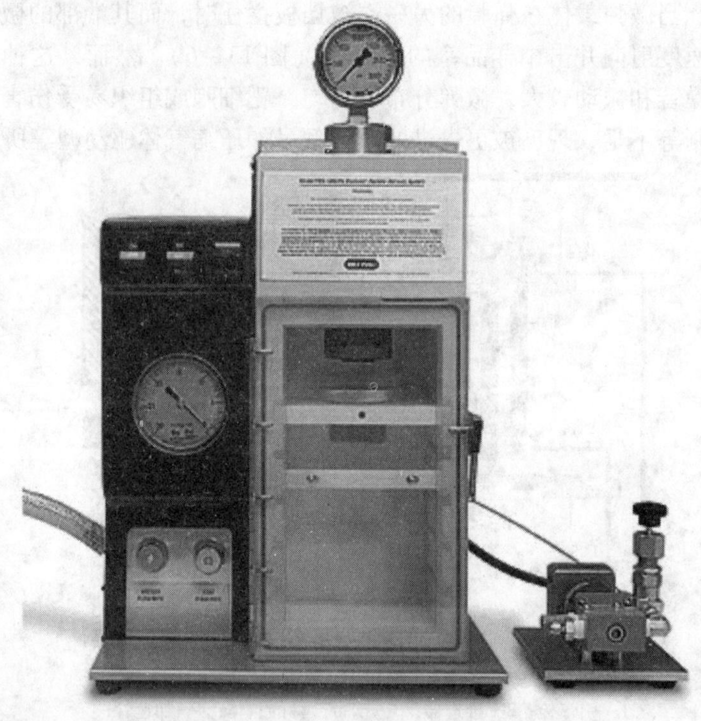

图 13－7　美国伯乐公司（Biorad）生产的 PDS－1 000/He 基因枪

(四) 粒子流基因枪（particle inflow gun，PIG）

粒子流基因枪是由氦气流直接驱动微粒子弹加速而无需中介微粒子弹载体的

基因枪。它不仅更加简单和便宜，而且对被轰击的靶细胞或靶组织的损伤更小(图 13－8)。目前已利用该基因枪实现了对大豆和玉米的稳定转化。

图 13－8　粒子流基因枪（particle inflow gun，PIG）

二、基因枪转化操作实例

尽管基因枪的类型有多种多样，但基因枪转化法的遗传转化操作一般都包括如下步骤：基因枪轰击受体的准备→携带目的基因片段的微粒子弹的制备→轰击受体材料→转化体的筛选及其植株再生→转化体的遗传转化鉴定。现以目前最常用的 PDS－1 000 /He 基因枪为例，介绍基因枪法转化大麦未成熟胚获得转化植株的实验操作基本程序。

（一）受体材料（未成熟胚）的准备

（1）采取授粉后 12～14 d 的大麦，小心剥离出未成熟的颖果，并置于 700 mL · L^{-1} 的乙醇中浸泡 1 min，再转入 20 g · L^{-1} NaClO 溶液中消毒 5～6 min，并用无菌蒸馏水漂洗 4～5 次后备用。

（2）在超净工作台上，用镊子和解剖刀剥去颖果种皮，取出约 1～2 cm 长的未成熟幼胚。将该幼胚接种在愈伤组织诱导培养基中，愈伤组织诱导培养基组成为：MS 无机盐组分，30 g · L^{-1}麦芽糖，1 mg · L^{-1}盐酸硫胺素，0. 25 mg · L^{-1}肌醇，1 g · L^{-1} 水解酪蛋白，0.69 g · L^{-1}脯氨酸，添加3.5 g · L^{-1}脱乙酰基兰糖胶（Gelrite）或琼脂作固化剂。在每培养皿中央接种20～30个幼胚，经Parafilm封口后可直接用于轰击处理。也可将所获得的幼胚置于25 ℃暗培养1～2 d后，再进行轰击。

（二）包裹DNA微弹载体的制备

（1）将40 mg金粉（直径0.4～1.2 μm）置于Eppendorf管内，加入1 mL 960 mL · L^{-1}乙醇，经超声波处理30 s后，10 000 r/min离心1～5 min。弃去上清液后，加入1 mL 960 mL · L^{-1}乙醇，涡旋振荡使金粉重悬、离心。重复用960 mL · L^{-1}乙醇处理金粉，共计3次。

（2）加1 mL无菌去离子水洗涤金粉，涡旋振荡1～2 min，室温下10 000 r/min离心1 min，弃去上清液。

（3）重复用无菌去离子水洗金粉2次，方法同前一步。最后一次离心结束后，加入1 mL无菌去离子水使金粉重悬，取出50 μL金粉重悬液置于1.5 mL Eppendorf管内进行外源DNA包被实验；也可将金粉悬液置于－20 ℃贮存备用。

（4）取5 μL携带有目的基因的质粒DNA（1 g · L^{-1}），加入装有50 μL金粉悬液的1.5 mL Eppendorf管内（注意：需在冰上操作），涡旋混匀。

（5）依次加入50 μL 2.5 mol · L^{-1} $CaCl_2$ 和20 μL 0.1 mol · L^{-1}亚精胺（需现配现用）。每次加入后，均要涡旋混匀，并置于冰浴15 min。

（6）重新涡旋后，室温下10 000 r/min离心10 s，尽可能弃净上清液。

（7）加入250 μL无水乙醇，涡旋1～2 min以洗涤金粉，10 000 r/min离心5 s，弃去上清液。

（8）用240 μL无水乙醇重悬金粉，涡旋少许或用tip尖将沾在管壁上的金粉搅拌于溶液中；也可以用超声波处理3 s，以分散金粉颗粒。

（三）轰击处理

（1）将Biorad公司生产的PDS－1 000 /He型气动式基因枪置于一大型超净工作台内。轰击前，先用700 mL · L^{-1} 乙醇对基因枪表面及样品室进行消毒；同时，用700 mL · L^{-1} 乙醇将阻挡网和可裂圆片、微弹载体及其固定器、固定工具浸泡15 min后，放在超净工作台上晾干。也可将可裂圆片、微弹载体发射装置等用700 mL · L^{-1} 乙醇进行充分擦拭表面消毒，吹干残余乙醇后备用。

（2）将微弹载体装入载体架上，吸取3～6 μL包被质粒DNA的金粉悬浮液，点于微弹载体中心，迅速干燥1～2 min。

（3）将载有包被质粒DNA的金粉颗粒的微粒载体及阻挡网装入微弹发射装置中。

（4）将接种有待转化的大麦未成熟幼胚的培养皿置于基因枪的样品室内，

关紧基因枪操作室（真空室）盖。

（5）打开电源开关、真空泵及氦气钢瓶阀。

（6）抽真空，按下 VAC 键，当真空度达到所需数值约（8 ~ 10）$\times 10^4$ Pa 时，将 VAC 键转到 Hold 位置。

（7）轰击：按下 FIRE 键，使氦气压力达到适当值约（6.21 ~ 10.695）$\times 10^6$ Pa 时，载有微弹的载体（一种特制的膜片）爆裂，将微弹高速射入受体组织。

（8）轰击完成后，按下 VENT 键，解除真空状态，打开操作室盖，取出样品或按上述操作进行第二次轰击。一般每培养皿可轰击 2 ~ 4 次。

（四）过渡培养及筛选培养

（1）将轰击后的大麦幼胚转入不加抗生素等选择剂的愈伤组织诱导培养基中，在 26 ℃黑暗或弱光下进行过渡培养 1 ~ 2 周，以利于受轰击细胞或组织（如幼胚）恢复生长及充分表达外源基因。

（2）将过渡培养后的大麦幼胚外植体转入含有选择剂（在此实验中为 20% 的草甘膦）的培养基中进行培养。培养 2 周后，幼胚愈伤组织表面就可见胚状结构。

（五）植株再生及其遗传转化鉴定

（1）将带有胚状体结构的转化大麦幼胚愈伤组织移入分化培养基中进行分化培养。14 d 后产生出幼芽。并将每个幼芽独立编号作为不同的转化株系，并分别转入 26 ℃、弱光（3 000 lx，16 h/d）下进行生根诱导培养，约 2 周后获得具幼根的再生植株。

（2）将长有幼叶和幼根的试管苗，小心移栽于装有湿润介质的容器中，看护培养 1 ~ 2 d 后，再移入温室中生长至成熟。

（3）对由基因枪转化法所获得的转基因大麦株系可采用报告基因检测（如 GUS 染色）、目的基因的 PCR 扩增及 Southern 杂交等分子生物学方法进行遗传转化鉴定。有关的具体操作方法请参考有关的书籍，此处不再赘述。

毫无疑问，基因枪转化法是植物遗传转化研究方法中的一项重要突破，它具有转化受体迅速简单、取材广泛（包括细胞悬浮培养物、愈伤组织、分生组织、未成熟胚等）、不受植物基因型限制、金属微粒喷射面广、转化频率较高等优点。目前已成为仅次于农杆菌介导法的重要常规转化方法，尤其是在对一些诸如水稻、小麦、高粱、玉米和兰花等重要单子叶植物的遗传转化而言，基因枪转化法仍具有其他任何转化方法所无法替代的作用。然而，基因枪转化法仍存在外源基因整合拷贝数高的缺点，易引起基因沉默，而且转化成本较高，又难以实现 DNA 大片段的转移和不容易获得再生植株等缺点，仍需在技术上进一步改进和完善。

附录一　实验指导

实验 1　培养基母液的配制

一、实验目的

掌握培养基母液的配制方法。

二、实验原理

配制培养基时，为了使用方便和用量准确，通常采用母液法进行配制，即将所选培养基配方中各试剂的用量，扩大若干倍后再准确称量，分别先配制成一系列的母液置于冰箱中保存，使用时按比例吸取母液进行稀释配制即可。以 MS 培养基为例，所需配制的母液可分为 MS 大量元素母液、MS 微量元素母液、MS 铁盐母液和 MS 有机化合物母液等。另外，还要配制生长物质母液，在不同类型的培养基中使用。

三、实验器具与药品

电子分析天平、扭力天平、烧杯（50 mL、100 mL、500 mL、1 000 mL）、量筒（1 000 mL、100 mL、25 mL）、容量瓶（1 000 mL、500 mL、100 mL）、磨口试剂瓶（500 mL、1 000 mL）、药勺、称量纸、玻璃棒、滴管、电炉（1 000 W）、冰箱。

配制 MS 培养基所需药品按培养基的配方（见本书表 2 – 1）准备。植物生长调节物质 2,4 – D、NAA、6 – BA 等。

四、培养基母液的配制过程

首先，按本书中“表 2 – 1　MS 培养基母液的配制”，将各种母液根据各自的扩大倍数，计算出扩大后的称取量，然后分别进行药品称取和母液配制。具体操作如下：

（1）MS 大量元素母液的配制。

按照 MS 培养基配方的用量扩大 20 倍，将大量元素配制成 20 倍的母液。配制时先用量筒量取蒸馏水大约 800 mL，放入 1 000 mL 的烧杯中，依次分别称取：NH_4NO_3 33 g、KNO_3 38 g、KH_2PO_4 3.4 g、$MgSO_4 \cdot 7H_2O$ 7.4 g、$CaCl_2 \cdot 2H_2O$

8. 8 g，按顺序先后倒入烧杯中，用玻璃棒搅动，待第一种化合物溶解后再加入第二种化合物，当最后一种化合物完全溶解后，将溶液倒入 1 000 mL 的容量瓶中，用蒸馏水定容至 1 000 mL，然后，倒入细口磨砂试剂瓶中，贴上标签，注明配制日期、扩大倍数、配制人姓名，置于 4 ℃冰箱保存备用。配制培养基时每升 MS 培养基吸取该母液量为 50 mL。

（2）MS 微量元素母液的配制。

将 MS 培养基配方中微量元素的无机盐用量分别扩大 1 000 倍，用电子分析天平分别依次称取 $MnSO_4 \cdot 4H_2O$ 22. 3 g、$ZnSO_4 \cdot 7H_2O$ 8. 6 g、H_3BO_3 6. 2 g、KI 0. 83 g、$Na_2MoO_4 \cdot 2H_2O$ 0. 25 g、$CuSO_4 \cdot 5H_2O$ 0. 025 g、$CoCl_2 \cdot 6H_2O$ 0. 025 g，并用重蒸馏水逐个溶解，待全部溶解、用容量瓶定容后，装入 1 000 mL 的磨口试剂瓶中，贴上标签，注明配制日期、扩大倍数、配制人姓名，置于 4 ℃冰箱保存备用。配制 MS 培养基时，每配制 1 000 mL 培养基吸取此母液 1 mL。

（3）铁盐母液的配制。

在电子天平上准确称取 2. 78 g 硫酸亚铁（$FeSO_4 \cdot 7H_2O$）和 3. 73 g 乙二胺四乙酸钠（Na_2 - EDTA），分别倒入盛 400 mL 蒸馏水烧杯中，微加热，并不断搅拌使之全部溶解。将两种溶液倒入同一个 1 000 mL 的容量瓶中，混合均匀后，用蒸馏水定容至 1 000 mL，并倒入棕色磨口试剂瓶中，经室温放置一段时间，令其充分反应后，贴上标签，注明配制日期、扩大倍数、配制人姓名，置于 4 ℃冰箱保存备用。如果将新配制的铁盐母液立即放入冰箱中，则会容易形成沉淀。配制培养基时，每配制 1 000 mL MS 培养基吸取此母液 10 mL。

（4）MS 有机母液的配制。

用电子天平依次称取肌醇（环己六醇）5 000 mg、盐酸硫胺素（维生素 B_1）5 mg、烟酸 25 mg、甘氨酸 100 mg、盐酸吡哆醇（维生素 B_6）25 mg，用蒸馏水依次溶解并定容后，装入 500 mL 的磨口试剂瓶中，贴上标签，注明配制日期、扩大倍数、配制人姓名，置于 4 ℃冰箱保存备用。配制培养基时，每配制 1LMS 培养基吸取该母液 10 mL。

（5）植物生长物质母液的配制。

由于水剂型的植物生长物质在组织培养中既使用方便，又消毒简单，故在配制培养基前常将常用的植物生长调节物质，如 2,4 - D、6 - BA 和 NAA 等配制成 500 $mg \cdot L^{-1}$浓度的母液。其配制方法如下：

① 2,4 - D 母液：准确称量 2,4 - D 50 mg，先用 1 ~ 3 mL 900 $mL \cdot L^{-1}$乙醇完全溶解后，加蒸馏水定容；也可以加入少量碱（如 1 $mol \cdot L^{-1}$氢氧化钾、氢氧化钠）溶液，使之中和成为钠盐或钾盐，在水中溶解，再加水定容至 100 mL，即

配成浓度为 500 mg · L^{-1}的母液。贴上标签，注明名称、浓度和配制日期，放在 4 ℃ 冰箱保存。NAA 母液的配制过程与 2,4 – D 相同。

②6 – BA 母液：准确称量 50 mg 6 – BA，加入少量碱溶液（如 1 mol · L^{-1}氢氧化钾、氢氧化钠）或稀盐酸（1 mol · L^{-1}盐酸）溶液使之完全溶解后，加蒸馏水定容到 100 mL，即配成浓度为 500 mg · L^{-1}的 6 – BA 母液。转入磨口试剂瓶中，并贴上标签，注明母液名称、浓度和配制日期，放在 4 ℃冰箱保存待用。

五、注意事项

在配制大量元素母液时，混合、溶解各种无机盐时要注意先后顺序，尽量把 Ca^{2+}、SO_4^{2-} 和 PO_4^{3-} 等离子错开分别溶解，同时稀释度要大一些，并要慢慢地边混合边搅拌。

六、实验报告

根据下列表中各母液或药品的浓度，试计算配制不同体积的 MS + 2,4 – D 1 mg · L^{-1} +6 – BA 0.5 mg · L^{-1}培养基所需吸取的母液或所称取的药品量，并将结果填入附表 1：

附表 1

药品名称	MS 配方需要量/g · L^{-1}	母液浓度/mL · L^{-1}	配制 1 000 mL 培养基母液吸取量/mL	配制 500 mL 培养基母液吸取量/mL	配制 200 mL 培养基母液吸取量/mL
大量元素		50	50		
微量元素		1	1		
铁盐母液		10			
有机母液		10			
2,4 – D 母液		500 mg · L^{-1}			
6 – BA 母液		500 mg · L^{-1}			
蔗糖	30				
琼脂	8				

实验2　MS培养基的配制与灭菌

一、实验目的

学习用母液法配制MS培养基以及掌握培养基灭菌的方法及操作过程。

二、实验原理

组织培养所用的培养基含有植物细胞生长所必需的各类营养物质，同时也是各种细菌、真菌滋生繁殖的极好场所。因此必须对培养基等进行灭菌处理，以确保无菌操作的顺利进行。

三、实验用具和药品

电子天平、扭力天平、烧杯（50 mL、100 mL、500 mL、1 000 mL）、量筒（1 000 mL、500 mL、25 mL）、药勺、称量纸、玻璃棒、移液管（10 mL、5 mL、2 mL、1 mL、0.5 mL、0.2 mL）、电炉（1 000 W）、石棉网、吸耳球、酸度计或pH试纸（5.0～7.0）、三角瓶（50 mL、100 mL）或果酱瓶、耐高温高压的专用封口膜、线绳、冰箱、手提式消毒灭菌锅、蔗糖、琼脂、1 mol·L^{-1} HCl、1 mol·L^{-1} NaOH、2,4－D母液及MS基本培养基各母液（实验1制备）。

四、实验步骤

（1）培养基的配制

每组配培养基500 mL，培养基组成为：MS＋2,4－D 1.0 mg·L^{-1}＋30g·L^{-1}蔗糖＋8 g·L^{-1}琼脂（pH 5.8）。

① 首先，将所需的各贮存母液按顺序放好，将洁净的各种玻璃器皿，如量筒、烧杯、移液管、玻璃棒、漏斗等放在指定的位置；准备好重蒸馏水及做瓶盖用的专用封口塑料薄膜或用于封口的棉塞、牛皮纸和包装线等。然后，根据所需配制的培养基用量，按照下面的公式及所需的各种母液的扩大倍数，分别计算需吸取各母液的数量（mL）。

$$吸取量=需要配制培养基的体积\times\frac{需要配制浓度}{母液浓度}$$

本实验需配制500 mL添加1 mg·L^{-1} 2,4－D的MS培养基，所需吸取的各种母液的用量如附表2所示。

附表 2　配制 500 mL MS + 2,4 - D 1.0 mg·L^{-1}培养基的母液用量

母液名称	母液浓度/（mg·L^{-1}）	扩大倍数	500 mL 培养基吸取量/ mL
大量元素		20	25
微量元素		1 000	0.5
有机成分		50	10
铁盐		100	5
2,4 - D	500		1.0

② 取 50 mL 的烧杯一只，用 25 mL 量筒取大量元素母液 25 mL，然后，用各母液专用移液管分别吸取微量元素母液 0.5 mL、有机母液 10 mL、铁盐母液 5 mL 和 2,4 - D 母液 1.0 mL，置于烧杯中备用（注意：各母液移液管不能混用）。

③ 取 500 mL 烧杯一只，先用量筒量取 500 mL 蒸馏水倒入烧杯中，用记号笔画好液位线，再将蒸馏水倒出一半。准确称取琼脂 4.0 g 倒入烧杯中，再称蔗糖 15 g 备用。将加入琼脂的烧杯置于电炉上或微波炉内煮沸，待琼脂完全溶化后，加入 15 g 蔗糖，充分溶解后，将准备好的含大量元素、微量元素、铁盐、有机物和激素的母液混合液倒入烧杯中，用蒸馏水将装过母液混合液的烧杯洗三遍，一并倒入 500 mL 烧杯中，加热至沸腾后，将烧杯端离火源，并加蒸馏水定容至设定的液位线。

④ 用 1 mol·L^{-1} HCl 或 1 mol·L^{-1} NaOH 将培养基的 pH 值调至 5.8～6.0。用酸、碱调节 pH 值时，应用玻璃棒不断搅拌后，再用 pH 试纸或 pH 计测试培养基的 pH 值。

⑤ 将 500 mL 培养基分装入若干只 100 mL 大小的三角瓶中，每瓶约装 30 mL 培养基。分装培养基时，切勿将培养基倒在瓶口或瓶外壁上。培养基分装完后，应随即用专用的耐高温高压的封口塑料薄膜或铝箔封好瓶口，并贴上标签，用记号笔注明培养基名称、配制者姓名和配制日期，待灭菌用。

（2）培养基的灭菌。

可用于培养基灭菌的器具有多种类型，本实验学习用手提式消毒灭菌锅（见本书图 1 - 3）进行灭菌。其操作步骤如下：

① 把分装好的培养基及其他需灭菌的各种用具（如用牛皮纸包扎好的剪刀、镊子、解剖刀、培养皿）和蒸馏水等，放入消毒灭菌锅的消毒桶内，将外层锅内加入适量的水，以水位与锅内三角搁架相平行为宜。注意加水量不可过少，以防灭菌锅烧干而引起炸裂事故。然后盖上锅盖，并将盖上的排气软管插入消毒桶壁的排气槽内后，上好螺丝，逐个拧紧后，接通电源加热。

② 当灭菌锅盖上的压力表指针移至 0.05 MPa 时，打开放气阀门，排除锅内

冷空气，待压力表指针回复到零位后，关闭放气阀门继续加热。当灭菌锅的压力表指针移至0.1 MPa（121.5 ℃）时，通过调节放气阀，控制热源，使压力表保持在该压力15～20 min，即可达到灭菌目的。

③ 灭菌所需时间到后，应先切断电源，让灭菌锅内温度自然下降；待灭菌锅压力表的压力降低至“0”时，才能打开排气阀，旋松螺栓，开启锅盖，取出已灭菌的培养基。

④ 刚灭过菌的培养基应在室温下放置2～3 d后，观察有无菌类生长，以确定培养基是否彻底灭菌。经检查没有杂菌生长污染，方可使用。

五、注意事项

（1）灭菌锅内冷空气必须排尽；否则，压力表指针虽达到了一定压力，但由于锅内冷空气的存在并达不到对应的温度，从而影响灭菌效果。

（2）在灭菌过程中，当压力达到时，要严格控制时间，时间太长会使培养基中的一些化学物质遭到破坏，影响培养基的成分；而时间太短则达不到灭菌效果。

实验3　外植体的消毒及其愈伤组织的诱导

一、实验目的

通过实验，初步掌握外植体植物材料消毒、接种的无菌操作技术以及外植体愈伤组织诱导的方法。

二、实验原理

植物组织培养是应用无菌操作的方法培养离体的植物器官或组织，甚至单个细胞的过程。如果组织培养使用的植物材料是带菌的，在接种前就必须选择合适的消毒剂（见本书“表3－2　常用消毒剂的使用和效果”）对植物外植体进行表面消毒，获得无菌材料去进行组织培养，这是取得组织培养成功的最基本的前提和重要保证。由于植物细胞具有全能性，外植体在合适的培养基上，通过脱分化，形成一种能迅速增殖的无特定结构和功能的细胞团——愈伤组织。而植物生长调节剂如2,4－D等，是诱导外植体形成愈伤组织的重要影响因素。

三、实验材料、试剂及器具

（1）材料。

新鲜的胡萝卜块根。

（2）试剂及培养基。

1 g·L^{-1} $HgCl_2$（剧毒！小心使用）、750 mL·L^{-1}乙醇、无菌水及20 mL·L^{-1}新洁尔灭。

胡萝卜块根愈伤组织诱导的培养基：MS+2,4-D 1 mg·L^{-1}+30 g·L^{-1}蔗糖+8 g·L^{-1}琼脂（pH 5.8）（由实验2配制）。

（3）器具。

无菌吸水纸、一次性手套、脱脂棉花、标签纸、记号笔、超净工作台、酒精灯、烧杯、镊子、剪刀、解剖刀等。

四、操作步骤

（1）接种前，用750 mL·L^{-1}乙醇棉球或用20 mL·L^{-1}新洁尔灭溶液擦拭超净工作台台面，将培养基及接种用具放入超净工作台台面，打开超净工作台紫外灯，照射约20～30 min，然后开送风开关，之后关闭紫外灯，通风10 min后，再开日光灯即可进行外植体的消毒和接种等无菌操作。

（2）将胡萝卜块根在自来水下冲洗干净，用小刀切去外围组织，切成小块分别置于100 mL烧杯中，用750 mL·L^{-1}乙醇溶液浸泡30 s后，移入添加1～2滴吐温20（Tween 20）的1 g·L^{-1}氯化汞溶液分别浸泡5 min、10 min和15 min，用无菌水洗涤4次，无菌纸吸干水分后，置于经灭菌处理过的培养皿中。使用镊子和解剖刀时，应先在酒精灯火焰上炽烧片刻，冷却后，再将胡萝卜髓部组织切成约0.5cm^3的小块。以上操作都要求在酒精灯火焰旁进行。

（3）用无菌的镊子，将胡萝卜髓部组织小块接种至盛胡萝卜块根愈伤组织诱导培养基的三角瓶中，每瓶接种3～4块，封口后，贴上标签，注明姓名、接种日期、培养基名称和材料名称（附图1）。

附图1　组织培养中无菌接种操作

（4）将上述接种有胡萝卜块根外植体的培养瓶置于光照培养箱中或组织培养室内进行培养，并整理、清洁超净工作台台面。

（5）经常观察胡萝卜块根外植体的生长变化或污染情况，并在培养一段时间后统计外植体的污染率以及其愈伤组织的诱导率。

五、实验报告

（1）观察胡萝卜块根切片外植体接种后 2 ~ 6 d 左右的污染情况，并统计被污染的块根外植体数，计算出污染率及确定合理的外植体灭菌时间。

$$污染率（\%）= \frac{污染的材料数}{总接种材料数} \times 100\%$$

如果培养材料大部分发生污染，说明消毒剂浸泡的时间短；若接种材料虽然没有污染，但材料已发黄，组织变软，表明消毒时间可能过长，组织被破坏死亡；接种材料若没有出现污染，生长正常，则表明此时为该消毒剂的最适宜消毒时间。

（2）观察并逐日记录胡萝卜切块产生愈伤组织的情况，包括出现愈伤组织前外植体的形态变化，愈伤组织出现的时间以及愈伤组织的形态特征（包括愈伤组织的颜色、质地和色泽等）；并依下面的方法计算外植体的愈伤组织诱导率。

$$诱导率（\%）= \frac{形成愈伤组织的材料数}{总接种材料数} \times 100\%$$

六、思考题

（1）为什么常在消毒溶液中加入 1 ~ 2 滴表面活性剂（如吐温）？为什么外植体用消毒剂消毒后，再用无菌水洗涤干净？

（2）在接种过程中，通过哪些措施来防止杂菌对接种工具、接种材料的污染？

实验 4　愈伤组织的器官分化

一、实验目的

通过实验，掌握运用植物生长调节物质调控植物愈伤组织分化的方法。

二、实验原理

离体的植物组织在一定的条件下可发生“脱分化”，即已经分化了的植物细胞重新分裂生长，形成均一的无组织结构的细胞团，即愈伤组织。这种愈伤组织在一定条件下，又能“再分化”出根和芽等器官。在这些过程中，植物生长调节物质起着决定作用，调控着愈伤组织的芽或根的分化。

三、实验材料、试剂及器具

（1）材料。

实验3获得的胡萝卜块根愈伤组织。

（2）试剂。

NAA、6－BA、琼脂、蔗糖等。

（3）培养基。

胡萝卜愈伤组织芽分化培养基：① MS＋NAA 0.1 mg·L^{-1}＋6－BA 1.0 mg·L^{-1}；② MS＋6－BA 1.0 mg·L^{-1}。胡萝卜愈伤组织根分化培养基：MS＋NAA 0.5 mg·L^{-1}。以上MS培养基均添加蔗糖30 g·L^{-1}、琼脂8 g·L^{-1}（pH值5.8）。

（4）器具。

镊子、解剖刀、无菌纸、灭菌过的培养皿、超净工作台、酒精灯等。

四、实验步骤

（1）愈伤组织芽或根分化培养基的配制。

首先按实验2的方法，制备下列供胡萝卜块根愈伤组织芽分化的培养基：MS＋NAA 0.1 mg·L^{-1}＋6－BA 1.0 mg·L^{-1}；MS＋6－BA 1.0 mg·L^{-1}；胡萝卜愈伤组织根分化培养基：MS＋NAA 0.5 mg·L^{-1}。

（2）在超净工作台上，将实验3所获得的胡萝卜块根愈伤组织，分别转接入愈伤组织芽分化培养基和根分化培养基中，并置于26 ℃，在2 000 lx、每天14 h光照下培养，并逐日观察记录胡萝卜块根愈伤组织的形态变化，并在3～4周后统计愈伤组织的幼芽或幼根的分化率。

五、实验报告

（1）观察并记录胡萝卜肉质块根愈伤组织在芽分化培养基上培养3～4周后的生长和幼芽分化状况，并依下式计算愈伤组织的幼芽分化率。

$$\text{幼芽分化率（\%）}=\frac{\text{生芽的愈伤组织块数}}{\text{接种愈伤组织总块数}}\times 100\%$$

（2）观察并记录胡萝卜块根愈伤组织在其根分化培养基上培养10～15 d后的不定根发生情况，并依下式计算生根率（%）：

$$\text{生根率（\%）}=\frac{\text{生根愈伤组织块数}}{\text{接种愈伤组织总块数}}\times 100\%$$

六、思考题

植物愈伤组织的芽和根的分化与植物生长调节物质有何关系？

实验5　植物茎尖快速繁殖

一、实验目的

通过香石竹（*Dianthus caryoophyllus*）茎尖培养，掌握植物茎尖快速繁殖的基本方法和过程。

二、实验原理

植物离体快繁又叫微型繁殖（micropropagation），就是把植物材料（茎尖、腋芽或侧芽、叶片等）放在培养容器内，给予人工培养基和合适的无菌培养条件，达到短时间内高速增殖植株的无性生殖技术。

三、材料、试剂及器具

（1）材料。

香石竹茎尖或腋芽。

（2）试剂。

NAA、6－BA、琼脂、蔗糖等。

（3）香石竹茎尖快繁的培养基。

① MS＋6－BA 2.0 mg·L^{-1}＋NAA 0.2 mg·L^{-1}；② MS＋NAA 0.02 mg·L^{-1}＋6－BA 2.0 mg·L^{-1}；③ MS＋6－BA 2 mg·L^{-1}；④ MS＋6－BA 2 mg·L^{-1}＋NAA 2 mg·L^{-1}。以上培养基均添加蔗糖 30 g·L^{-1}、琼脂 8 g·L^{-1}，pH 值 5.8。

（4）实验设备和用具。

镊子、剪刀、无菌纸等接种用品，超净工作台，双筒解剖镜，酒精灯等。

四、实验步骤

（1）香石竹茎尖快繁培养基的配制。

首先按实验2的方法，分组制备下列供香石竹茎尖快速繁殖用的培养基：① MS＋6－BA 2.0 mg·L^{-1}＋NAA 0.2 mg·L^{-1}；② MS＋NAA 0.02 mg·L^{-1}＋6－BA 2.0 mg·L^{-1}；③ MS＋6－BA 2.0 mg·L^{-1}；④ MS＋6－BA 2.0 mg·L^{-1}＋NAA 2 mg·L^{-1}。

(2) 香石竹茎尖的消毒和接种。

其操作过程如附图 2 所示。

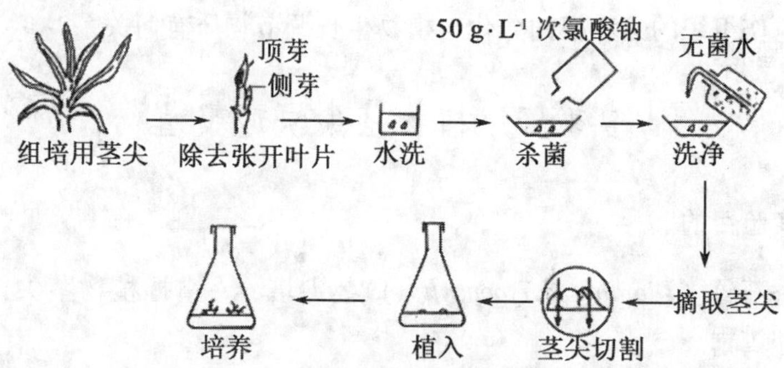

附图 2　香石竹茎尖培养的流程图

首先，选取生长健壮的香石竹茎尖或幼嫩的侧芽，除去张开的叶片，用清水冲洗干净，用纱布吸干水分后，置于 50 $g \cdot L^{-1}$ 的次氯酸钠溶液（也可用 1 $g \cdot L^{-1}$ 升汞溶液）中消毒 6 ~ 10 min，无菌水冲洗 5 ~ 6 次后，在超净工作台上，在 25 倍或 50 倍的双筒解剖镜下用解剖刀轻轻除去外层嫩叶，切取 0.2 ~ 0.3 mm 的茎尖，接种至已灭菌的香石竹茎尖快繁培养基上，在温度为 25 ℃、光照度为 1 000 ~ 1 600 lx、每天 12 ~ 14 h 光照条件下培养。

(3) 茎尖的培养和快速繁殖。

待培养 1 周后，香石竹茎尖转绿产生新叶，约 3 ~ 4 周后开始大量长芽，约 1 个月可长满一瓶大小不同的试管苗。将这些无根试管苗的茎尖切下，分组继代转接于与前一次相同的香石竹茎尖快繁的培养基上，置于同样的培养条件下进行继代增殖培养。大约每 3 周就会增殖一次。在实验过程中，准确记录每次起始接种时的茎尖数目，每次继代转接前所产生的茎尖总数目。重复继代培养 2 ~ 3 次后，计算香石竹茎尖的增殖率。

五、实验报告

(1) 观察并详细记录茎尖在不同培养基上的生长情况，其指标包括产生芽的数目和形态；并统计茎尖在不同培养基上的繁殖系数。

(2) 根据实验结果，分析植物生长物质的种类和浓度以及其配比在香石竹茎快繁中的作用特点。

六、思考题

为什么用香石竹茎尖快繁培养时，常需采用大小为 0.2 ~ 0.3 mm 的茎尖？

实验6 根癌农杆菌介导的烟草叶圆片转化法

一、实验目的

通过以模式植物烟草为材料，了解根癌农杆菌介导的植物遗传转化的基本原理，掌握根癌农杆菌介导的遗传转化技术以及转化植株鉴定的常用方法。

二、实验原理

含有Ti质粒的根癌农杆菌侵染植物后，其Ti质粒的T－DNA部分整合进入植物宿主细胞后，可诱导植物细胞形成冠瘿瘤。这种冠瘿瘤细胞能自主生长，并可诱导合成一类正常植物细胞所不能合成的被称为冠瘿碱（opines）的特殊氨基酸衍生物，它们可被根癌农杆菌利用作为其生长所需的唯一的碳源和氮源而分解利用。不同类型的根癌农杆菌诱导植物细胞产生的冠瘿碱有所不同，其主要有章鱼碱、胭脂碱和农杆碱三大类型，它们是由Ti质粒的T－DNA区相应的冠瘿碱合成酶基因，包括胭脂碱合成酶（NOS）基因和章鱼碱合成酶（OCS）基因的编码功能所决定的。而NOS基因和OCS基因编码产生的*NOS*和*OCS*可在转化细胞内催化合成细胞中本不存在的胭脂碱和章鱼碱。而所产生的章鱼碱和胭脂碱是一类含有胍基的生物碱，与菲醌结合后产生能在紫外灯下发出黄绿色荧光的物质。因而，从植物细胞中提取章鱼碱或胭脂碱后，用纸电泳方法可以把它们与其他含有胍基的成分——精氨酸及其衍生物区分开，通过菲醌染色后就可以鉴定细胞中是否含有章鱼碱或胭脂碱，从而判断转化植株或组织中是否有*NOS*或*OCS*的表达。

三、材料、试剂及器具

（一）试验材料

（1）普通烟草无菌苗（50～60 d龄，由教师制备）或盆栽的烟草幼苗。

（2）胭脂碱型根癌农杆菌菌株C58或章鱼碱型根癌农杆菌菌株T37。

（二）实验设备和用具

天平、镊子、剪刀、接种环、医用手术刀或打孔器（直径为9 mm）、移液枪、培养皿、电炉、烧杯、玻棒、无菌过滤器、无菌纸、一次性手套、记号笔、超净工作台、酒精灯、消毒灭菌锅、细菌培养摇床、水平电泳槽及电泳电源、长波紫外灯、照相设备、光照培养箱和台式离心机等。

（三）试剂和培养基

（1）MS 培养基母液（按本书实验 1 的方法制备）所需试剂见本书表 2－1。

（2）6－BA 母液：1 g·L^{-1}，用少量 1 mol·L^{-1} HCl 溶解，用水定容，－20 ℃保存。

（3）NAA 母液：1 g·L^{-1}，用 950 mL·L^{-1}乙醇溶解后，再用水溶解定容至所需体积，于 4 ℃贮存。

（4）抗生素：羧苄青霉素、卡那霉素等。

（5）YEP 培养基所需试剂：酵母浸膏、胰蛋白胨、NaCl、琼脂。

（6）烟草叶片及冠瘿瘤培养用培养基：MS＋6－BA 1.0 mg·L^{-1}＋NAA 0.1 mg·L^{-1}。

（7）胭脂碱和章鱼碱的检测试剂。

① 电极缓冲液：甲酸：乙酸：水＝5：15：80，在通风橱中配制，封闭保存，可反复使用。

② 菲醌染色液：0.2g·L^{-1}菲醌/乙醇液与 100 g·L^{-1}NaOH/600 mL·L^{-1}乙醇液 1:1 混合。配制过程如下：准确称取 2 mg 菲醌置于 10 mL 无水乙醇中溶解后，即得溶液 A。称取 1 g NaOH 置于 10 mL 600mL·L^{-1}乙醇中溶解后，即得溶液 B。在使用时将溶液 B 加入到等体积的溶液 A 中混匀即可。

③ 标准胭脂碱及标准章鱼碱。

四、实验步骤

（一）实验准备工作

（1）抗生素母液的制备。

准确称取一定量的抗生素如羧苄青霉素或卡那霉素粉末，用无菌蒸馏水溶解，定容至所需浓度，为了使用方便，常配成 100 g·L^{-1}的浓度。然后，在超净工作台上，用注射器吸取抗生素溶液，并置于灭菌的微孔滤膜过滤器（滤膜直径为 0.22 μm）中进行过滤除菌后，分装在无菌的 Eppendorf 管中，并保存于－20 ℃中备用。若采用购自医院药房的卡那霉素或羧苄青霉素针剂，则无需进行过滤灭菌操作，只需在超净工作台上用无菌水稀释至所需浓度后，分装于无菌的 Eppendorf 管中，并保存于－20 ℃中备用即可。

（2）培养基的制备。

① 烟草叶片预培养及共培养的 MS 培养基：MS＋6－BA 1.0 mg·L^{-1}＋NAA 0.1 mg·L^{-1}，按本教材实验 2 的方法进行配制和灭菌。

② 含有抗生素的选择培养基：MS＋6－BA 1.0 mg·L^{-1}＋NAA 0.1 mg·L^{-1}＋

500 mg · L^{-1}羧苄青霉素 + 100 mg · L^{-1}卡那霉素；先按本教材实验 2 的方法，配制一定量（如 500 mL）的 MS +6 – BA 1.0 mg · L^{-1} + NAA 0.1 mg · L^{-1}培养基，并置于 121 ℃ 灭菌 20 min；在超净工作台上，待已灭菌的培养基温度降低至 50 ℃ ~60 ℃时（用手握盛培养基的器具，感觉不烫手即可），按所需浓度的用量加入经过滤除菌的卡那霉素和羧苄青霉素，混合均匀后，趁热快速分装至灭菌的三角瓶中，每个三角瓶装培养基 30 ~40 mL，用封口膜封口后，贴上标签备用。

③ YEP 培养基的制备：培养基组成为：酵母浸膏 10 g · L^{-1}，蛋白胨 10 g · L^{-1}，NaCl 5 g · L^{-1}，15 g · L^{-1}琼脂，pH 值 7.2。以配制 500 mL YEP 固体培养基为例，按 15 g · L^{-1}的浓度称取琼脂 7.5 g，先用少量去离子水将琼脂加热煮透，然后，按 YEP 培养基的配方分别称取所需用量的蛋白胨、酵母浸膏、NaCl 后，用少量蒸馏水使之充分溶解后，加入到已溶解的琼脂中，并定容至所需体积，继续加热沸腾后，用 0.1 mol · L^{-1}的 NaOH 准确调节 pH 值至 7.2，并用高压灭菌锅在 121 ℃灭菌 18 min。如需配制含抗生素的 YEP 培养基，则需将刚灭完菌的培养基趁热放在超净工作台上，待培养基的温度降至 50 ℃ ~60 ℃时，按所需用量加入经过滤灭菌的抗生素如卡那霉素或羧苄青霉素溶液，混合均匀后，趁热倒入灭菌的培养皿或试管中，封口后即制成含抗生素的 YEP 平板或斜面培养基。

若需配制 YEP 液体培养基，则只需按 YEP 培养基的配方准确称取所需的各种试剂和药品，用蒸馏水充分溶解、定容后，用 0.1 mol · L^{-1}的 NaOH 溶液准确调节 pH 值至 7.2，并置于 121 ℃高压蒸汽灭菌 18 min。如需配制含不同浓度抗生素的 YEP 液体培养基，则只需待培养基充分冷却后，在超净工作台上加入所需用量的、经过滤灭菌的抗生素母液混匀即可。

（二）农杆菌培养

（1）将灭菌未凝固的 YEP 培养基倒入灭菌培养皿中，制备平板培养基，待培养基充分冷却凝固后，取储存菌液在平板培养基上划线，并置于 28 ℃培养箱内过夜培养 24 h。

（2）用灭菌的牙签从平板培养基上挑取农杆菌单菌落，接种到 2 mL YEP 液体培养基中，于 28 ℃、160 ~180 r/min 下振荡培养过夜（约 16 ~24 h）。

（3）将 2 mL 菌液转入 20 mL YEP 液体培养基中，在相同的条件下振荡培养 6 h 左右，使菌液浓度达到 OD_{600} =0.6 ~0.8 时用于转化。

（三）农杆菌感染烟草叶圆片和共培养

（1）烟草叶片预培养：取普通烟草无菌苗叶片，用打孔器或锋利的手术刀片将叶片切成直径约为 0.5 ~1.0 cm 的叶圆片或叶块，并接种于添加了MS +6 –

BA 1.0 mg · L^{-1} + NAA 0.1 mg · L^{-1}的愈伤组织诱导培养基上预培养 24 ~ 48 h，待叶片外植体切口处刚刚开始膨大时，或叶圆片或叶块边缘开始卷曲时，即已适合农杆菌感染。

(2) 侵染：将上述制备的菌液倒入无菌培养皿或三角瓶中，并根据外植体对菌液的敏感情况，用无菌的 MS 培养基进行不同倍数的稀释，再把预培养过的叶片放入菌液中，并置于恒温振荡器中侵染 5 ~ 20 min，取出并用无菌滤纸吸干叶片外植体表面多余的菌液。除改用 YEP 培养基浸泡外，对照烟草叶圆片或叶块的培养条件与被感染的叶圆片或叶块相同。

(3) 共培养：将侵染过的叶片外植体接种在添加了 MS + 6 - BA 1.0 mg · L^{-1} + NAA 0.1 mg · L^{-1}的愈伤组织诱导和分化培养基上，在 27 ℃黑暗或散射光条件下共培养 2 ~ 3 d。

(四) 筛选转化细胞

将共培养 2 ~ 3 d 的叶圆片用无菌蒸馏水或无菌 MS 培养基漂洗 2 ~ 3 次，或直接将叶圆片或叶块接种至添加有 500 mg · L^{-1}羧苄青霉素等抗生素的 MS 选择培养基中进行选择及除菌培养。被感染的叶圆片或叶块在上述培养基中每隔 2 周继代培养 1 次，共继代培养 3 ~ 4 次。大约继代培养 2 个月后，转化细胞分裂形成大量愈伤组织，并分化出幼芽和根，形成转化植株。

(五) 转化细胞的鉴定

(1) 转化细胞的胭脂碱或章鱼碱的检测。

① 样品制备：取 100 ~ 200 mg 的新鲜植物材料，置于离心管或匀浆器中制成匀浆，过滤后以 10 000 r/min 速度离心 2 min 后，取上清液用于点样。

② 电泳：取一张 15 cm × 26 cm 的层析滤纸，用铅笔在滤纸一端 6 cm 处画一起点线和点样点，样品间隔距离为 1.5 cm，点 2 μL 标准胭脂碱、标准章鱼碱、精氨酸混合物（各 0.4 g · L^{-1}）作为对照，以迁移率与精氨酸相同的 5 g · L^{-1}甲基绿（methyl green）乙醇溶液为电泳指示剂，用毛细管将上述制备的各样品上清液（5 ~ 10 μL）分别在层析纸上点样处点样。

③ 将滤纸非点样端放在电泳槽负极一侧，并使电极缓冲液由非点样点端向点样点端浸润，待点样点处一旦被电泳缓冲液湿润，立即开始电泳。电泳条件为：400V 稳压下电泳 50 min。电极缓冲液组成为 15% 甲酸、5% 乙酸、80% 水、pH 值 1.8，在此电泳条件下，标样混合物出现的顺序为（正极）—胭脂碱—章鱼碱—精氨酸（负极）。

④ 电泳完毕，取出滤纸晾干或用电热风将滤纸吹干。将风干的滤纸浸入新配的菲醌染色液（试剂 A：以无水乙醇配制 0.2 g · L^{-1}菲醌溶液；试剂 B：以

600 mL · L^{-1}乙醇配制 100 g · L^{-1}的 NaOH 溶液；使用前试剂 A 和试剂 B 以 1∶1 混合）中饱和。

⑤ 约置于菲醌染色液中染色 10 s 后，取出滤纸，晾干或用电吹风彻底吹干后，置于 366 nm 的长波紫外光下观察和照相；若无照相设备，也可采用铅笔在滤纸上描出黄绿色荧光斑点的位置。

（2）转化细胞的鉴定也可采用外源基因的 PCR 扩增法（此处略）。

五、实验安排

第 1 天：配制各种试剂和 YEP 培养基，接种农杆菌振荡培养过液；用手术刀片或打孔器制备烟草叶圆片，并置于预培养基上预培养。

第 2 天：农杆菌感染烟草叶圆片及其共培养；配制含抗生素如羧苄青霉素和卡那霉素的 MS 培养基。

第 3 天：共培养结束后，将烟草叶圆片转移到添加羧苄青霉素的无激素筛选培养基上培养，并定期继代培养，直到从烟草叶圆片产生出愈伤组织或幼芽为止。时间约 5 ~6 周。

第 4 天：取由烟草叶圆片产生的能在无外源激素培养基上生长的愈伤组织，或由愈伤组织再生的植株，进行冠瘿碱提取及其纸电泳检测。

六、实验报告

（1）观察并详细记录被根癌农杆菌感染后烟草叶圆片或叶块在筛选除菌培养基上的生长和分化情况，其指标包括叶圆片的形态变化及产生愈伤组织的百分率。

（2）根据实验结果，分析根癌农杆菌对烟草转化的最佳转化条件。

实验 7　黄瓜毛状根的诱导、培养及其冠瘿碱检测

一、实验目的

以黄瓜子叶为材料，了解发根农杆菌（*Agrobacterium rhizogenes*）介导的植物遗传转化的基本原理，掌握发根农杆菌介导的遗传转化操作的基本技术以及毛状根遗传转化鉴定的常用方法。

二、实验原理

含有 Ri 质粒的发根农杆菌对植物的侵染也是自然界中存在的天然的植物遗传转化系统。当发根农杆菌侵染受伤植物细胞后，Ri 质粒中含有 rol 基因的 T -

DNA 部分被转化并整合进入植物细胞核基因组中表达后，可诱导受伤植物细胞形成毛状根（hairy roots）。

发根农杆菌 Ri 质粒的 T－DNA 中还含有冠瘿碱合成酶基因，该基因只能在真核生物细胞中表达，因而，当 Ri 质粒的 T－DNA 部分在转化的植物细胞中进行整合和表达后，所产生的毛状根不仅能在无激素的培养基上自主生长，而且毛状根还能诱导合成一类正常植物细胞通常所不能合成的被称为冠瘿碱（opines）的特殊氨基酸衍生物——农杆碱和甘露碱。此外，本实验所选用的发根农杆菌 R1601，还具有整合的新霉素磷酸转移酶基因Ⅱ，因而，当该基因随 Ri 质粒的 T－DNA 片段在转化进入植物细胞基因组中表达时，所产生的毛状根就会表现出对卡那霉素等氨基葡萄糖苷类抗生素的抗性。而非转化根则不具备该抗性，也不能合成冠瘿碱。因而，根据毛状根能否在含合适浓度的卡那霉素的无激素培养基上自主生长以及是否存在冠瘿碱，即可对毛状根进行遗传转化鉴定。

三、材料、试剂及器具

（一）试验材料

（1）萌发 9～10 d 的黄瓜种子“津研 4 号”无菌苗（由教师预先制备）。

（2）农杆碱型发根农杆菌菌株 R1601 或 R1000。

（二）实验设备和用具

（1）试验仪器。

酒精灯、镊子、剪刀、接种环、医用手术刀、解剖刀、微孔过滤器、注射器（10 mL）、移液枪或毛细管、无菌纸、一次性手套、记号笔、层析滤纸、高压灭菌锅、三角锥瓶、脱脂棉、培养皿、电炉、烧杯、玻璃棒、电吹筒、分析天平、超净工作台、水平电泳槽及高压电泳仪、照相设备、光照培养箱和台式离心机、恒温摇床、Eppendorf 离心管等。

（2）试剂和培养基。

① MS 培养基母液（按本书实验 1 的方法配制，所需试剂见本书表 2－1）。

② 抗生素母液：头孢噻肟钠（医用针剂 0.5 或 1 g/瓶，用前用无菌水溶解至所需浓度）。

③ YEB 培养基所需试剂：琼脂、蔗糖、牛肉浸膏、酵母浸膏、蛋白胨、七水硫酸镁。

④ 其他试剂：乙醇、氯化汞、甲酸、乙酸、精氨酸、农杆碱、甘露碱、硝酸银、丙酮、甲醇、硫代硫酸钠。

⑤ 农杆碱和甘露碱电泳检测所需试剂：

a. 电极缓冲液：$V_{甲酸}$∶$V_{乙酸}$∶$V_{水}$ =5∶15∶80，在通风橱中配置，于棕色瓶中室温保存，可反复使用。

b. 冠瘿碱标准液的配制：取一定量的标准农杆碱和标准甘露碱，配成浓度为0.4 g·L^{-1}的混合标样溶液。

c. 染色液配制：丙酮配制的2 g·L^{-1}硝酸银；甲醇配制的10 g·L^{-1} NaOH溶液；50 g·L^{-1}硫代硫酸钠溶液。

二、发根农杆菌对黄瓜子叶的遗传转化

（一）实验准备工作

（1）黄瓜种子萌发无菌苗的制备。

黄瓜种子先用水浸泡并去瘪粒，取饱满的种子先用750 mL·L^{-1}乙醇消毒30 s，$HgCl_2$消毒灭菌20～22 min，再用无菌水漂洗4～5次，接种于垫有湿润无菌脱脂棉的三角瓶中，于25 ℃的恒温培养箱中暗萌发48 h后，再移入25 ℃的光照培养箱中，在每天12 h、光照度为2 000 lx的条件下培养。

（2）培养基的制备。

① 用于预培养黄瓜子叶切块的无外源激素的固体MS培养基的制备按本书实验2的方法。

② 用于被农杆菌感染的黄瓜子叶及其所诱导毛状根的除菌培养所需的MS+500 mg·L^{-1}头孢噻肟钠培养基，按本书实验6的方法制备。

③ YEB培养基的组成为：牛肉浸膏5 g·L^{-1}，酵母浸膏1 g·L^{-1}，蛋白胨5 g·L^{-1}，蔗糖5 g·L^{-1}，$MgSO_4 \cdot 7H_2O$ 0.002 mol·L^{-1}，琼脂15 g·L^{-1}，pH7.2。其制备方法同实验6。

（二）发根农杆菌的活化培养

（1）先制备YEB+100 mg·L^{-1}卡那霉素的平板培养基，待冷却凝固后，取储存菌液R1601在YEB+100 mg·L^{-1}卡那霉素的平板培养基上画线，并置于28 ℃培养箱内过夜培养24 h。

（2）用灭菌的牙签从平板培养基上挑取发根农杆菌R1601单菌落，接种到20～40 mL YEB液体培养基中，于28 ℃、160～180 r/min下振荡培养过夜（约24 h），待用。

（三）发根农杆菌感染黄瓜子叶切块及共培养

（1）黄瓜子叶外植体的制备及其预培养。

在超净工作台上，取萌发9～10 d的黄瓜无菌苗子叶，用灭过菌的医用手术刀将子叶横切成0.5～1 cm^2的小块，并置于无外源激素的MS固体培养基上预培

养 24 h 后，即可用于转化。也可不经预培养，而是直接切取子叶供感染用。

（2）侵染及共培养。

将上述活化培养的菌液倒入无菌培养皿或三角瓶中，并根据外植体对菌液的敏感情况用无菌的 MS 培养基对菌液进行不同倍数的稀释，再将上述经过或不经预培养的黄瓜子叶浸入菌液中，于 28 ℃ 浸泡 5 ~ 20 min，取出，并用无菌滤纸吸干子叶外植体表面多余的菌液，并接回无外源激素的 MS 固体培养基中，于 28 ℃、黑暗条件下进行共培养。除改用 YEB 培养基浸泡外，对照子叶外植体的培养条件与被感染的子叶外植体相同。

（四）毛状根的诱导和培养

（1）毛状根的诱导。

共培养 2 天后，将受感染的黄瓜子叶外植体转接入 MS + 500 mg · L^{-1} 头孢噻肟钠的培养基中，在 28 ℃、每日 12 h 散射光下进行除菌及毛状根的诱导。视子叶外植体在培养基中被农杆菌的污染情况，可考虑每隔 3 ~ 4 d 将外植体继代转入新鲜的 MS + 500 mg · L^{-1} 头孢噻肟钠中进行除菌培养和毛状根诱导。约 3 ~ 5 d 后即可从子叶外植体的切口下端产生出白色的不定根。

（2）毛状根的除菌培养。

将从侵染部位长出的不定根切下，分别接种在含 500 mg · L^{-1} 头孢噻肟钠的 MS 固体培养基中，25 ℃黑暗培养；每 5 ~ 7 d 左右转接一次，经 5 ~ 6 次继代后，淘汰生长缓慢或停止生长的不定根，获得能自主生长的黄瓜毛状根，并以此统计黄瓜子叶的毛状根诱导频率。

（五）转化根检测

（1）抗生素抗性检测。

将上述经彻底除菌且能在无激素培养基上自主生长的黄瓜毛状根切下，置于含有 400 g · L^{-1} 卡那霉素的 MS 培养基中，25 ℃黑暗培养 30 d，每周继代培养一次，观察。能继续生长的不定根可能是发根农杆菌 R1601 遗传转化产生的毛状根。

（2）冠瘿碱检测。

① 电泳用滤纸的准备：取一张 15 cm × 26 cm 的层析滤纸，用铅笔在距一端 6 cm 处轻描出原线和点样点，点样点间隔 1. 5 cm。对照根的获得：将刚萌发的黄瓜无菌苗转到无激素 MS 培养基中培养，以获得正常生长的对照根。

② 样品准备及点样：非转化根和经卡那霉素选择的毛状根各取 0. 2 g，置于 1. 5 mL Eppendorf 管中，加 200 μL 0. 1 mol · L^{-1} HCl，用玻璃棒捣制成匀浆，然后以 10 000 r/min转速离心 2 min 后，所得上清液即可供毛状根冠瘿碱检测用。

③ 点样：用移液器吸取（或用毛细玻璃管蘸取）标准冠瘿碱（农杆碱和甘

露碱）混合溶液 5 μL，上述制备的毛状根和非转化根（黄瓜无菌苗根）上清液各 50～100 μL 分别点在层析滤纸的不同点样点上，并用电吹风将滤纸吹干，待电泳用。

④将滤纸非点样端放入负极侧，并先放入电泳槽中，使电极缓冲液由非点样端浸润，待点样品处一旦湿润，立即接通电源，开始电泳。电泳条件为：20 V/cm，电泳 45 min 左右。电泳完毕，取出滤纸，用电吹风吹干。

⑤染色：将已吹干的电泳滤纸浸入丙酮配制的 2 $g \cdot L^{-1}$ 硝酸银溶液中 1 min，风干后，再转入到甲醇配制的 10 $g \cdot L^{-1}$ NaOH 溶液中浸泡 2～3 min，最后转入 50 $g \cdot L^{-1}$ 硫代硫酸钠溶液固定，并观察结果和拍照。阳性样品（发根农杆菌遗传转化产生的黄瓜毛状根）中应出现与标准冠瘿碱——农杆碱和甘露碱样品中迁移率相同的黑色斑点。非转化黄瓜根中则无与标准冠瘿碱——农杆碱和甘露碱样品中迁移率相同的黑色斑点。

四、注意事项

（1）用后的废菌液必须经高温杀灭方可倒掉。

（2）高压纸电泳时，正负电极要正确连接。

五、试验作业

（1）用活化的菌液分别感染经预培养或不经预培养的黄瓜子叶，并分别统计外植体生根率及毛状根诱导率。

（2）对经过卡那霉素选择生长而冠瘿碱检测仍呈阴性的毛状根，如何进一步进行分子生物学分析？

附录二　植物生长调节物质溶液的配制

一、将粉剂配成ppm浓度溶液

ppm就是parts per million的简写，即百万分的浓度，指100万份重量的溶液中所含溶质的重量的份数。例如2 ppm赤霉素溶液，就是100万份重量的赤霉素溶液中含有2份重量的赤霉素。ppm不是规范的浓度符号，但生产中还经常被使用。生产上常用的配制ppm溶液的关系是：

稀释液浓度（ppm）：调节剂重（g）=1 000：用水量（kg）

例如，用1 g吲哚丁酸配制40 ppm的溶液，需要加水多少千克？

$$\text{用水量（kg）}=\frac{\text{植物生长调节剂（g）}\times 1\,000}{\text{稀释液的浓度（ppm）}}$$

$$=\frac{1\times 1\,000}{40}=25\text{（kg）}$$

即用1 g吲哚丁酸加入25 kg水，就配成40 ppm的吲哚丁酸溶液。

例如，配制500 mL的20 ppm矮壮素溶液需要多少克矮壮素？

$$\text{用药量（g）}=\frac{\text{稀释液浓度（ppm）}\times\text{用水量（kg）}}{1\,000}$$

$$=\frac{20\times 0.5}{1\,000}=0.01\text{（g）}$$

即用0.01g矮壮素加入500 mL水，即配成20 ppm矮壮素溶液。

二、将粉剂配成百分浓度（%）溶液

例如要配制1% 2,4 - D溶液，可称取2,4 - D原粉1 g加入酒精50 g，然后再加入49 g水搅匀即成。

三、将粉剂配成mol · L^{-1}溶液

摩尔浓度指1升溶液中含某溶质的摩尔（mol）数，用mol · L^{-1}（摩尔/升）或摩尔表示。

例如，配制0.5 mol · L^{-1}的矮壮素500 mL，需要矮壮素多少克？

（1）0.5 mol/L的矮壮素溶液就是1 000 mL溶液中含矮壮素0.5 mol。

（2）设配制该溶液所需的矮壮素的克分子数为 x，即

$$1\,000:500=0.5:x$$

$$x=\frac{500\times0.5}{1\,000}=0.25\ (\mathrm{mol})$$

（3）矮壮素的分子式是 $C_5H_{13}Cl_2N$，分子量是 158.08，需用矮壮素的重量为：

$$0.25\times158.08=39.52\ (\mathrm{g})$$

由此算出，把 39.52 g 矮壮素先加少量水使其溶解，然后稀释到 500 mL，即得 500 mL 的 0.5 mol/L 矮壮素溶液。

四、将较浓溶液配成较稀溶液

可按下列公式计算（“十”字交叉法）：

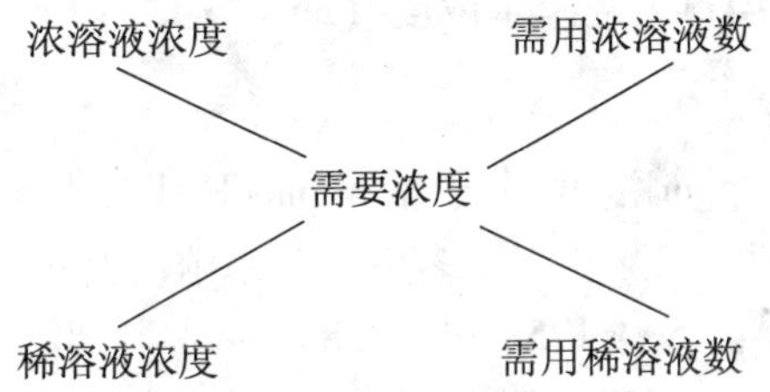

(如稀溶液为水,则稀溶液浓度为零)

上式可写成公式：

浓溶液浓度 − 需要浓度 = 需用稀溶液数

需要浓度 − 稀溶液浓度 = 需用浓溶液数

例如，要将 500 mL 700 $\mathrm{mL\cdot L^{-1}}$ 酒精稀释为 450 $\mathrm{mL\cdot L^{-1}}$ 酒精，要加水多少？

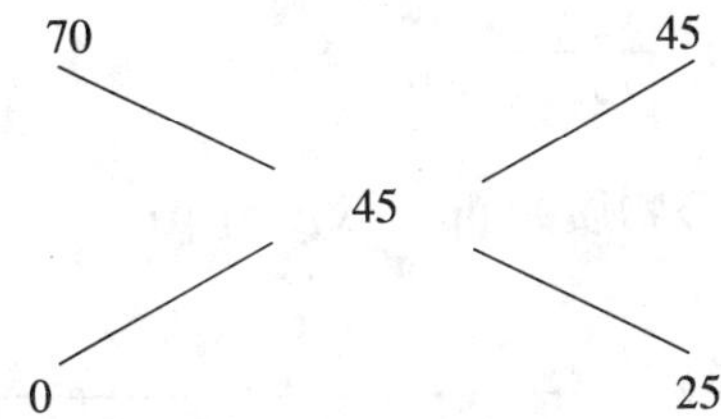

左上角数字（70）和中间数字（45）之差是右下角数字（25），中间数字（45）和左下角数字（0）之差是右上角数字（45）。即用 45 份 700 $\mathrm{mL\cdot L^{-1}}$酒精加水 25 份，就可以配成 70 份重的 450 $\mathrm{mL\cdot L^{-1}}$ 酒精。现有 500 mL 700 $\mathrm{mL\cdot L^{-1}}$ 酒精，需加水多少毫升？

解：$45:25=500:x \qquad x=\frac{25\times500}{45}=277.8\ (\mathrm{mL})$

由此算出，在 500 mL 700 $\mathrm{mL\cdot L^{-1}}$ 酒精中加水 277.8 mL，即成为 450 $\mathrm{mL\cdot L^{-1}}$ 酒精溶液。

附录三　摩尔浓度和 ppm 浓度的换算

一、将毫摩尔浓度（$mmol \cdot L^{-1}$）换算为 ppm 浓度

利用下列公式：

$$分子量 \times mmol \cdot L^{-1}浓度 = ppm 浓度$$

例如，吲哚乙酸的分子量是 175. 19，0. 025 $mol \cdot L^{-1}$的吲哚乙酸溶液等于：

$$175.19 \times 0.025/0.001 = 4\ 379.75\ (ppm)$$

二、将 ppm 浓度换算为毫摩尔浓度（$mmol \cdot L^{-1}$）

利用下列公式：

$$ppm 浓度/分子量 = mmol \cdot L^{-1}浓度$$

例如，500 ppm 吲哚乙酸相当于多少毫摩尔浓度？

$$500/175.19 = 2.85\ mmol \cdot L^{-1}$$

利用上述基本关系，可建立下式：

$$\frac{欲配浓度（ppm）\times 欲配溶液体积（mL）}{溶质分子量 \times 母液浓度（mmol \cdot L^{-1}）} = 母液体积（mL）$$

例如，欲将 0. 1 $mol \cdot L^{-1}$的吲哚乙酸母液配成 50 mL 的 105 ppm 的吲哚乙酸溶液，应取母液 0. 3 mL。

$$\frac{105 \times 50}{175.19 \times 100} = 0.3\ (mL)$$

三、常用植物生长调节物质的 ppm 浓度与 $\mu mol \cdot L^{-1}$浓度查对表

A：ppm→$\mu mol \cdot L^{-1}$

ppm	$\mu mol \cdot L^{-1}$								
	NAA	2, 4 – D	IAA	IBA	6 – BA	KT	ZT	2 – iP	GA_3
1	5. 371	4. 524	5. 708	4. 921	4. 439	4. 647	4. 547	4. 933	2. 887
2	10. 741	9. 048	11. 417	9. 842	8. 879	9. 293	9. 094	9. 866	5. 774
3	16. 112	13. 572	17. 125	14. 763	13. 318	13. 940	13. 641	14. 799	8. 661
4	21. 483	18. 096	22. 834	19. 684	17. 757	18. 586	18. 188	19. 732	11. 548
5	26. 853	22. 620	28. 542	24. 605	22. 197	23. 231	22. 735	24. 665	14. 435
6	32. 223	27. 144	34. 250	29. 526	26. 636	27. 880	27. 282	29. 598	17. 323

续上表

ppm	μmol·L⁻¹								
	NAA	2,4－D	IAA	IBA	6－BA	KT	ZT	2－iP	GA_3
7	37.594	31.668	39.959	34.447	31.075	32.526	31.829	34.531	20.210
8	42.965	36.193	45.667	39.368	35.515	37.173	36.376	39.464	23.097
9	48.339	40.717	51.376	44.289	39.954	41.820	40.923	44.397	25.984
分子量	186.20	221.04	175.18	203.18	225.26	215.21	219.0	202.7	346.37

B：$\mu mol \cdot L^{-1}$→ppm

$\mu mol \cdot L^{-1}$	ppm								
	NAA	2,4－D	IAA	IBA	6－BA	KT	ZT	2－iP	GA_3
1	0.1862	0.2210	0.1752	0.2032	0.2253	0.2152	0.2197	0.2027	0.3464
2	0.3724	0.4421	0.3504	0.4064	0.4505	0.4304	0.4394	0.4054	0.6927
3	0.5586	0.6631	0.5255	0.6094	0.6758	0.6456	0.6591	0.6081	1.0391
4	0.7448	0.8842	0.7007	0.8128	0.9010	0.8608	0.8788	0.8108	1.3855
5	0.9310	1.1052	0.8759	1.0160	1.1263	1.0761	1.0985	1.0135	1.7319
6	1.1172	1.3262	1.0511	1.2192	1.3516	1.2913	1.3182	1.2162	2.0782
7	1.3034	1.5473	1.2263	1.4224	1.5768	1.5065	1.5379	1.4189	2.4246
8	1.4896	1.7683	1.4014	1.6256	1.8021	1.7217	1.7576	1.6216	2.7710
9	1.6758	1.9894	1.5766	1.8288	2.0273	1.9369	1.9773	1.8243	3.1173
分子量	186.20	221.04	175.18	203.18	225.26	215.21	219.0	202.7	346.37

注：（1）1 $\mu mol \cdot L^{-1}$（微摩尔浓度）$=1\times10^{-6}$ $mol \cdot L^{-1}$。

（2）1 ppm = 1 $mg \cdot L^{-1}$，即 1 L 水中含 1 mg 植物生长调节物质。

主要参考文献

[1] 于树宏，李玲．野葛的组织培养和植株再生．植物资源与环境，1999，8（1）：63-64.

[2] 王冲之，丁家宜．Ri 质粒转化西洋参的研究．Ⅰ．西洋参毛状根培养系统的建立及鉴定．药物生物技术，1999，6（2）：80-84.

[3] 王景雪，孙毅．农杆菌介导的植物基因转化研究进展．生物技术通报，1999（1）：7-13.

[4] 王蜀秀，温远影，胡昌序．我国利用植物组织和细胞培养产生药用成分的研究概况．植物学通报，1995，12（1）：33-37.

[5] 元英进．植物细胞培养工程．北京：化学工业出版社，2004.

[6] 龙程，王小菁，潘瑞炽．钙在红光诱导的绿豆原生质体膨大中的作用．科学通报，1994（39）：1 062-1 064.

[7] 龙程，王小菁，潘瑞炽．The effect of external Ca^{2+} and Ca^{2+}-channel modulators on red-light-induced swelling of protoplasts of phaseolus radiatus L. Cell Research，1998（8）：41-50.

[8] 刘峻，丁家宜，徐红，王建波．Ri 质粒人参转化系统的建立及鉴定．中国中药杂志，2001，26（2）：95-98.

[9] 刘传飞，李玲，潘瑞炽，金乐红．发根农杆菌 T－DNA 基因对 3 种葛属植物毛状根形态和葛根素含量的影响．应用与环境生物学报，2001，7（2）：143-146.

[10] 刘传飞，李玲，施和平，潘瑞炽．生长素和细胞分裂素物质对野葛外植体器官发生的影响．华南师范大学学报：自然科学报，1999（2）：100-104.

[11] 刘巧泉，张景六，王宗阳，等．根癌农杆菌介导的水稻高效转化系统的建立．植物生理学报，1998，24（3）：259-271.

[12] 许智宏．植物生物技术．上海：上海科学技术出版社，1998.

[13] 孙敬三，桂耀林．植物细胞工程实验技术．北京：科学出版社，1995.

[14] 孙敬三，陈维伦．植物生物技术和作物改良．北京：中国科学技术出版社，1990.

[15] 孙勇如，安锡培．植物原生质体培养．北京：科学出版社，1991.

[16] 朱登云，李浚明．被子植物胚乳培养研究的历史与现状．农业生物技术学报，1996（4）：205-206.

[17] 朱至清．植物细胞工程．北京：化学工业出版社，2003.

[18] 闫新甫．转基因植物．北京：科学出版社，2003.

[19] 许铁峰，张汉明，丁如贤，等．粟米草毛状根的研究．第二军医大学学报，1999，20（10）：764-766.

[20] 陈刚，刘慧丽，李玲．野葛细胞培养及其生长特性的研究．生物技术，2004，14（5）：81- 83.
[21] 陈刚，李玲．野葛细胞扩大培养生产异黄酮类物质的研究，植物生理学学会第九届会议．贵阳：中国植物生理学会，2004，399.
[22] 李子银，胡会庆．农杆菌介导的植物遗传转化进展．生物工程进展，1998，18（1）：22-26.
[23] 李志勇．细胞工程．北京：科学出版社，2003.
[24] 李德红，王小菁，潘瑞炽．钙在 6 – BA 诱导黄化幼苗下胚轴原生质体膨大中的作用．实验生物学报，1999，31：187-193.
[25] 李玲，黄群声，张铭光，宾金华．蓝猪儿的组织培养和再生．亚热带植物科学，2001，30（4）：27-30.
[26] 李玲，刘慧丽，史永忠．三裂叶葛愈伤组织形成和异黄酮类的产生．高技术通讯，2001，11（5）：25-27.
[27] 张志宏，方宏筠，景士西，王关林，吴禄平，朱祯．苹果主栽品种高效遗传转化系统的建立及其影响因子的研究．遗传学报，1998，25（2）：160-165.
[28] 张春荣，李玲．野葛幼叶细胞悬浮培养生产葛根素等．中草药，2003，（34）7：653-656.
[29] 陈林姣，李爱贞，田惠桥．被子植物离体受精系统的遗传操作．植物生理和分子生物学学报，2004，40：127-131.
[30] 杨弘远，周嫦．被子植物离体受精与合子培养研究进展．植物学报，1998，40：95-101.
[31] 周良炎，许长蔼，常冬玉．农杆菌介导的长春花毛状根诱导及培养技术．天津农业科学，1996，2（4）：5-7.
[32] 周维燕．植物细胞工程原理与技术．北京：中国农业大学出版社，2001.
[33] 林顺权．植物细胞工程．厦门：厦门大学出版社，2000.
[34] 胡含，陈英．植物体细胞遗传与作物改良．北京：北京大学出版社，1998.
[35] 胡忠，杨军，郭光沁，郑国锠．宁夏枸杞发根农杆菌转化系的建立及影响转化因素的研究．西北植物学报，2000，20（5）：767-771.
[36] 胡之璧，郑志仁，李幸平，刘涤．膜荚黄芪毛状根培养系统的建立和外界因子对其生长的影响．植物学报，1998，40（5）：448-452.
[37] 施和平，李玲，潘瑞炽．发根农杆菌对黄瓜的遗传转化．植物学报，1998，40（5）：470- 473.
[38] 施和平，李玲，潘瑞炽．极性和 NAA 浓度对发根农杆菌遗传转化黄瓜子叶的影响．热带亚热带植物学报，1997，5（3）：43-47.
[39] 施和平，李玲，潘瑞炽．外植体龄和蔗糖浓度对黄瓜子叶产生毛状根的影响．广西植物，2000，20（4）：356-360.
[40] 施和平，李玲，潘瑞炽．乙酰丁香酮对发根农杆菌遗传转化黄瓜的影响．云南植物研究，1997：19（4）：445-448.

[41] 郭勇，崔堂兵，谢秀祯. 植物细胞培养技术与应用. 北京：化学工业出版社，2004.
[42] 陶均，李玲. 农杆菌转化的分子生物学. 植物生理学通讯，2002，38（6）：639-644.
[43] 钱迎春，孙敬三. 植物组织培养. 北京：人民教育出版社，1986.
[44] 陶钧，李玲. 蓝猪耳组织培养和植物再生苗条件研究. 华南师范大学学报：自然科学版，2004（4）：100-105.
[45] 曹孜义，刘国民. 实用植物组织培养技术教程（修订本），兰州：甘肃科学技术出版社，1996.
[46] 龚玉莲，施和平，李玲，潘瑞炽. 少花龙葵毛状根的诱导和次生代谢物的产生. 热带亚热带植物学报，2002，10（1）：58-62.
[47] 黄遵锡，慕跃林，周玉敏，等. 发根农杆菌对短叶红豆杉的转化及毛状根中紫杉醇的产生. 云南植物研究，1997，19（3）：292-296.
[48] 傅荣昭，孙勇如，贾士荣. 植物遗传转化手册. 北京：中国科学技术出版社，1994.
[49] Iino M, Long C, Wang XJ（王小菁）. Auxin-and abscisic acid-dependent osmoregulation in protoplasts of Phaseolus vulgaris pulvinic. Plant Cell Physiology, 2001, 42: 1 219-1 227.
[50] Ishida Y, et al. High efficiency transformation of maize（Zea mays L.）mediated by Agrobacterium tumefaciens. Nature Biotechnology, 1996, 14: 745-750.
[51] Jia SR., et al. You C B (eds) Biotechnology in Agriculture. Kluwer Academic Publishers. Printed in the Netherlands, 1993: 208-212.
[52] Mansur E A, et al. Regulation of transformation efficiency of peanut（Arachis hypogaea L.）explants by Agrobacterium tumefaciens. Plants cience, 1993, 89: 93-99.
[53] Shi HP（施和平）, S. Kintzios. Genetic transformation of Pueraria phaseoloides with Agrobacterium rhizogenes and puerarin production in hairy roots. Plant Cell Rep, 2003, 21: 1 103-1 107.
[54] Vijayachandra K, et al. Rice Scutellum induces Agrobacterium tumefaciens virgenes and T-stand generation. Plant Mol. Siol. 1995, 29: 125-133.
[55] Wang XJ（王小菁）, Iino M. Blue－light-induced shrinking of protoplasts from maize coleoptiles and its relationship to coleoptile growth. Plant Physiology, 1997, 114: 1 009-1 020.
[56] Wang XJ（王小菁）, Iino M. Interaction of CRY1, phytochrome and ion fluxes in blue-Light-induced shrinking of Arabidopsis hypocotyl protoplasts. Plant Physiology, 1998, 117: 1 265-1 279.
[57] Wang XJ（王小菁）, Haga K, Nishizaki Y, Iino M. Blue-light-dependent osmoregulation in protoplasts of Phaseolus vulgaris pulvinic. Plant Cell Physiology, 2001, 42: 1 363-1 372.
[58] Xing T, Wang XJ（王小菁）, Malik K, Miki BL. Guided deletion and mutagenesis analysis identified a tMEK2-responsive region in tomato leprlbl promoter. Canadian J Plant Phthology, 2003, 25: 209-214.